AF618585

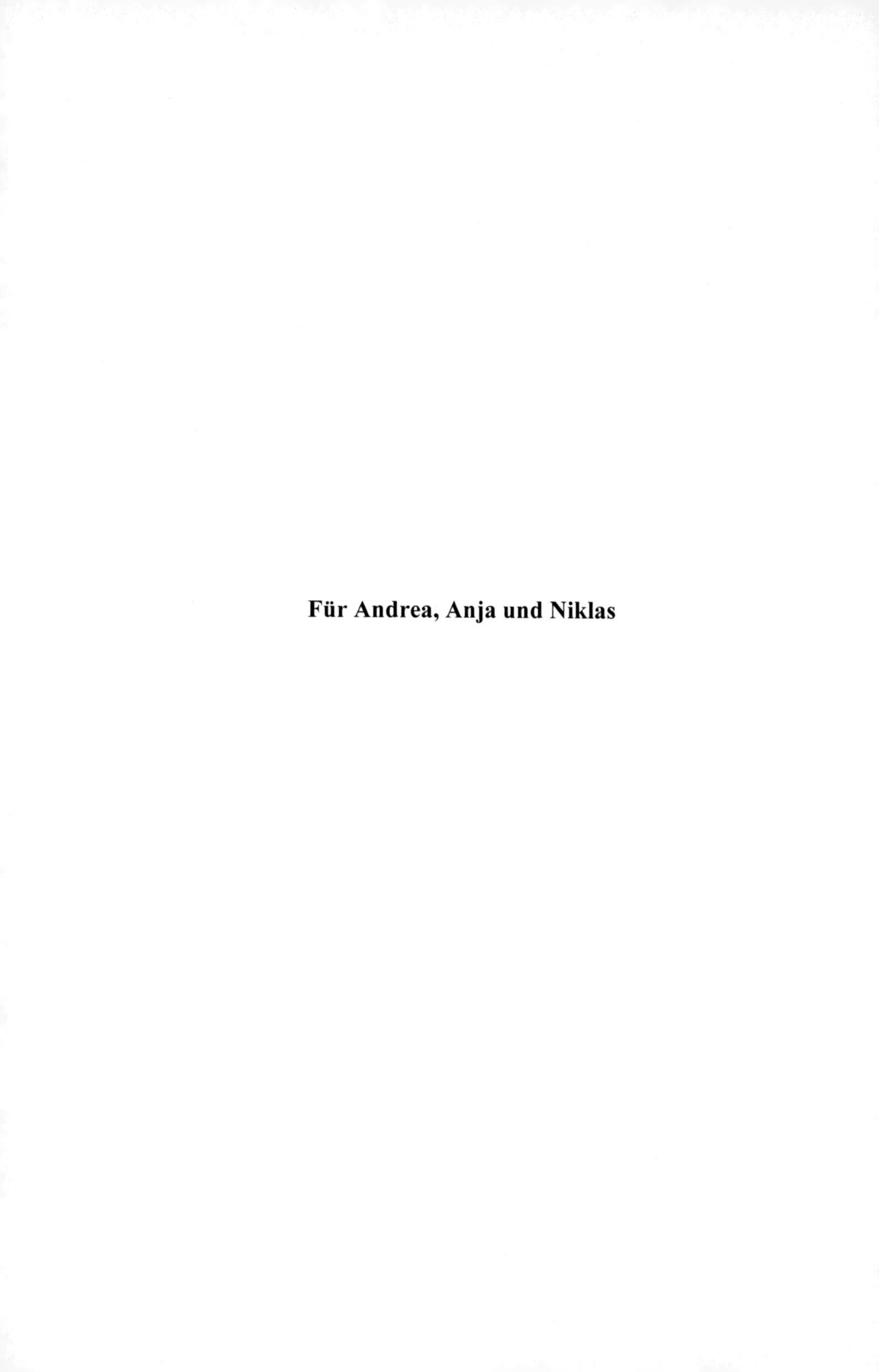

Für Andrea, Anja und Niklas

Günther Gold

Dimensionen der Wirklichkeit
Teil 1

Nagual-Schamanismus,
Neue Physik & Östliche Weisheit

1. Auflage (2017)

Autor: Günther Gold
Umschlaggestaltung: Günther Gold und Christian Mikulaschek
Umschlagfoto: orion nebula; pcwallart.com; orion-wallpaper-4jpg
weiterbearbeitet durch den Autor und Christian Mikulaschek
Printed in Germany

Verlag: tao.de in J. Kamphausen Mediengruppe GmbH, Bielefeld, www.tao.de,
eMail: info@tao.de

Bibliografische Information der Deutschen Nationalbibliothek:
Die Deutsche Nationalbibliothek verzeichnet diese Publikation in der Deutschen Nationalbibliografie; detaillierte bibliografische Daten sind im Internet über http://dnb.d-nb.de abrufbar.

ISBN Hardcover: 978-3-96051-891-4
ISBN Paperback: 978-3-96240-009-5
ISBN e-Book: 978-3-96240-010-1

INHALTSANGABE – TEIL 1

Nagual-Schamanismus, Neue Physik & Östliche Weisheit

VORWORT

Dimensionen der Wirklichkeit – Teil 1

Nagual-Schamanismus, Neue Physik & Östliche Weisheit

Für die meisten Menschen ist die Wirklichkeit wohl eine feststehende Tatsache, eine unabhängig von uns bestehende „Da-Draußen-Realität". Doch Schamanismus sowie die östlichen Weisheitslehren und zuletzt nun auch die Neue Physik gehen davon aus, dass es so etwas wie die „Wirklichkeit da draußen für sich" so gar nicht gibt, sondern dass das, was wir als die Wirklichkeit erfahren, erst durch unser daran Teilnehmen entsteht. Beteiligt sind dabei jeder Einzelne als Individuum und wir alle als Kollektiv.

Und dafür, wie das „Da-Draußen" von uns erlebt wird, ist offenbar das „Da-Drinnen" verantwortlich; – also unsere Gedanken, Gefühle, Wertvorstellungen, Überzeugungen, die Ebene unserer Bewusstheit – und worauf wir unsere Aufmerksamkeit richten.

Die Wirklichkeit – alles was wir erleben und was uns begegnet – ist somit eine Antwort auf die Frage, die wir sind – eine Spiegelung dessen, was wir in die Welt strahlen.

Wir reagieren auf die Umstände unseres Lebens und übersehen dabei, dass diese Umstände so sind, weil sie auf uns reagiert haben. So setzen wir einen endlosen Rückkoppelungsmechanismus in Kraft, bei dem es kaum oder nur sehr mühsam zu Veränderungen kommen kann. Wir und die Welt und unsere Erfahrungen in der Welt bilden ein sich selbst erhaltendes und sich stets bestätigendes System.

Und so wie das für jedes System gilt, kann auch dieser (Teufels)Kreis wirklich wirkungsvoll und nachhaltig nur von außerhalb des Systems, von einer „höheren" (Bewusstseins-) Warte aus, durch quasi einen Quantensprung, überwunden werden.

Im Nagual-Schamanismus spricht man in diesem Zusammenhang vom „Spiegel der Selbstreflexion", den es zu durchschauen und zu zerschmettern gilt. Nur wie können wir – sowohl als Individuum als auch als Kollektiv – das tun? Wie können wir diesen Kreislauf durchbrechen?

Kann es denn wirklich wahr sein, dass wir nicht bloß Opfer von vorgegebenen Realitäten sind, mit denen wir nur mehr oder weniger geschickt umgehen können, sondern dass wir die Umstände unseres Lebens selbst kreieren? Und angenommen, dass dies so wäre, wie können wir das dann bewusster und besser tun?

Dies sind die Themenbereiche, um die es grundsätzlich und vordergründig in diesem Buch geht, und die vielfach erprobten und von mir weiterentwickelten Methoden des Nagual-Schamanismus werden als Lösungsmöglichkeiten vorgestellt.

Letztlich tauchen in diesem Zusammenhang natürlich auch die ewigen philosophischen Fragen auf: „Wer bin ich?“, „woher komme ich?“, „wohin gehe ich?“ und „was ist der Sinn des Ganzen?“ – und natürlich lassen sich diese Fragen erweitern zu: „Wer sind wir?“, „woher kommen wir?“, „wohin gehen wir?“ und „was ist der größere Sinn und Zusammenhang des Ganzen?“ – (und gemeint ist damit durchaus auch das gesamte Universum, der ganze Kosmos).

Und da lässt sich erkennen, dass wir Menschen nicht bloß ein Innen- und Außen-Wesen sind, (ein denkendes, fühlendes und ein physisch in der Welt seiendes Wesen), sondern dass unser Mensch-Sein, sowohl individuell als auch kollektiv, darüber hinaus weit in transpersonale, spirituelle Seins- und Bewusstseins-Bereiche hineinreicht, aus denen heraus sich erst unser erlebtes Innen und Außen entfalten. Wie bewusst wir das erleben und erfahren können, hängt allein vom erreichten Niveau unserer Bewusstseinsentwicklung ab.

...

Es hat sich für mich im Laufe des Schreibens an diesem Buch, in dem ich vorerst und vordergründig mein Wissen über und meine intensiven Erfahrungen mit toltekischem **Nagual-Schamanismus** weitergeben wollte, – mehr und mehr die Idee und vielleicht sogar die Notwendigkeit aufgedrängt, durch Querverbindungen zu **östlichen Weisheitslehren** und so manchen Erkenntnissen der **Neuen Physik**, das Wissens- und Erfahrungsfeld noch besser verständlich beschreiben zu können.

Wir leben in der spannenden Zeit, wo zum allerersten Mal seit der Vorherrschaft des rationalen Bewusstseins eben dieses rationale wissenschaftliche Denken zu den gleichen Ergebnissen und Erklärungen gelangt, wie sie schon seit Anbeginn der Zeit von vielen Naturvölkern, Schamanen, Mysterien-Schulen und einigen östlichen „Religionen", wie Brahmanismus, Buddhismus und Taoismus gegeben wurden.

Erkenntnisse über das Entstehen des Universums, des Lebens und über die Bausteine der Wirklichkeit von – mit Nobelpreisen überhäuften – Forschern treffen sich inhaltlich mit den Behauptungen, Mythen und Entstehungsgeschichten uralter Völker und Religionen.

Sehr vieles, was diese anerkannt großen Denker und Wissenschaftler über das Entstehen, die Zusammenhänge und das Funktionieren des Lebens und der Wirklichkeit herausgefunden haben, passt genau mit dem überein, was ich in meiner Nagual-Schamanismus-Ausbildung und -Tätigkeit erfahren habe.

Nagual-Schamanismus – ist eine spezielle Form des Schamanismus, bei der es hauptsächlich darum geht, die Vielschichtigkeit des Mensch-Seins und der Welt in der wir leben zu erfahren und zu erforschen. Die Wirklichkeit wird nicht als vorgegebene bestehende Tatsache, sondern als ein Bewusstseins-Wirkungs-Feld der kollektiven Übereinstimmung gesehen, das man durch Bewusstseinsentwicklung und dem Erlernen und Anwenden bestimmter Fähigkeiten und Verhaltensweisen durchlässiger und veränderbarer erleben kann. Als Grundlage und Werkzeuge dafür dienen Wissen, Techniken und zeremonielle Erfahrungsmöglichkeiten alter Kulturen, wie vor allem der Tolteken, der Maya sowie auch mancher nordamerikanischer Indianerstämme.

Im Zuge meiner fünfzehn Jahre dauernden intensiven Ausbildung war ich viele Jahre lang für jeweils mehrere Monate in Mittel und Nordamerika unterwegs. Die meiste Zeit davon in den Busch- und Kakteen-Savannen Kaliforniens, Arizonas und New Mexikos sowie in schwer zugänglichen und verfallenen Maya-Tempelanlagen der entlegensten Urwaldgebiete Mexikos und Guatemalas.

Neben dem Erlernen indianisch-schamanischer Heilmethoden war es im Eigentlichen eine Lehrlingschaft bei einem Nagual, eine Ausbildung zum Nachfolger des Naguals; in meinem Fall zum Nagual eines europäischen „Rades der Kraft".
(Genaueres darüber in Teil 2, Kapitel 7)

Es hat sich im Laufe dieser Ausbildung – und meiner seither weiteren mehr als neunzehn Jahre langen selbständigen „nagual-schamanischen Tätigkeit" – meine Sicht der Welt und meine Einstellung zur Wirklichkeit grundlegend verändert und es entstand eine nicht immer einfach zu überbrückende Kluft zwischen der normalen Alltags-Wirklichkeit, – den Menschen und den Situationen, mit denen ich täglich zu tun habe – und so manchen außergewöhnlichen Seins-Zuständen und Wirklichkeits-Erfahrungen, die ich in einem zugrundeliegenden energetischem Bewusstseins-Wirkungsfeld kennengelernt habe.

Als ich mich aus wachsender Faszination mehr und mehr mit den Erkenntnissen der „neuen Physik" und insbesondere der Quantenphysik vertraut gemacht habe, – so gut es einem Laien und Nicht-Physiker halt möglich ist – hat sich diese Kluft zumindest auf „erkenntnis-theoretischem" Gebiet geschlossen.

Endlich passte alles zusammen – der schamanische Zugang zum Leben und Da-Sein, die Erkenntnisse der östlichen Weisheitslehren und „Religionen“ sowie die Forschungsergebnisse der Neuen Physik. Nur das Denken und Verhalten der Menschen passt nicht zu den Erkenntnissen. Wie kann es geschehen, dass mit Nobelpreisen ausgezeichnete Forschungsergebnisse und Erkenntnisse über die Wirklichkeit und unser menschliches Leben so gar nicht in das Alltags-Bewusstsein und ins Leben der Menschen einfließen?

War das damals vielleicht auch so, als herausgefunden wurde, dass die Erde eine Sphäre ist, dass die Menschen lange an dem Bild der Scheibe festgehalten haben und danach lebten? Wie lange wollen wir noch so tun, als wäre „da draußen“ eine Wirklichkeit, an derem Entstehen wir gar nicht beteiligt sind und für deren Fortbestehen wir überhaupt nicht verantwortlich sind, – eine feststehende Wirklichkeit, mit der wir halt versuchen müssen, bestmöglich fertig zu werden?

...

In diesem ersten Teil der Trilogie vermittle ich theoretisches Hintergrundwissen des Nagual-Schamanismus und gewähre einen Einblick in die Struktur, die einer „Ausbildung“ im Nagual-Schamanismus zugrunde liegt. Ich stelle das durch so eine Ausbildung entstehende Weltbild den für mich spannendsten Erkenntnissen der Quantenphysik gegenüber, wobei ich nocheinmal darauf hinweisen möchte, selbst nicht Physik, geschweige denn **Quantenphysik** studiert zu haben und mir das entsprechende Wissen nur angelesen habe. Es gibt eine Menge guter fachlicher Literatur, in der man, so man das Eine oder Andere genauer wissen will, nachlesen kann. Ich habe mir erlaubt aus einigen dieser Fachbücher zu zitieren, auch mit dem Grund, dass die Quellen meines Informationsstandes nachvollzogen werden können.

... das Wachstum in die Weite und Tiefe, das die mannigfaltigen Wissenszweige seit etwa einem Jahrhundert zeigen, stellt uns vor ein seltsames Dilemma. Es wird uns klar, dass wir erst jetzt beginnen, verlässliches Material zu sammeln, um unser gesamtes Wissensgut zu einer Ganzheit zu verbinden. Andererseits aber ist es einem einzelnen Verstande beinahe unmöglich geworden, mehr als nur einen kleinen spezialisierten Teil zu beherrschen.
Wenn wir unser wahres Ziel (unser gesamtes Wissensgut zu einer Ganzheit zu verbinden) *nicht für immer aufgeben wollen, dann dürfte es nur den einen Ausweg aus dem Dilemma geben: dass einige von uns sich an die Zusammenschau von Tatsachen und Theorien wagen, auch wenn ihr Wissen teilweise aus zweiter Hand stammt und unvollständig ist – und sie Gefahr laufen, sich lächerlich zu machen.*
Soviel zu meiner Entschuldigung. Dublin, September 1944. ...

Erwin Schrödinger, Nobelpreisträger für Physik und Begründer der Quantenmechanik, im Vorwort zu seinem Buch „Was ist Leben?“.

Es ist mir schon klar, dass ich wahrscheinlich nicht in die Kategorie von Forschern falle, die Erwin Schrödinger als „wir“ und „uns“ bezeichnete, jedoch was mein unbändiges „Wissen-wollen“ und mein unstillbares Forschen in den verschiedensten Grenzbereichen menschlicher Erfahrungsmöglichkeiten und Bewusstseinsfeldern betrifft, will ich mich schon auch ein wenig angesprochen, mitgemeint und „zugehörig“ fühlen.
Nicht zuletzt auch deshalb, weil das *gesamte Wissensgut*, das es zu verbinden gilt, ja seit 1944 – als Schrödinger dies schrieb, – sich nochmals deutlich vervielfacht hat.

Mein Wissen über **östliche Weisheitslehren** entstammt jahrelangem Studium und der Praxis der Zazen-Meditation und umfasst hauptsächlich tibetische Mystik, die vedische Weisheit der

Bhagavad-Gita und der Advaita Vedanta der Upanishaden, den Taoismus und Mahayana-, Vajrayana- und Zen-Buddhismus.

Verlässliche Quellenangaben für die hauptsächliche Erkenntnisschiene dieses Buches, den **Nagual-Schamanismus**, wie ich ihn kennengelert habe, anzuführen, ist nicht ganz so einfach. Die Hauptquelle für mich war mein persönlicher Lehrer, der **Nagual Tehaeste**, sicherlich einer der interessantesten Menschen, die mir vergönnt waren, kennengelernt zu haben. Ähnlich interessante und inspirierende persönliche Lehrer waren noch **Richard Bandler, Eli Jaxon-Bear** und **Gangaji**.

Wenn ich für mein erworbenes Wissen und meine Fähigkeiten auf dem nagual-schamanischen Gebiet als Quelle nicht viel mehr als meinen Lehrer Tehaeste, einen seiner Lehrer Haeste und jahrzehntelange praktische Selbst-erfahrung alleine, sowie in der Arbeit in und mit Gruppen – anführen kann, so mag das auch daran liegen, dass Wissen aus toltekischen oder späteren Maya- und Aztekenquellen traditionellerweise prinzipiell nur mündlich und meist nur 1:1 von Nagual zu „apprentice“ (Lehrling) weitergegeben wurde. Dies hatte mehrere Vorteile – der wichtigste dabei ist wohl, dass so gewährleistet wurde, – dass es lebendiges, immer der jeweiligen Zeit und ihren Anforderungen angepasstes Wissen blieb.

Und so musste jeder Nagual – und so auch der, von dem ich lernte – und in Folge letztlich auch ich, sich der Herausforderung stellen, dass sich das Wissen und vor allem das Bewusstsein der Menschen ständig und in immer schnellerem Ausmaß ändert. Mit dieser Tatsache nicht nur Schritt zu halten, sondern auf möglichst vielen Gebieten in der vordersten Linie der Entwicklung und Erforschung zu Hause zu sein, ist die Herausforderung, der sich ein „Nagual“ stellen muss – so er dem Anspruch gerecht werden will, dabei mitzuhelfen, „neue“ und „bessere“ Wirklichkeiten ins Leben zu träumen.

In der breiteren Öffentlichkeit ist der Begriff „Nagual“ wohl in erster Linie durch die in den 80er Jahren sehr erfolgreichen Bücher von Carlos Castaneda bekannt geworden. Und so wird ein Leser, der mit Castanedas Werken vertraut ist, einiges auch dort beschriebenes wiedererkennen und so manchen Begriffen, wie z.B. „Kontrollierte Torheit“ oder „Die Welt anhalten“ und anderen mehr, wieder begegnen.

Dies ist weiter nicht erstaunlich, da Castanedas und meine Lehrer ihr Wissen teilweise aus der gleichen Quelle, dem Toltekischen Nagualismus schöpften. Der wesentliche Unterschied zwischen meinem und dem Zugang Castanedas besteht darin, dass seine Ausbildung in der „Pirscher-Linie“ und meine in der „Träumer-Linie“ des Toltekischen Nagualismus stattfand. Und so kann es für den einen oder anderen Leser sehr interessant sein, manches von Castaneda beschriebenes anders gewichtet, aus einem anderen Blickwinkel gesehen und unterschiedlich erlebt, wiederzuentdecken.

...

Nun konkret zum Inhalt des Teiles 1

In den Kapiteln 1, 2 und 3 beschreibe ich den theoretischen Hintergrund und die zugrunde liegende Struktur des Nagual-Schamanismus sowie die Techniken und Fähigkeiten, die es zu erlernen und zu praktizieren gilt.

Die Kapitel 4 bis 9 sind im Großen und Ganzen mein Versuch, den Phänomenen Materie, Seele, Geist, Bewusstsein, Raum, Zeit, Leben und Wirklichkeit auf den Grund zu gehen, – und ich unternehme dabei auch „Ausflüge“ über die Erkenntnisfelder der „Neuen Physik“ und der „Östlichen Weisheit“.
Für das Geheimnis – des Wechselspiels des „Außen“ und des „Innen“, des „Körperlichen“ und des „Seelischen“, sowie des darüber

hinausgehenden „Geistigen“, – das uns Menschen – als sowohl Innen- als auch Außen- – und dieses Innen und Außen transzendierende -Wesen durch unser gesamtes Leben begleitet, – eine endgültig wahre und für alle befriedigende Lösung und Antwort zu finden, ist ja in Wahrheit noch niemandem wirklich gelungen, und wird wohl auch von mir nicht verlangt werden. Und doch werde ich mich bemühen, soweit mir das möglich ist, Klarheiten zu schaffen.

Was ich in diesen Kapiteln anbiete, ist eine Art „Gedanken-Meditation“ mit diesen Themen. Ich folge dabei einem Erkenntnisstrang, der sich nach und nach möglichen Erklärungen annähert, und ich hoffe, dass sich die geschätzten Leser und Leserinnen von diesem Strom – einem zugegebener Maßen und durchaus beabsichtigt, ein wenig mäandrierenden Strom – mitnehmen lassen und sich selbst mit-meditierend und mit-denkend vielleicht neuen Erkenntnissen und Möglichkeiten öffnen.

Bei den Kapiteln 10 und 11 werden die Erkenntnisse der vorhergehenden Kapitel mit der nagual-schamanischen „Kunst des Beabsichtigens“ verwoben und es wird aufgezeigt, wie Imagination in Wirklichkeit verwandelt werden kann, und wie genau man Wirklichkeit aus höher-dimensionalen potentiellen Möglichkeiten ins Sein „entfalten“ kann – eine Annäherung an das große Thema des „Erwirkens von Wirklichkeit“.

Ich hoffe, durch das Nebeneinanderstellen und Verweben des uralten erleb- und erfahrbaren Wissens des toltekischen Nagual-Schamanismus, – der östlichen Weisheitslehren – sowie der Forschungsergebnisse und Erkenntnisse der Neuen Physik einen umfassenderen, vielschichtigeren Blick auf die „Wirklichkeit“ zu ermöglichen – und dazu beizutragen, dass sich möglichst viele Menschen dazu inspiriert fühlen, sich mutig, kraftvoll, visionär, verantwortungsvoll und bewusst ans Erschaffen ihrer und letztlich damit auch unser aller Wirklichkeit machen.

Noch ein Hinweis

Wegen der eindeutig besseren Lesbarkeit habe ich mich dazu entschlossen, in meiner Trilogie hauptsächlich die noch bis vor kurzem üblichen männlichen Formen (der Lehrer, der Heiler, ...) zu benutzen. Die weiblichen Formen sind stets mitgemeint.
Man möge mir glauben, dass mir das Weibliche am Herzen liegt. Ich denke einfach, dass es nichts mit der Ehrung der Frau zu tun hat, wenn man deswegen die Sprache durch Unsinnigkeiten wie - *der/die Lehrer/in oder der/die HeilerIn* - verstümmelt und unlesbar macht. Ich hoffe, den Lesern und Leserinnen damit gedient zu haben.

1. NAGUAL-SCHAMANISMUS

1.1 Schamane – Zauberer – Nagual

Da ich in diesem Buch die Begriffe „Schamane“, „Zauberer“ und „Nagual“ verwende, ist es erst mal nötig, eine – zugegebener Weise völlig subjektive – Kurz-Erklärung der verschiedenen Begriffe vorzunehmen.

Der Schamane – (the shaman)
ist in einem Stammesgefüge eingebunden und ist in einer Person Heiler, Lehrer, Priester, Therapeut, Zeremonienmeister und Wissender, um die für Außenstehende nicht zu erkennenden und somit geheimen Zusammenhänge des Lebens. Er agiert in erster Linie für die Gemeinschaft und ist innerhalb der Gemeinschaft verantwortlich für das reibungslose Zusammenspiel.

Diese Form ist im Allgemeinen das, was Menschen unter Schamanismus verstehen und diese Form gab und gibt es auf der ganzen Welt, im alten Europa, Sibirien, Afrika, Australien, Nord-, Mittel- und Südamerika.
(Auf die genaueren Aufgaben und Wirkungsweisen des „Schamanen“ wird im Kapitel 3 „Shamanic Leadership“ genauer eingegangen).

Der Zauberer – (the sorcerer)
ist etwas ganz anderes und mir in erster Linie aus der Tolteken-Tradition Mittelamerikas bekannt. Der Zauberer ist eigentlich eine Art Wissender und Seher, der die Welt auf die „alte Tolteken Art“ sieht und entsprechend in ihr agiert. Der Begriff „Tolteke“ wurde von den Nachfolge-Kulturen der historischen Tolteken, wie z.B. den Azteken – losgelöst von der Kultur und dem Volk der Tolteken – als

Bezeichnung für „Gebildeter“, „Künstler“, „Wissender“ verwendet. Jemand der um die Geheimnisse und Künste des „Pirschens“ und „Träumens“ wusste, war ein Tolteke. (Weiteres über Pirschen und Träumen in Kapitel 1.3).

Es ergibt eigentlich nicht viel Sinn, den Begriff „Zauberer“ zu verwenden, da dieser Begriff bei uns eine ganz andere Konnotation hat. Jedenfalls ist dieser „sorcerer“ oder „Seher“ ganz und gar nicht im Stammesgefüge eingebunden. Er ist auch gar nicht daran interessiert, andere zu heilen oder für sie den Lehrer, Priester und Zeremonienmeister zu spielen.

Der Seher/Zauberer sieht die Welt radikal energetisch – alles wird als Wechselspiel von Energien wahrgenommen und verstanden. Es geht ihm darum, möglichst viel Energie zu erlangen bzw. zu erhalten. Am besten funktioniert das, indem man möglichst wenig bis keine Energie verschwendet. – Ich werde später noch auf diese sehr einleuchtende und interessante energetische Sichtweise eingehen.

Von der Gemeinschaft wird der Seher (sorcerer oder auch brujo) eher gemieden und gefürchtet – man achtet ihn ob seiner Fähigkeiten und seines Wissens – aber man will mit ihm besser nichts zu tun haben.

Der Nagual – (the nagual)
ist im Prinzip ein Seher/Zauberer, der seine Kraft hauptsächlich dafür einsetzt, seine „Nagual-Fähigkeiten“ des Sehens, des Pirschens, des Träumens, des Gestalt-Wechselns und des Beabsichtigens zu perfektionieren. Er tut das, um hinter die Wirklichkeit (die kollektive Vereinbarung darüber was wirklich ist) zu „sehen“ und um andere, als die bestehenden Wirklichkeiten zu erträumen, zu beabsichtigen und zu erschaffen; – für sich oder auch für sich und andere, bzw. auch mit anderen gemeinsam.

„Nagual“ ist als Begriff am einfachsten zusammen mit seinem Gegenbegriff „Tonal“ begreifbar und erklärbar.

Das Tonal ist Alles – und – das Nagual alles Andere

Mit „Tonal" wird alles bezeichnet, wofür Menschen schon ein Wort, ein Bild, ein Symbol kreiert haben. Also alles, was wir benennen können und worüber wir uns mehr oder weniger einig sind, dass es existiert. Es wurde aus dem Zustand des „All-Ein-Seins" als „Etwas" herausgehoben, dadurch von anderen Dingen abgetrennt und so in die „Dualität" geboren.

Mit anderen Worten „Tonales" wurde aus dem Nagual, dem *Möglichkeitsschaum*, – wie das unscharfe Gebiet der schier grenzenlosen Wirklichkeitsmöglichkeiten von Quantenphysikern bezeichnet wird, – als wirklich und existent definiert.

In der Terminologie des Physikers und großartigen Denkers David Bohm wäre das Tonal die in der „expliziten Ordnung" erscheinende „entfaltete" Teilverwirklichung eines in der höherdimensionalen „impliziten Ordnung" (des Naguals) „eingefalteten" Potentials. (Erklärungen zu all diesen Begriffen folgen später im Kapitel 4).

Bei einigen Indianerstämmen würde man sagen, „Tonales" wurde schon von Menschen in die Wirklichkeit geträumt. Sorcerer oder Naguals würden sagen „Tonales" ist schon aus der 5. Dimension, der Traum-Zeit, in viert-dimensional bestimmte Wirklichkeit geträumt, und ist so drei-dimensionale Realität geworden.

„Nagual" ist also im Gegensatz zum Tonal alles, was „erträumt" werden könnte, es aber noch nicht ist.

Ein „Nagual" als Person und Lehrer ist folglich erst mal jemand, der erkannt hat, dass das „Tonal" auch nichts anderes ist, als schon erträumtes „Nagual" – und der andere dabei unterstützt, das auch zu erkennen.

Er ist im weiteren imstande „Ausflüge" in dieses Nagual, in andere Wirklichkeiten, in das unserer Wirklichkeit zugrundeliegende Bewusstseins-Energie-Wirkungsfeld zu unternehmen und solche „Ausflüge“ auch seinen Schülern (Lehrlingen) zu ermöglichen.

Das Ziel ist, das Aufweichen mancher der zu Wirklichkeiten verfestigten Möglichkeiten und das Bewirken neuer Wirklichkeiten.

...

Aufgrund obiger Begriffserklärungen würde ich mich nicht als „Schamane“ bezeichnen, da ein Schamane seine Arbeit innerhalb einer Stammesgemeinschaft leistet. Meine Arbeit findet, so wie das Wirken eines Naguals, in den Grenzbereichen des Aufweichens von alten und des Entstehen-Lassens und Erschaffens von neuen Wirklichkeiten statt.

Der Nagual wird somit zum (französisch:) **„agent d’evolution“**, was einerseits „Agens der Evolution“, das wirkende Prinzip, die tätige Kraft, die Substanz, das Mittel, das Evolution ermöglicht bedeutet – und gleichzeitig der „Evolutions-Agent“ ist, der Vermittler, Vertreter und „Spion“ der Evolution.

Ein Nagual hat die Fähigkeit, neue Traumsphären zu entwerfen, und nur für sich oder auch für andere, allein oder – meiner Meinung nach am besten und wirkungsvollsten – gemeinsam mit anderen, am Erschaffen neuer brauchbarer Wirklichkeiten zu arbeiten.

Die wichtigsten Bausteine für diese möglichen neuen Wirklichkeitserfahrungen sind die durch Übung und integrierte Erfahrung erworbenen Nagual-Fähigkeiten des „Sehens“, des „Pirschens“, des „Träumens“, des „Gestalt-Wechselns“ und des „Beabsichtigens“. (Auf diese wird im Kapitel 1.3 näher eingegangen).

Um die Kunst und die Phänomene **„Sehen, Pirschen, Träumen, Gestalt-Wechseln und Beabsichtigen“** verstehen zu können, muss man sich vorstellen, dass Zauberer und Naguals in einer Welt leben, wo sie sich stets gewahr darüber sind, **dass alles, was uns jetzt so wirklich und real erscheint, nichts anderes, als eine – über viele**

Jahrhunderte von vielen Generationen von Menschen – aus nahezu unbegrenzten Möglichkeiten – ausgewählte, erschaffene mögliche Wirklichkeit ist, die von einer Art kollektiver Übereinkunft aufrechterhalten wird. Diese erschaffene mögliche Wirklichkeit hätte genauso gut auch ganz anders zusammengesetzt werden können – und kann das (mit genügender Kraft) auch jederzeit anders getan werden.

Spannenderweise stimmt diese Ansicht über die Wirklichkeit vollständig mit den Erkenntnissen der Quantenphysik überein.

Da erzählen uns nicht Science-Fiction-Autoren, Esoteriker oder Schamanen, sondern Nobelpreisträger, wie Albert Einstein, Max Planck, Niels Bohr, Werner Heisenberg oder Erwin Schrödinger allen ernstes, dass

... die gesamte Realität auf der Quantenebene eine sprunghafte Unvorhersehbarkeit von möglichen Wahrscheinlichkeiten ist. ...

Der Physiker und Nobelpreisträger Niels Bohr, einer der Väter der Quantentheorie, beschreibt die Welt im subnuklearen Bereich:

... als eine Überlagerung aller Möglichkeiten, in der jede Möglichkeit als Wahrscheinlichkeit nebeneinander bzw. schattenhaft überlagert parallel existiert, bis ein bewusster Beobachter hinschaut bzw. misst und sich so für eine reale Existenz entscheidet und damit die Wahrscheinlichkeitswellen der anderen überlagerten Existenzen zusammenbrechen bzw. verschwinden. ...

... Jedes Teilchen befindet sich bis zu seiner Beobachtung in einer nicht realen Zwischenwelt, in der es von einer Unzahl schattenhafter Doppelgänger begleitet wird, welche jede andere Möglichkeit darstellen. ...

... Es können also alle Ereignisse, welche eintreten könnten, mit einer gewissen Wahrscheinlichkeit parallel in dieser Zwischenwelt „existieren“, bis sich ein Beobachter für eine Realität entscheidet. ...

Diese klugen Köpfe und Nobelpreisträger bezeichnen unsere geliebte Wirklichkeit und alle Materie als
... geisterhaften Schaum von Wahrscheinlichkeiten ...

Alles Existente ist also nur ein Möglichkeitsschaum?
... Wer von den Erkenntnissen der Quantenphysik nicht zutiefst schockiert ist, hat sie nicht verstanden. ... Niels Bohr

Man ist sich in den höchsten wissenschaftlichen Kreisen darüber einig, dass erst der Beobachter durch seine Beobachtung – also seine Wahrnehmung – dazu beiträgt, dass sich das Beobachtete „verwirklicht".

Im Nagual-Schamanismus gibt es den Leitsatz:
attention is power – Aufmerksamkeit ist Kraft
Das bedeutet, dass das worauf unsere Aufmerksamkeit, – also der Fokus unserer bewussten Wahrnehmung, – gerichtet ist, zu der Wirklichkeit wird, die wir erleben.

1.2 Wahrnehmung und Wirklichkeit

Die Art, wie wir unsere Realität erschaffen beginnt mit unserer Wahrnehmung – und so bedarf es an dieser Stelle vielleicht erst mal einer genaueren Untersuchung des Phänomens „Wahrnehmung".

Der Begriff soll wohl implizieren, dass es so etwas wie „Wahres" gibt, dass „genommen" wird. Also etwas Objektives, was es „da Draußen" gibt – und das von uns nur (auf)genommen wird. Befasst man sich jedoch genauer mit dem Vorgang der Wahrnehmung, so erscheint die Erklärung, dass beim Wahrnehmen „Etwas für wahr genommen wird", viel richtiger und mehr dem tatsächlichen Vorgang entsprechend.

Es werden beim Prozess des Wahrnehmens „Sinneseindrücke" (visuelle, auditive, kinästhetische, gustatorische und olfaktorische), also von unseren Sinnesorganen Empfangenes (Gesehenes, Gehörtes, Gespürt-Gefühltes, Geschmecktes und Gerochenes) im Gehirn und von unserer Neurologie verarbeitet und dann nach Außen projiziert. Dieser diffizile, blitzschnell vor sich gehende und scheinbar unbeeinflussbare Vorgang wird von uns „ignoriert" – wir geben ihm keine Bedeutung und verhalten uns so, als wäre das „Wahrgenommene" ganz ohne unser Zutun „wirklich" da Draußen.

Wenn man bedenkt, welch dichtes Filtersystem unsere (sogenannte) Wahrnehmung ist, – und das auch sein muss, als „Schutzmaßnahme" vor einer unfassbar großen und anders kaum bearbeitbaren Flut an Information, – dann ist die Annahme, dass etwas von uns „Für-Wahr-Genommenes" wirklich auch genau so da Draußen existiert, eine recht vermessene Annahme.

... Es gibt kein „dort draußen", das unabhängig ist von dem, was „hier drinnen" abläuft. ... Fred Alan Wolf

So bleibt die philosophische Idee der „Wahrheit" wohl unlösbar versteckt in der äußerst kreativen Wechselwirkung zwischen „gedachter Welt“ und einer „äußeren Welt“ (so es eine solche für sich gibt). In der Literatur finden sich gute Metaphern für das Verhältnis zwischen der „Wirklichkeit“ und dem von uns davon „Wahrgenommenen“.

„Die Karte ist nicht das Territorium“ – A.Korzybski; Science and Sanity 1933 – oder

„Die Speisekarte ist nicht die Speise“ – S.Freud und auch P.Watzlawick,

Ich glaube, wir alle haben diesen Unterschied zwischen der Karte und der Landschaft, bzw. zwischen der Speisekarte und der Speise schon auf die eine oder andere Weise kennengelernt – z.B. in so einer recht alltäglichen, sicher von allen schon erlebten Erfahrung, wie der folgenden:

Man ist alleine irgendwo in der Natur, geht spazieren oder wandern, oder man sitzt oder liegt – völlig egal – vielleicht in einem Wald. Es könnte sein, dass man die Atmosphäre des Waldes und die Stille zu genießen beginnt, – und nach einer Zeit beruhigt sich der Gedankenstrom, das Geplapper im Gehirn wird weniger und weniger – und irgendwie ist es geschehen, dass man – und man weiß auch gar nicht, wie lange schon – an gar nichts dachte und völlig „selbstverloren“ einfach nur „da“ war.

Und dass man eine Zeit lang in einem selbstvergessenen, zeitlosen „All-Eins-Sein“-Zustand war, wird einem erst in dem Augenblick bewusst, wo man nicht mehr in diesem ist, sondern darüber nachdenkt, was da jetzt gerade geschehen war. Man weiß gar nicht mehr genau, wie viel Zeit vergangen ist, man war auf eine magische, kaum zu beschreibende Art „Alles und Nichts zugleich“, man fühlte “sich“ nicht getrennt vom Rest der Welt.

Jetzt orientiert man sich wieder und erkennt, wo man ist. Man sieht die Bäume, benennt sie innerlich als Fichten oder Buchen, sieht die Farne und spürt den weichen Moosboden unter sich. Die „unmittelbare“ Erfahrung von eben erst, ist ersetzt durch die

„(für)wahrgenommene“ Erfahrung, Erklärung und Benennung der Welt.

Unsere Wahrnehmung vermittelt dem Gehirn ein extrem vereinfachtes reduziertes Bild der Umwelt, das es ermöglicht „Alles“ als einzelne, identifizierbare und sauber voneinander abgetrennte „Dinge“ zu erkennen.

Im Gehirn werden dann diese Bilder noch weiter vereinfacht und mit schon gespeicherten bekannten Abbildern und Mustern abgeglichen. Also „neue“ Eindrücke werden aufgrund schon bestehender Erfahrungen und Erinnerungen eingeordnet und interpretiert.

Die Wahrnehmungspsychologie, eine Wissenschaft, die sich speziell mit diesen Vorgängen beschäftigt, kommt zum Schluss, dass *es keine Wahrnehmung vor der Erfahrung gibt.* Das bedeutet, dass es „da Draußen“ keine Welt gibt, die von uns nur wahrgenommen werden muss, sondern, dass die Welt „da Draußen“ von unserer Wahrnehmung und der Verarbeitung im Gehirn erst so erschaffen wird, wie wir sie dann erfahren – und dass dieser Vorgang von schon gemachten Erfahrungen und Interpretationen des Individuums abhängt.

Was wir für die Realität halten – ist also nichts anderes, als von außen kommende Reize, die von den Tätigkeiten unserer Sinne und unseres Gehirns bearbeitet, verarbeitet und dann wieder nach außen projiziert werden – (gefiltert, verallgemeinert, verzerrt, interpretiert). Diese Bearbeitung und Verarbeitung besteht, wie schon gesagt, in erster Linie aus Filterung und dabei gibt es drei primäre Kategorien von äußerst wirksamen Filtern:

- **Neurologische Filter – (unsere limitierten Sinnesorgane)**

Was auch immer „da Draußen“ ist, wir benutzen unsere Sinne, um es zu erfassen und unser Gehirn, um es zu organisieren. Und durch die recht begrenzten Möglichkeiten unserer Sinnesorgane können wir nur einen sehr kleinen Ausschnitt von wahrscheinlich unendlichen möglichen Sinneseindrücken erfassen.

Man braucht nur unsere Wahrnehmungsmöglichkeiten mit denen verschiedener Tiere zu vergleichen.

Adler sehen viel besser, Katzen und Eulen können auch bei Nacht sehen und die Welt der Bienen ist durch ihre Fähigkeit, auch UV-Licht wahrzunehmen, ungleich bunter als unsere. Fledermäuse haben ein untrügliches Radarsystem. Haie und Delphine spüren Bewegungen im Wasser über riesige Distanzen. Hunde können viele Male feiner riechen und jede Zecke ist imstande genauere Temperaturunterscheidungen zu machen.

(Es ist anzunehmen), ... dass nämlich die Funktionen des Gehirns, des Nervensystems und der Sinnesorgane hauptsächlich eliminierend arbeiten und keineswegs produktiv sind. Jeder Mensch ist in jedem Augenblick fähig, sich all dessen zu erinnern, was ihm je widerfahren ist, und alles wahrzunehmen, was irgendwo im Universum geschieht. Es ist die Aufgabe des Gehirns und des Nervensystems, uns davor zu schützen, von dieser Menge größtenteils unnützen und belanglosen Wissens überwältigt und verwirrt zu werden, und sie erfüllen diese Aufgabe, indem sie den größten Teil der Informationen, die wir in jedem Augenblick aufnehmen oder an die wir uns erinnern würden, ausschließen und nur die sehr kleine und sorgfältig getroffene Auswahl übriglassen, die wahrscheinlich von praktischem Nutzen ist. ...
Aldous Huxley; Die Pforten der Wahrnehmung (er zitiert den Philosophen C.D.Broad, der seinerseits Henri Bergson, franz. Philosoph und Nobelpreisträger für Literatur 1927, zitiert).

- **Sozial-genetische – (kulturelle) und individuelle Filter**

Der kleine Ausschnitt, den wir aufgrund unserer Neurologie und der Beschaffenheit unserer Sinnesorgane wahrnehmen können, wird weiter gefiltert durch unsere Erfahrungen, unsere Kultur, Glaubenssätze oder Einstellungen, Werte, Interessen und Annahmen. Jeder Mensch lebt in seiner einzigartigen Welt, die auf seine Sinneseindrücke und individuellen Lebenserfahrungen gegründet ist, und wir handeln auf der Basis dessen, was wir wahrnehmen: Das ist unser Modell (unsere Karte) der Welt.

Der Filter der individuell getrübten Brille – die Einschränkungen, die wir aufgrund unserer persönlichen Erfahrungen schaffen – kreiert für jeden Menschen eine völlig andere Landkarte des Gebietes. Auf der einen Karte ist ein Hund vielleicht etwas, was es unbedingt zu meiden gilt, da man schon als Kleinkind von so einer Bestie gebissen wurde – auf einer anderen Karte ist derselbe Hund ein angenehme Gefühle auslösendes, wunderbares Wesen, da man mit einem besonders gutmütigem Tier aufgewachsen ist, das ein toller Spielkamerad war.

Das stärkste sozial-genetische Filtersystem ist unsere Sprache.

Sie entwickelte sich ursprünglich wohl, damit wir noch besser in einer gefährlichen Umwelt überleben konnten und wurde nach und nach zu einem ungemein sozial verbindenden Element und ermöglichte ein mentales Erklärungsmodell der Welt.

Eskimos haben auf ihrer Landkarte 72 verschiedene Worte und damit Unterscheidungsmöglichkeiten für Schnee. Europäische oder amerikanische Jugendliche unterscheiden auf ihrer Landkarte dutzende, vielleicht hunderte Autosorten und -Marken. In Maidu einer Indianersprache Nordkaliforniens gibt es nur drei Worte zur Beschreibung des gesamten Farbspektrums.

... Jeder Mensch ist zugleich der Nutznießer und das Opfer der sprachlichen Tradition, in die er hineingeboren wurde – der Nutznießer insofern, als die Sprache Zugang zu den gespeicherten Informationen über die Erfahrungen anderer Menschen gewährt; das Opfer insofern, als sie ihn in dem Glauben, dieses reduzierte Bewusstsein sei das einzig mögliche Bewusstsein, bestärkt und seinen Wirk-

lichkeitssinn verwirrt, so dass er nur allzu bereit ist, seine Begriffssysteme für gegebene Tatbestände, seine Bezeichnungen für die Dinge selbst zu halten. ...
Aldous Huxley; Die Pforten der Wahrnehmung

- **Filter unserer Vorstellungskraft – der Imagination**

Wir können nicht etwas wahrnehmen, was es in unserer Wirklichkeitsvorstellung nicht gibt!
Auf dieser Tatsache baut sich eine möglichkeitseinschränkende und realitätsgestaltende Rückkoppelungsschleife auf: Wir sehen nur, was wir glauben (für möglich halten) – und wir glauben (halten für möglich) nur was wir sehen. Dieser Mechanismus gewährleistet, dass alles was wir (für)wahrnehmen und erleben sich innerhalb einer nicht stark veränderlichen Bandbreite bewegt und die „Wirklichkeit“ als recht beständig und verlässlich erfahren werden kann.

... So wie ein Thermostat jede größere Abweichung von der Wunschtemperatur durch entsprechendes Gegensteuern mit der Heizung weitest möglich kompensiert, sorgt auch unser „Realostat“ – in Gestalt unserer Überzeugungen – dafür, dass jede allzu starke Abweichung unserer Wahrnehmung von der „Sollgröße“ (der Welt an die wir glauben), durch entsprechendes Gegensteuern in Gestalt von Zweifeln und Unglauben wieder „abgedämpft“ werden. Unser Glaubenssystem hält uns zuversichtlich auf unserer selbst definierten Fahrbahn durch den Möglichkeitsraum und sorgt dafür, dass wir keine allzu scharfen Kurven nehmen. Damit verändert sich die Welt, die wir erleben, immer nur im Rahmen dessen, was wir für möglich halten. ... Jörg Starkmuth; Die Entstehung der Realität

...

Wahrnehmung und Wirklichkeit noch einmal zusammengefasst:

Was wir da draußen wahrnehmen in der physischen Welt, ist nicht das, was es zu sein scheint. Alles ist viel weniger solide und materiell als wir glauben. Nichts da draußen ist starr und beständig, alles ist in Veränderung, in Verbindung untereinander und mit uns. Nur vom Gesichtspunkt der drei-dimensionalen Realität ist es getrennt von uns, in der Zeit eingefroren und erscheint fix. Feste Objekte sind ganz und gar nicht fest und erscheinen nur unseren Sinnen so. Alles was wir wahrnehmen ist nur ein vergänglicher Moment, ein flüchtiges Aufblitzen, eine erhaschte Ahnung einer, von unserem drei-dimensionalen Sein nicht erfassbaren höher-dimensionalen Wirklichkeit.

Und so bleibt uns nichts anderes übrig, als zu erkennen, dass alles im Universum sich in ständiger Veränderung befindet und alle Formen von Materie, egal welcher Größenordnung sie zuzuordnen sind, – kosmisch, menschlich oder subatomar, (also dem Makro-Kosmos des Universums, dem Meso-Kosmos unseres menschlichen Wahrnehmens und Wirkens oder dem Mikro-Kosmos der Quanten und Elementarteilchen) – von der Absicht des Beobachters erschaffen und aufrechterhalten werden.

... Unsere Wahrnehmung der Welt als feste Materie ist so etwas wie das Betrachten eines Holographischen Bildes. Es ist nicht wirklich da draußen, aber es wird da draußen kreiert durch den Prozess der Beobachtung ...

... Die Realität, wie wir sie wahrnehmen, ist nicht einfach da draußen in Raum und Zeit, sondern irgendwie in den Raum und die Zeit hineinprojiziert durch unsere Aktivitäten eine „Da-Draußen-Realität“ wahrzunehmen. ... Fred Alan Wolf; the dreaming universe. (Übersetzung des Autors)

Also –
Es gibt keine Wirklichkeit ohne Wahrnehmung der Wirklichkeit.
Das Universum scheint nicht unabhängig von unserer Beobachtung zu existieren und wird erst durch diese definiert.

Die Wirklichkeit – das Universum – braucht bewusste Beobachter.

Diese Erkenntnis und die wirklich schwer anzunehmenden und in ihren Auswirkungen kaum akzeptierbaren Folgen werden durch die folgenden zwei Aussagen trefflich auf den Punkt gebracht:

... *Wir wissen heute, dass der Mond nachweislich nicht vorhanden ist, wenn niemand hinsieht.* ... David Mermin; Physiker, (Festkörperphysik und Quantenmechanik).

... *Ich ziehe es vor, in einer Welt zu leben, in der der Mond auch am Himmel steht, wenn ich nicht gerade hinschaue* ... Albert Einstein.

Interessant finde ich Einsteins Wortwahl: „*Ich ziehe es vor, ...*“ – er behauptet also nicht, dass es so ist, nur, dass er es lieber so hätte.
- Wer wohl nicht!

... *Wer es unternimmt, auf dem Gebiet der Wahrheit und der Erkenntnis als Autorität aufzutreten, scheitert am Gelächter der Götter.* ... Albert Einstein

Es ist glaube ich zulässig, zu sagen, dass das, was wir als die Welt da draußen wahrnehmen bloß ein verschwindend kleiner und noch dazu von uns zumindest mitkreierter Ausschnitt einer Wirklichkeit ist, die wir gar nicht imstande sind, ganz zu erfassen. Wir beschränken uns darauf, einzig den materiellen Anteil der Wirklichkeit wahrzunehmen – obwohl uns hinlänglich bekannt ist, (viele Weise des Ostens und alle bekannten großen Physiker, wie Bohr, Plank, Heisenberg, Schrödinger, Wheeler, Bohm weisen uns stets darauf hin), dass alles was uns so fest erscheint und damit auch unser Körper zu weit mehr als 99,99 % immateriell ist. Zwischenräume – Schwingungen – Beziehungen – Leere, und was dann noch als winzige „Partikel“ übrigbleibt, besteht auch nur aus verdichteter Schwingung.

... Der Mensch als sinnlich wahrnehmungsfähiges Wesen beobachtet die Dinge, verfestigt Energiekomponenten zu Gewissheiten und greift aus der Fülle der Sinnangebote bestimmte heraus, mit denen er sich Realitäten qua Wahrnehmung erschließt. ... Dieter Broers; Gedanken erschaffen Realität.

Der Neurowissenschaftler und Psychobiologe Vernon Mountcastle meint:
... Jeder von uns lebt im Universum - im Gefängnis - seines eigenen Gehirns. Millionen zarter sensorischer Nervenfasern strahlen davon aus in Gruppen, die auf die verschiedenen Energiezustände der Welt spezialisiert sind - Wärme, Licht, Kraft und chemische Zusammensetzung. Das ist alles, was wir direkt über sie erfahren, alles weitere ist logische Schlussfolgerung.
Jeder glaubt, dass er direkt in der ihn umgebenden Welt lebt, die Dinge und Ereignisse präzis wahrnimmt und in realer jetziger Zeit lebt. Das sind zweifellos Wahrnehmungstäuschungen. Sinneswahrnehmung ist eine Abstraktion, keine Replikation der realen Welt. ...
zitiert von Karl Popper und John Eccles; Das Ich und sein Gehirn.

Aber selbst diese Aussage stimmt nicht ganz, denn es gibt „da draußen“ per se auch keine Wärme, Licht, usw.

... Tatsächlich gibt es ja da draußen weder Licht noch Farben, es gibt lediglich elektromagnetische Wellen; es gibt da draußen weder Schall noch Musik, es gibt nur periodische Schwankungen des Luftdrucks; da draußen gibt es weder Wärme noch Kälte, es gibt nur

Moleküle, die sich mit mehr oder minder großer mittlerer kinetischer Energie bewegen, ...
Heinz von Förster; Das Konstruieren einer Wirklichkeit

Dies Letzt-zitierte ist wohl eine mögliche und wahrscheinlich sogar richtige Sicht auf das Phänomen Wahrnehmung und Wirklichkeit – und doch gibt es da noch eine andere. Denn zweifelsohne gibt es da draußen nicht bloß nur Moleküle und in Schall- und Lichtwellen übersetzte Schwingungen, was es „da draußen" für uns Menschen durch unser kreatives daran Teilnehmen von „da drinnen" auch noch gibt, ist wunderbare Natur, großartige Landschaften, bunte, blühende, duftende und auch köstlich schmeckende Pflanzen, eine faszinierende Vielfalt an Tieren und andere Menschen – und damit Zuneigung, Abneigung, Liebe, Abgrenzung und Gemeinsamkeit. Und aus dieser Gemeinsamkeit heraus, die Möglichkeit, aus all den „elektromagnetischen Schwingungen" eine – wenn auch vielleicht nur uns so erscheinende, – wundervolle, vielfältige „Realität", wie unsere Welt zu erleben/erschaffen, eine Natur voll mit Farben, Klängen, Gerüchen, Landschaften, Pflanzen, Tieren und anderen Menschen.

Und allein schon, dass diese „elektromagnetischen Wellen" und „Schwankungen des Luftdrucks" im Großen und Ganzen von doch sehr vielen Menschen gleich oder wenigstens sehr ähnlich erlebt und erfahren werden, ist zumindest recht erstaunlich.

Noch erstaunlicher ist die Tatsache, dass das „da draußen" nicht nur von uns Menschen, sondern auch von mit uns lebenden Tieren sehr ähnlich, wenn nicht sogar annähernd gleich erfahren wird. Meine Katze wird im gleichen Regen nass, den auch ich auf der Haut spüre. Sie schärft ihre Krallen an dem gleichen Baum, vor dem ich stehe und spitzt die Ohren wegen des Gesanges einer Amsel, dem auch ich zuhöre. Sie erlebt also eine ähnliche Außenwelt, wie ich auch. Wie genau sie diese erfährt, weiß ich nicht. Es sei denn es gelingt mir „in ihre Haut zu schlüpfen" (durch ein im nächsten

Kapitel beschriebenes *GESTALT-WECHSELN).* Bei einigen solcher „Ausflüge“ habe ich auch sehr deutlich unterschiedliche Wirklichkeiten erfahren, z.B. durch die Fühler einer Grille, die Augen einer Eidechse, im Inneren eines Steinwesens oder als Saft im Kapillarsystem eines Baumes.

Es spricht also vieles dafür, dass meine Katze ihre Wirklichkeit auf sehr ähnliche Weise erfährt wie ich. Das bedeutet, dass sie die Energie-Emanationen und Lichtbündel, die „elektromagnetischen Wellen“, auf ähnliche Weise zusammenballt und montiert, wie ich das tue – und das alleine ist eigentlich recht erstaunlich. Es sei denn meine Kreationsmacht (sowie dann natürlich auch die eines jeden Menschen) wäre so groß, dass ich auch meine Katze und alle anderen, die in meiner Welt auftauchen „erschaffen“ habe – aber davon gehe ich besser nicht aus.

Wovon ich aber ganz sicher ausgehen kann, ist die Tatsache, dass wir die Beschaffenheit der Wirklichkeit, die wir erleben, selbst zumindest miterschaffen und aufrechterhalten, auch wenn das von den meisten Menschen, trotz klarer und eindeutiger empirischer als auch wissenschaftlicher Beweise einfach ignoriert wird. Der Hauptgrund dafür liegt wohl daran, dass nach einem Anerkennen dieser Zusammenhänge, es nicht mehr so leicht möglich wäre, die Verantwortung für die Umstände des eigenen Lebens von sich weg zu schieben.

Im toltekischen Nagual-Schamanismus ging und geht man mit dieser Tatsache gänzlich anders um. Man suchte, entwickelte und trainierte Techniken und Methoden, die es ermöglichen:
- erst mal die schon „erträumten“ Wirklichkeiten wieder durchlässiger und veränderbarer zu erleben,
- um das darunter liegende „energetische“ Zusammenspiel unmittelbar, – ohne die zuvor beschriebenen drei Filtersysteme erfahren zu können,

- und dann in Folge neue, andere, brauchbarere Wirklichkeiten zu „erträumen“ und zu „beabsichtigen“.

Zu diesen Methoden und Herangehensweisen zählen zum Beispiel die **Fünf Schritte des Erwachens** und das Erlernen und Perfektionieren der **Nagual-Fähigkeiten**.

Die Fünf Schritte des Erwachens sind:

- Das Auslöschen der persönlichen Geschichte,
- Den Tod zum Verbündeten machen,
- Die Welt anhalten,
- Den Traum steuern und
- Im Zentrum seines Wirkungskreises die Verantwortung übernehmen.

Im Großen und Ganzen bilden diese fünf Schritte die Struktur und das Grundgerüst, auf der eine nagual-schamanische Ausbildung und Persönlichkeitsentwicklung aufgebaut sind, und sie werden im Kapitel 2 genauer behandelt.

Und wie schon erwähnt, sind die wichtigsten Bausteine für mögliche neue Wirklichkeitserfahrungen die Nagualfähigkeiten *SEHEN, PIRSCHEN, TRÄUMEN, GESTALT-WECHSELN UND BEABSICHTIGEN*, auf die ich jetzt näher eingehen will.

1.3 DIE NAGUAL-FÄHIGKEITEN

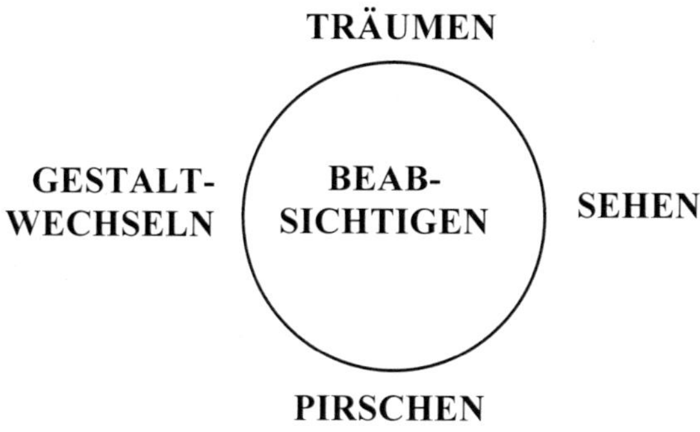

1.3.1 *SEHEN*

Obwohl es *SEHEN* heißt, ist damit nicht nur der visuelle Aspekt unserer Wahrnehmung gemeint, sondern unsere Wahrnehmung im Allgemeinen. Also auch unser Riechen, Schmecken, Berühren und vor allem unser Hören. Und somit umfasst der Begriff *SEHEN* das gesamte Spektrum der Wirklichkeits-Erfahrung.

Im Weltmodell des Nagual-Schamanismus besteht die Welt und die „Wirklichkeit" nicht aus Objekten und klar voneinander abgegrenzten „Dingen" sondern aus Energiefeldern, aus unterschiedlichen energetischen Schwingungsverdichtungen, die nicht klar voneinander abgrenzbar sind, miteinander kommunizieren und aufeinander einwirken.

Aus dieser Nagual-Vielfalt an leuchtenden Fasern, vibrierenden Licht-Bändern, energetischen Verdichtungen und Schwingungen werden von unserer Aufmerksamkeit bestimmte zu Einheiten zusammengefasst, voneinander abgegrenzt, „verdinglicht" – zu Tonal gemacht – und somit sinnlich erfahrbar.

SEHEN bedeutet, die im Universum frei fließende Energie als reine Schwingungsenergie (wieder)wahrzunehmen, möglichst ohne all der im vorigen Kapitel beschriebenen Wahrnehmungs-Filter.

Um sich diesem *SEHEN* anzunähern, geht es vorerst einmal als ersten Schritt, um die Erweiterung unserer normalen Wahrnehmungsgewohnheiten.

Da die Art, wie wir unsere Realität erschaffen – wie im vorigen Kapitel beschrieben, – mit unserer Wahrnehmung beginnt, erscheint es ja auch völlig logisch und stimmig, dass, wenn wir unsere Realität verändern wollen, – und das heißt: verbessern, verfeinern, erweitern, – wir unsere Wahrnehmung verändern müssen, – und das heißt wieder: verbessern, verfeinern und erweitern.

Beim *SEHEN* geht es also einerseits um das Erlernen und Entwickeln von feinstofflicher, feinsinniger und übersinnlicher Wahrnehmung – und im Weiteren um das Rückerlangen der Fähigkeit, der Welt und ihren Energien und „Dingen“ neu und völlig „unvoreingenommen“ – möglichst filterlos – zu begegnen.

Mit *SEHEN* ist somit in erster Linie gemeint, dass man „Tonales“ – also etwas, was von Menschen schon Gestalt bekommen hat, wieder zurück in „Naguales“ verwandeln kann; also z.B. Bäume nicht einfach als Fichten, Buchen usw. wahrnimmt – sondern es schafft, diesen vielschichtigen Lebewesen völlig unbelastet, unmittelbar im Hier und Jetzt, als reiner Energieschwingung zu begegnen und mit dieser in Austausch zu kommen – indem man mit der physisch/energetischen Präsenz des „Baumes“ und der Energie um ihn herum „verschmilzt“, seine Lebensenergie „einatmet“ und so die illusionäre Getrenntheit und Projektion auflöst.

Also in anderen Worten Menschen-gemachten Gestalten und Formen und so von Menschen verdinglichten Energieverdichtungen wieder als reine „Energie in Bewegung“ begegnen zu können, mit ihnen in „Einklang“ zu sein und sie so, auf diese Weise „wahrnehmen“ zu können.

Die Art, wie wir die Welt normalerweise visuell wahrnehmen hat mit diesem *SEHEN* kaum etwas zu tun und sollte eher betrachten o-der (an)schauen genannt werden. Denn etwas anzuschauen, impliziert mehr als etwas zu *SEHEN*, dass es etwas Fixes, außerhalb von mir und unabhängig von mir Bestehendes gibt, dass ich mir jetzt anschaue.

Meiner Erfahrung nach kann man sich durch Übung diesem *SEHEN* annähern und es erlernen. Das bedeutet, dass es nicht nur *SEHEN* oder normales Sehen (Anschauen) gibt – also ein einander ausschließendes Entweder-oder – sondern, dass man unter Umständen mehrere Wahrnehmungsvarianten neben- bzw. übereinander erleben und kurzzeitig aufrechterhalten kann.

Will man über dieses „Energie-Sehen“ dann mit anderen kommunizieren, muss man „es“, – seine Erfahrung – allerdings wieder symbolisieren, und es kommen wieder soziale Filter zur Wirkung – je nach dem „Weltbild“ in dem man sich bewegt.

Im Weltbild des toltekischen Nagual-Schamanismus können Menschen als länglicher leuchtender Energieball, als eiförmige verdichtete Lichtenergie, wahrgenommen werden.

Innerhalb dieses „luminösen Kokons“ sind unterschiedliche Energiewirbel zu beobachten. Relativ leicht wahrnehmbar sind hierbei die sogenannten „energy-wheels“, wirbelnde Energieverdichtungen, die auch aus anderen, vor allem östlichen Menschenbildern allgemein bekannt sind und dort Chakren genannt werden.

Sehr auffällig ist auch der sogenannte „Assemblage-Point“, der Montagepunkt. Dieser befindet sich bei den meisten Menschen rechts bis zentral im oberen Brust-Rückenbereich und von seiner Positionierung hängt ab, wie die Welt wahrgenommen wird, wie man die Wirklichkeit „zusammenmontiert“. (Siehe auch Teil 3 Kapitel 17).

Für die meisten Menschen, für die es die „Welt da draußen“ als unumstößliche Realität gibt, ist der Montagepunkt praktisch nicht bewegbar – und höchstens durch Unfälle, Schockerlebnisse und Grenzerfahrungen in Bewegung zu bekommen. In der Nagual-Schamanismus Ausbildung ist es erst mal sehr wichtig, diesen Montagepunkt in Bewegung zu bringen, sodass „andere Wirklichkeiten“ zusammenmontiert und erfahren werden können. Und doch ist dies erst der erste Schritt dorthin, dass andere Wirklichkeiten selbst kreiert werden können. (Genaueres über die „feinstoffliche Anatomie des Menschen“ siehe Teil 3, Kapitel 13 bis 18).

Sehen, als die Kunst des *SEHENS*, bedeutet auch, bewusst die Aufmerksamkeit auf etwas zu richten, um sich damit auf einen Austausch einzulassen, denn mit Allem worauf ich meine Aufmerksamkeit richte, gehe ich eine energetische Verbindung, eine Beziehung ein. Indem ich meine fokussierte Aufmerksamkeit auf etwas richte, beteilige ich mich bewusst oder unbewusst an einem Akt der Schöpfung – also besser gleich bewusst.

Und um sich dieses „Aktes der Schöpfung“ genauer gewahr zu werden, ist eine hilfreiche Einstiegsübung, de-fokussiert zu schauen; – den Blick nicht grapschend, sondern verschwimmend, verwischend in die Welt und über ihre vermeintlichen „Dinge“ gleiten zu lassen. So lösen sich allmählich die Formen auf und es bleiben Gestalten von sich bewegenden Farben und fließenden Übergängen.

Es fällt leicht sich vorzustellen, dass wir aus genau so einer fließenden, miteinander verbundenen, vielschichtigen „Einheitlichkeit“ unsere definierte Wirklichkeit kreiert haben, indem wir für diese verwischten Schleier und nebelhaften, undeutlichen Verdichtungen, für diese energetisch verbunden und in steter Verwandlung tanzenden Licht- und Farbwolken, Worte und Begriffe zu erfinden begannen. Wo wir Ähnlichkeiten zu erkennen dachten, erschufen wir „Felsen-“, „Bäume-“, „Tiere-Formen“ und alle möglichen anderen „...-Gestalten“ und begannen diese zu vergleichen, einzuordnen und zu kategorisieren. Bald haben wir vergessen, dass all diesen „Formen“

aus nebelhaften Energieverdichtungen durch unsere „grenzziehende“ Wahrnehmung „Gestalt“ gegeben wurde, dass sie von uns erschaffen und definiert wurden und nicht „tatsächlich einfach so da draußen“ existieren.

SEHEN heißt also, – jenseits der Illusion der physischen Wirklichkeit, – der energetischen Realität, die den Dingen zugrunde liegt, zu begegnen.

Diese Begegnung muss nicht, wie auch schon gesagt, unbedingt „visuell“ erfahren werden, um *SEHEN* genannt zu werden.

In die Kategorie *SEHEN* als Nagual-Fähigkeit fallen auch alle anderen Modalitäten der sinnlichen Wahrnehmung, wie Hören, Riechen, Schmecken, Fühlen und Empfinden sowie auch übersinnliche Wahrnehmung und Intuition – also auch die „innere Klarheit“ und das „unzweifelhafte Wissen“, selbstverständlich auch dann, wenn all das nicht von visuellen Phänomenen begleitet wird.

Unter all den Wahrnehmungsmöglichkeiten unserer Sinne, hat das *HÖREN* ganz besondere Bedeutung. Sehen ist ein nach außen in die Welt dringender Sinn, also eher männlich, während Hören ein aufnehmender Sinn ist, also eher weiblich. Es gibt Forschungen, die darauf hinweisen, dass das momentan vorherrschende so starke Überwiegen des Sehsinnes in der Menschheitsentwicklung nicht immer so war und in manchen anderen Kulturen auch nicht so ist, – es hat offensichtlich mit der Entstehung des Patriarchats zu tun.

Der Hör-Sinn scheint für uns Menschen so wichtig zu sein, dass er im Fötus als erster der Sinne ausgebildet wird, schon in den ersten Wochen, und er ist auch der erste, der einsetzt bei der Geburt. Und er ist der, der beim Sterben als letzter erlischt. Er ist also der Sinn, der uns am längsten begleitet.

Was mir als sehr auditiver Mensch des Öfteren sehr lästig ist, ist die Tatsache, dass wir Menschen keine Ohr-Klappen haben und das Hören nicht abdrehen können, so wie man die Augen einfach zu machen kann.

Spannenderweise sind in den meisten Mythologien Menschen, die fähig sind, die Zukunft vorauszusagen, und die als Weise gelten – blind. Der blinde Seher, der das Nicht-Sichtbare, das Verhüllte, das Geheimnisvolle offenbart.

Es ist wohl auch kein Zufall, dass praktisch jede Anregung, zur Ruhe zu kommen oder in einen meditativen Zustand zu gehen, um mehr Tiefe und Wahrheit zu erfahren, mit der Anweisung, die Augen zu schließen, beginnt.

Die starke Dominanz des Seh-Sinns und damit das „blinde" Fokussieren auf das Sichtbare passt wohl sehr gut zu Rationalismus und Materialismus, hat unser Leben aber ganz „gehörig" entspiritualisiert. Es ist unser Auge, unterstützt von dem „groben" Tastsinn, das uns eine bloß 3-dimensionale Welt vortäuscht. Riechen, schmecken und vor allem hören entfalten sich unbeeindruckt davon, ob die Welt drei-, vier-, fünf- oder viel-dimensional ist. Und wahrscheinlich auch deshalb ist für den Schamanen das Ohr schon seit jeher ein Tor zur „anderen Wirklichkeit", er sucht und findet den Eingang und Zugang zur Anderswelt zwischen den Schlägen der Trommel, den Rhythmen der Rassel und den sich ergebenden Interferenzen, Überlagerungen und der Stille. Dies erfordert aber dieses „andere" *HÖREN*, das Hinein- und Darüberhinaus-Hören, eben das *HÖREN* als Nagual-Fähigkeit.

Die Vorliebe und Vorherrschaft des „Seh-Sinns" bei uns Menschen gibt uns das Gefühl, die Welt primär zu „sehen", wo wir sie in Wahrheit „energetisch wahrnehmen", „emotional erfahren", „körperlich wissen" – und „mental glauben", – z.B. dass all das primär mit unseren Augen zu tun hätte.

Und gerade der Seh-Sinn ist es, der uns von der direkten Erfahrung der Welt besonders abschneidet, indem er gewohnt ist „alle Dinge" Oberflächen-schauend abzutasten, einzurahmen, und von anderen Dingen abzugrenzen.

Und so geht es beim *SEHEN* letztlich darum, die Wirklichkeit nicht als eine Welt der getrennten Dinge zu erleben. Im Akt des *SEHENS* löst sich die Grenze von Subjekt und Objekt auf und es kommt auf einer tieferen Erfahrungsebene zu einem Eins-werden von Subjekt und Objekt – und einer Art „ganzheitlichen *SEHENS*", ein gegenseitiges Spiegeln, gemeinsam den Urgrund erkennendes, einheitliches SEIN. Ein wohltuender Gegensatz und Gegenpol zu dem unsäglichen, grapschenden, allgegenwärtigen HABEN, das durch die Objekt/Subjekt-Trennung hervorgerufen wird.

So ist das Erleben der Einheit aller Dinge und des Seins ein wesentlicher Aspekt des fortgeschrittenen *SEHENS.*

Denn natürlich gibt es in Wahrheit nicht jemanden, einen Erlebenden, der etwas von ihm Getrenntes, da draußen erlebt, also einen Sehenden, der Etwas-zu-Sehendes sieht. Das ist eine komplizierte Aufspaltung in die drei Komponenten – der Sehende, das Sehen und das Gesehene, – eines eigentlich recht einfachen Prozesses, in dem alle drei Eines sind. Wie sonst wäre es möglich, dass es keines der drei ohne die anderen gibt? So ist es wohl so, dass der Sehende und das Gesehene und der Akt des Sehens in Wahrheit ein Erleben, eine Erfahrung, Eines sind.

Aldous Huxley schreibt in seinem Werk „Die Pforten der Wahrnehmung" von einer „unmittelbaren Wahrnehmung" der inneren und der äußeren Welt.

... *Diese gegebene Wirklichkeit ist ein Unendliches, das sich allem Verständnis entzieht und sich doch auf unmittelbare Weise gewissermaßen in seiner Gesamtheit erfassen lässt. Sie ist etwas Transzendentes, das nicht der menschlichen Ordnung angehört. Und doch kann sie uns gegenwärtig sein als eine empfundene Immanenz, ein erlebtes Teilhaben. Erleuchtet zu sein heißt, der gesamten Wirklichkeit als eines immanenten Andersseins gewahr zu sein – ihrer gewahr zu sein und doch in dem Zustand zu verbleiben, wo man sich als Lebewesen am Leben erhalten muss, als Mensch denkt und fühlt*

und, sofern es erforderlich ist, mit Vernunft systematisch handelt. ...
Aldous Huxley; Die Pforten der Wahrnehmung

So einem Erleben der Einheit aller Dinge und des Seins, so einem „Erfassen der Gesamtheit auf unmittelbare Weise“ (also dem *SEHEN*) kann man sich annähern, indem man ein anderes, „holistisches“ Wahrnehmen der Welt übt. Schritte dahin sind z.B.:
- das Üben einer „synästhetischen“ Wahrnehmung (das Überlappen der verschiedenen Sinne zu einer Einheit);
- das Schicken oder Aussenden der Sinne (wie weit entfernt kann ich riechen, fühlen, hören, ...);
- das schon zuvor beschriebene de-fokussierte Schauen, (vor, durch und hinter die Dinge zu fokussieren);
- das ganzkörperliche Hören (mit den Augen, Händen, Füßen, mit jeder Hautzelle Schwingungen aufnehmen).

Und wie schon erwähnt, ist speziell der Hör-Sinn ganz besonders gut geeignet, über unser gewohntes Wirklichkeits-Modell hinaus zu *HÖREN*, da er nicht so strikt und stur – wie der Seh-Sinn, auf einer drei-dimensionalen Realität besteht.

In meinem persönlichen Lernen fiel mir der visuelle Aspekt des *SEHEN*s gar nicht leicht. Anfangs war meine Erwartung viel zu sehr darauf fixiert, endlich diese beschriebenen Lichtphänomene und diese leuchtenden Eier zu „sehen“. Erst mit der Zeit und nach dem Trainieren und Üben einer Art „energetischem Wahrnehmen“ und dem Loslassen der Erwartung, es müsste doch visuell sein, wurde es mir möglich, Energie-Verdichtungen und Energie-Verwirbelungen auch visuell zu „übersetzen“. Sehr zugute kamen mir dabei meine Fähigkeit des *HÖRENS* und das Talent der „Inneren Klarheit“ und „Einfach-zu-Wissen“. Dieses Talent galt es natürlich zu schulen und das Wichtigste dabei: zu erlernen, wann ich ihm trauen konnte und wann nicht.

Im Zusammenhang mit dem Erlernen des *SEHEN*s, erinnere ich mich gerne an viele sogenannte „Nagual-Workings“, – meist in den Busch- und Kakteen-Wüsten in Mohave-Dessert und Joshua-Tree, oder auch in den Urwäldern um Chichen Itza, Yaxchilan oder Uxmal – wo wir, eine kleine Gruppe „apprentices“ – dieses *SEHEN*, so wie auch das *PIRSCHEN* und das *GESTALT-WECHSELN* oft und intensiv übten.

Joshua-Tree

Joshua-Tree

1.3.2 *PIRSCHEN*

Bei diesem Begriff fällt erst mal auf, dass es sich um einen Terminus aus der Jäger- oder Kriegersprache handelt. Man pirscht sich – möglichst unbemerkt – an ein Beutetier bzw. einen „Feind“ an.

Im Nagual-Schamanismus wird der Begriff *PIRSCHEN* recht vielseitig und vielschichtig benutzt. Ganz allgemein wird meist ein Sich-Anpirschen, ein vorsichtiges Annähern, an eine „andere“ Energie gemeint. Also z.B. aus einer gewohnten Art, die Welt zu sehen hin zu einer neuen anderen. Oder sich bewusst und willentlich auf noch nicht einzuordnende Erfahrungen einzulassen.

Auf jeden Fall werden mit dem Begriff verschiedene Ansätze beschrieben, die alle einen übergeordneten Zweck erfüllen sollen, nämlich das „Anhalten der Welt“ (*stopping the world*), um sich den Zugang zu anderen Wirklichkeiten zu eröffnen, – diese anderen Wirklichkeiten anzupirschen.

Da dieser Zugang nur erreicht werden kann, wenn sich der Montagepunkt aus seiner im normalen Alltag fixierten Position wegbewegt, ist es erst mal notwendig diese Fixierung – die kollektive Trance – aufzuweichen und durchlässiger zu machen. Dabei geht es um ein Aufspüren und Sich-Befreien von Gewohnheiten, von routinemäßig ablaufendem Denken und Handeln, um ein bewusstes „Nicht-Tun“ dessen, was wir üblicherweise tun, um unsere Welt am Laufen zu halten.

Die Kunst dabei ist allerdings, weiterhin in der „normalen“ Welt funktionieren zu können – ja nicht nur das, sondern durch das Anwenden von „gesteuerter Torheit“ (*controlled folly*) und dem entstehenden Zustand des „Nicht-Verhaftet-Seins“, dort, wo man sich dazu entschließt, noch wesentlich besser funktionieren zu können.

Des Weiteren geht es darum, das Außergewöhnliche anzupirschen, die Gelegenheiten, Einfluss nehmen zu können, – in anderen Worten – zu erspüren, wo und wann sich Bruchlinien in der Wirklichkeit auftun. Es ist ja aus der Chaosforschung bekannt, dass bei allen routinemäßig, musterhaft ablaufenden Geschehnissen, es immer wieder zu sogenannten Chaoswellen kommt, – Momenten, wo das Geschehen sich plötzlich anders weiter entwickeln könnte oder es fallweise auch tut.

Beim *PIRSCHEN* geht es also auch darum, herauszufinden wo und wann die chaotische Welle zu einer Veränderung führt, um da mithilfe der eigenen Energie die brechende Welle so zu beeinflussen, dass die Veränderung in die gewünschte Richtung geschieht.

Banal-Beispiele solcher „brechenden Chaos-Wellen" aus dem Alltag kennt jeder. Jeder Lehrer oder Vortragender kennt diese Momente, wo plötzlich irgendwer zu husten beginnt und wie abgemacht muss jemand anderer niesen und einem dritten fällt der Kugelschreiber aus der Hand. Es entsteht plötzlich Unruhe und alles Mögliche könnte geschehen. Dies ist so ein Moment, indem man bewusst eine eingeschlagene Richtung ohne viel Aufwand ändern könnte, eine „andere Wirklichkeit" zur Wirkung bringen kann.

Aber wie gesagt, ist das ein Banal-Beispiel und die „brechende Welle" kann auch benutzt werden um „wirklich" anderen Wirklichkeiten zur Wirkung zu verhelfen.

Der fortgeschrittene *PIRSCHER* hat durch seinen bewusst gelenkten und gesteuerten Umgang mit verschiedenen Wirklichkeiten eine größere Freiheit und erlangt die Fähigkeit, bei Ausflügen in andere Wirklichkeiten, die Bewusstheit und die Nüchternheit „mitzunehmen", sodass er jederzeit in verschiedenen Realitäten funktionieren kann, – und gegebenenfalls auch – aus menschlichen Erfahrungsbereichen übersteigenden Wirklichkeiten – wieder heimfindet.

Dies ist zum Beispiel absolut notwendig, um ein „Gemeinsam-Beabsichtigendes-Träumen" leiten zu können.
(dazu mehr im Teil 2, dem Praxisteil der Trilogie).

So betrachtet ist die Fähigkeit des *PIRSCHENS* eine absolute Voraussetzung für die Kunst des „*GESTALT-WECHSELNS*", es sei denn, man unternimmt solche Exkursionen ins Unbekannte gar nicht erst, oder man legt keinen Wert darauf, seine gewohnte Gestalt nachher wieder anzunehmen.

Die Kunst des *PIRSCHENS* beinhaltet auch, das Sich-Annähern an die Fähigkeit, bei Bedarf vollständig unauffällig sein zu können, keine Ego-Wichtigkeit, keine voraussagbaren Routinen. Man kann ein „Magisch-Mysteriöser-Charakter“ nur dann werden, wenn man sich den Erwartungen der alltäglichen Wirklichkeit bei Bedarf weitgehend entziehen kann.

Die ganz „hohe Kunst“ des *PIRSCHENS* ist, gleichzeitig aber hervorragend in dieser, der alltäglichen Wirklichkeit funktionieren zu können.

Ein *PIRSCHER* hat stets feinfühlig und streng seine Aufmerksamkeit darauf gerichtet, nicht in die altbekannten gewohnten Fallen des Egos und seiner Verstrickungen zu steigen.

SELBSTWICHTIGKEIT sowie SELBSTMITLEID sind die größten Energieräuber.

Dass die Selbstwichtigkeit etwas ist, was man unbedingt ablegen muss – mag in unserer Kultur seltsam anmuten, da so viele Menschen meinen, an Minderwertigkeitskomplexen zu leiden und das Erreichen eines Standpunktes, wo man endlich für sich einstehen kann, wo man beginnt, sich selbst wichtig zu nehmen, als absoluter Fortschritt und positive Persönlichkeitsentwicklung gesehen wird.

Übersehen wird dabei leider, dass diese „Selbstwichtigkeit“ nur das Zwillingsgeschwisterchen des „Selbstmitleides“ ist – und beide nur Karikaturen eines echten Selbstbewusstseins und einer ehrlichen Selbsterkenntnis darstellen. Und so ist es wahrlich erschreckend, wie viel Energie dafür eingesetzt wird, sich entweder selbst leid zu tun, und jedem, der sich nicht schnell genug in Sicherheit bringen kann, in dieses wehleidige Lamentieren mit hineinzuziehen – oder sich selbst zu erhöhen und besser darzustellen, um das bedürftige Ego für eine kleine Weile zufrieden zu stellen.

Im Nagual-Schamanimus gibt es gerade auf dem Gebiet, – die Selbstwichtigkeit und das Selbstmitleid in den Griff zu bekommen, – viel Wissen, zeremonielle Anforderungen und *PIRSCH*-Möglichkeiten. Angepirscht wird das „Auslöschen der persönlichen Geschichte" und damit jegliches Verhaftet-Sein und Identifizieren mit Überzeugungen, Glauben, Rollen und Masken. Besonders effektiv dabei sind die Beschäftigung und das „Spiel" mit den „Tyrannen-Masken".

Diese TYRANNEN-MASKEN möchte ich hier etwas näher beleuchten:

Im Allgemeinen versteht man unter dem Begriff „Tyrann" jemanden, der einen stark negativen, störenden oder sogar bedrohlichen Einfluss auf unser Leben hat. Es ist jemand, der uns zwingt, Dinge zu tun, die wir sonst nicht tun würden oder uns dabei stört oder daran hindert, Dinge zu tun, die wir tun wollen. Unser Leben wird beeinträchtigt, unser Harmonie- und Glücksempfinden wird gestört, wir fühlen uns tyrannisiert. Diesem Verständnis gemäß folgerichtig versucht man, Tyrannen so gut es nur geht zu meiden.

Im nagual-schamanischen Verständnis bewertet man die „Opfer-Tyrannen-Situation" völlig anders und ist bestrebt, Tyrannen als Lehrer zu benutzen und sucht sie deshalb sogar gezielt auf. Man „weiß", dass es „den Tyrannen" gar nicht gibt, – nicht unabhängig von dem, der ihn als solchen erfährt – und somit besteht die Möglichkeit in diesem Wechselspiel etwas über sich selbst zu lernen und Erweiterung zu erfahren.

Denn allein die Tatsache, dass etwas oder jemand als tyrannisch empfunden wird, heißt doch letztlich nur, dass man sich von etwas deutlich distanzieren und damit nichts zu tun haben will. Und das eröffnet die Gelegenheit zu überprüfen, inwieweit man selbst diese

Möglichkeit des Daseins geheilt oder von ihr gelernt und sie überwunden – oder sie vielleicht nur abgespalten und nach außen projiziert hat.

Es wird davon ausgegangen, dass Tyrannen bei der Persönlichkeitsentwicklung zur Reife, im Speziellen beim „Auslöschen der persönlichen Geschichte" und beim „Welt anhalten" große Hilfestellung bieten können und benutzt werden können, den Montagepunkt in Bewegung zu bringen und damit den Blick auf die Welt und im Besonderen auf sich selbst erheblich zu erweitern.

Ein weiterer wichtiger Punkt im „Spiel" mit den Tyrannen ist, dass dabei der Selbstwichtigkeit der Boden unter den Füßen weggezogen wird, denn klar ist, dass man mit aufgeblähter Selbstwichtigkeit, genau so wie mit ihrem Zwillingsgeschwisterchen dem jammernden Selbstmitleid, ein willkommener Festschmaus und williges Opfer jedes auch nur mittelmäßig begabten Möchte-gern-Tyrannen wird.

Es geht also darum, die Tyrannen zu suchen, die am verlässlichsten die Knöpfe der Selbstwichtigkeit und des Selbstmitleids drücken. Dass sie gedrückt wurden, erkennt man daran, dass man sich gekränkt, beleidigt, herumgeschubst, gepusht, gestört, missachtet, oder auch höchst bewundert, übertrieben gelobt, usw. fühlt. Gelingt es aber, diesen Abfolgen Einhalt zu gebieten, nicht in die gewohnten Fallen zu stolpern, dann kann man sich daran machen den Tyrannen „zu besiegen", was bedeutet, nicht zu (s)einem Opfer zu werden. Man „erzielt einen Punkt gegen den Tyrannen" – (to count coup against a tyrant). Und man tut das nicht im üblichen Sinn, indem man die Opfer-Täter-Dynamik einfach umdreht – dies kann in besonders krassen Fällen natürlich schon ein sinnvoller Zwischenschritt sein – sondern indem man die Dynamik auflöst.

Nicht der Tyrann, sondern die Selbstwichtigkeit ist der größte Feind, und es geht darum, die von der Selbstwichtigkeit gebundene und für ihr Weiterbestehen notwendigerweise aufzuwendende Energie zu befreien und dafür einzusetzen, dem „Unbekannten" zu begegnen. Diese Handlung wird „Makellosigkeit" (impeccability) genannt. Das Unbekannte ist in diesem Fall der Teil in dir, der jemand anderen oder dessen Wirkung als „Tyrann" empfindet. Du erlebst dich als Opfer und erschaffst einen Täter – und übersiehst dabei, dass es, damit dieses Opfer-Täter-Spiel funktionieren kann, von deiner Seite her einen Eingang geben muss, eine kräftige Öse, in die der Haken sich einhängen kann. Diese Öse, das vielleicht bisher Unbekannte, gilt es zu entdecken. Ist das gelungen, und hat man vom „Lehrer-Tyrannen" gelernt, so hat man den wirklichen Punkt erzielt, man hat nicht einen Schlag gegen einen vermeintlichen Tyrannen erzielt, sondern Erkenntnis, Erweiterung und ein Stück Freiheit gewonnen.

Ein weiterer sehr wichtiger Aspekt des *PIRSCHENS* kommt bei der Kunst des *BEABSICHTIGENS* zur Anwendung. Um das Beabsichtigte in dein Leben zu bringen, muss deine Energie mit der Energie der schon verwirklichten Beabsichtigung im Einklang sein. Diese Handlung ist auch eine Handlung der *kontrollierten (gesteuerten) Torheit*, denn du tust ja so, als hättest du etwas schon (erreicht), dass du ja erst bekommen (erreichen) willst. Es bedarf der Kunst des (Sich-An)*PIRSCHENS an ein noch nicht erprobtes Selbst-Sein,* an das Verwandeln einer Möglichkeit zu einer Wirklichkeit, um in dir das Gefühl der schon verwirklichten Beabsichtigung zu entwickeln und Handlungen zu setzen, die du tun würdest, wäre deine Beabsichtigung schon erfüllt.

(Darüber mehr und genauer im Kapitel 10; Die Kunst des Beabsichtigens.

1.3.3 *TRÄUMEN*

Das *TRÄUMEN* hat einen ganz besonderen Stellenwert in der Ausbildung und Praxis des Nagual-Schamanismus.

Von der Erkenntnis ausgehend, dass die Wirklichkeit, wie wir sie vorfinden nichts anderes ist, als eine „erträumte Möglichkeit“ – ergibt sich die Wichtigkeit, die auf die Erforschung der Möglichkeiten des Träumens und das Üben in der Praxis gelegt wird.

Innerhalb der traditionellen toltekischen nagual-schamanischen Tradition gibt es die „stalker“- und die „dreamer“-Linie (die Pirscher- und die Träumer-Linie). Die, in der ich lernen durfte, ist schwerpunktmäßig eine Träumer-Linie und somit wurde auch besonders viel Wert auf das Erlernen des Träumens gelegt.

Wenn unsere gesamte erfahrbare Wirklichkeit eine geträumte ist, – eine, die von vielen Generationen von Menschen erschaffen wurde, – in einem endlosen Zusammenspiel und Zusammenfinden vieler individueller Bewusstseinsfelder zu einem, sich immer wieder erneuernden und sich verändernden kollektiven Bewusstseinsfeld der Übereinstimmung, – dann eröffnet das mehrere Möglichkeiten.

- Man kann die vorgefundene Wirklichkeit, als gegeben annehmen und versuchen, damit, wie sie sich präsentiert, so gut es halt geht, fertig zu werden.
- Man kann innerhalb der vorgegebenen Möglichkeiten – und wenn wir ehrlich sind, sind das ja gar nicht einmal so wenige – diejenigen bewusst suchen und auswählen, die es ermöglichen, sein Leben so zu gestalten, dass es möglichst viel Schönheit, Erfüllung, Liebe und Glück beinhaltet.
- Man kann sich dazu entschließen, bewusster und lenkender „Mitträumer“ zu sein – und mit seinem bewussten individuellen Traum/Leben dazu beitragen, dass sich der kollektive Traum und damit die „Wirklichkeit“ für alle, in eine „gewünschte“ (besser: eine „beabsichtigte“) Richtung entwickelt.

Wenn wir einmal die erste der Möglichkeiten, bei der man ja ein Leben als Wirkungsempfänger führt und sich als Opfer der Umstände empfindet, beiseite lassen, so stellen einem die beiden anderen Möglichkeiten vor eine gar nicht so leichte Entscheidung.

Soll man versuchen, innerhalb der vorgegebenen Möglichkeiten, das „Beste" daraus zu machen? – oder – soll man daran mitwirken, dass die vorgegebenen Möglichkeiten „bessere" werden? – oder – lassen sich die beiden Möglichkeiten – und zu der Annahme neige ich – wieder einmal in diesem ominösen „Sowohl-als-auch" in einem Leben verbinden?

Eines ist in jedem Fall klar, wir „erträumen" unser Leben, und was wir erfahren, ist ein Gemisch aus – von uns selbst und von anderen – Erträumtem.

Im „Erfahren" erleben wir den konsumierenden, empfangenden Teil – und im „Erträumen" (Beabsichtigen) drücken wir den lenkenden, Richtung-bestimmenden, aktiv-kreierenden Teil der Lebensgestaltung aus. (Dazu mehr in Kapitel 10; Die Kunst des Beabsichtigens)

Diese Überlegungen beziehen sich sowohl darauf, dass das Leben ein Traum ist – also das Leben/Träumen im Wachzustand, als auch auf das Träumen/Leben im Zustand des Schlafes. Und die Frage lautet: Kann dieses Träumen der Nacht so erlebt werden, dass es dazu benutzt werden kann, etwas „wach-zu-träumen"?

Im Nagual-Schamanismus wird diese Frage eindeutig bejaht und es gibt umfangreiches Wissen und klare Lernanweisungen dieses „Etwas-wach-träumen" zu erlernen.

Es geht dabei erst mal darum, sich im Traum bewusst zu werden, dass man träumt, und in Folge um das Erlernen der Steuerungsfähigkeit und Bestimmung darüber, was man träumt.

In der modernen Schlaf- und Traumforschung wird das Phänomen „Des sich im Traum bewusst zu werden, dass man jetzt träumt" als luzides Träumen oder als Klartraum bezeichnet. Und diese kurzzeitige „Bewusstseins-Spaltung“ wird vielerorts als höchste Traumform angeführt.

Im Nagual-Schamanismus beginnt hier erst der „Spaß“.

Denn hat man dieses Stadium erreicht, dass man sich bewusst ist, zu träumen, so kann man in das Traumgeschehen eingreifen und in der Traum-Dimension selbst gewählte Erlebnisse und Lern-Erfahrungen injizieren. Und so das „kontrollierte“ (selbstgesteuerte) Träumen erlernen.

Für die meisten Menschen ist es wohl so, dass Traum und Wirklichkeit zwei völlig verschiedene Realitäten darstellen und so ist es für sie ungeheuer wichtig, „Wirkliches“ (im Alltag Erlebtes) von „Unwirklichem“ (bei Nacht Geträumtem) klar auseinanderzuhalten. Dabei wird übersehen, dass alle Wahrnehmung „konstruiert“ ist. Das bedeutet vielleicht gar nicht so sehr, dass wir in einer unwirklichen Welt leben, jedoch sicher, dass unsere Wahrnehmung diese „(Un)-Wirklichkeit“ kreiert. Und so gesehen erzeugt das Träumen eine – um höchstens noch etwas mehr – unwirkliche Welt, die aber wieder etwas „wirklicher“ wird, wenn der Traum ein luzider ist – und noch wirklicher, wenn er ein der Steuerungsfähigkeit unterliegender (kontrollierter) Traum wird.

Das Praktizieren des luziden Träumens und noch mehr das Erlernen des „kontrollierten Träumens“ helfen dem Träumer schnell zu erkennen, dass die Formen und Gestalten in seinem Traum von ihm sehr einfach verändert werden können. Und mit einiger Übung kommt er der Tatsache näher, dass auch alle Formen und Gestalten des „Wach-Traumes“ – der Alltags-Realität – nicht viel weniger „unreal“ und veränderbar sind.

So erlernt der Übende nicht nur das Traum-Geschehen der Nacht zu steuern und zu bestimmen, sondern auch den „Tag-Traum“ seines Lebens selbstbestimmter zu gestalten.

Das Zusammenwirken dieser beiden Fähigkeiten, den Nachtraum und den Tagtraum steuern zu können, kommt in der hohen „Kunst des *BEABSICHTIGEN*s“ zusammen und bildet meiner Meinung nach die Krönung der „Wirkkraft“ und Gestaltungsmöglichkeit für „neue Wirklichkeiten“.

Für mich war *TRÄUMEN* die am leichtesten zugängliche der Nagual-Fähigkeiten. Vielleicht auch unterstützt durch meine – in der Terminologie der Reich'schen Körpertherapie – „schizoiden Charakterstruktur“-Anteile.

Schon als Kind liebte ich es in Fortsetzungsgeschichten zu träumen. Es fiel mir leicht und ich freute mich auch meist schon darauf, mir vor dem Einschlafen vorzunehmen, dort, wo ich letzte Nacht aufgehört hatte weiter zu träumen, – beziehungsweise auch ein paar Schritte (Nächte) zurückzugehen und einen anderen Verlauf der Geschichte weiterzuverfolgen. Traum- und Wirklichkeitserleben konnten da auch schon mal durcheinandergeraten. Ich erinnere mich an ein einschneidendes Kindheitserlebnis, als ich einmal im Traum, im Glauben auf der Toilette zu sein, ins Bett machte. Da ich dies verständlicherweise nicht wieder erfahren wollte, entwickelte ich Methoden, um klar zu erkennen, wann ich träumte und wann nicht. Ich kreierte verschiedene Kriterien, die mir genau anzeigten, in welcher der „Wirklichkeiten“ ich mich gerade befand. Als „Nebeneffekt“ erlernte ich, im Traum zu „erwachen“ – um zu überprüfen und zu wissen, dass ich jetzt träumte – und das ermöglichte mir in der Folge, in die Träume steuernd einzugreifen.

Später, im Zuge meiner Beschäftigung mit „Krafttieren“, gab es eine Zeit, wo ich fast jede Nacht exzessive Ausflüge als Falke träumte. Ich hatte ein virtuelles Falkennest im Dachgebälk des Wohnhauses in Wien, wo ich damals lebte. Von diesem Traum-Nest weg und wieder zurück fanden diese nächtlichen Ausflüge statt und ich genoss es sehr, im Traum als dieser Falke zu fliegen.

Immer wenn ich in Seminaren oder bei Vorträgen auf das Thema „Träumen“ komme, wird aus den Reaktionen der Teilnehmer klar, dass sehr viele, oder sogar die meisten Menschen, als Kind oder Jugendliche, ähnliche Erfahrungen gemacht hatten, aber diese „Traum-Fähigkeiten“ irgendwie wieder verlernt haben. Ich glaube, wenn man dieser Sache wieder Bedeutung und Wichtigkeit gibt, kann man diese Fertigkeiten mit ein wenig Übung und Unterstützung wieder erlernen und verfeinern.

Dass es mir – gemeinsam mit meiner kleinen „Nagual-Gruppe“ – gelungen ist, das **„Gemeinsam-Beabsichtigende-Träumen“** zu entdecken und zu entwickeln, empfinde ich als einen der absoluten Höhepunkte meiner „Traum-Erfahrungen“.

Der nächste Schritt in dieser Traum-Perfektionierung ist die Verfeinerung der Kunst des *BEABSICHTIGEN*s von Wirklichkeiten.

(Mehr über *TRÄUMEN* noch im Kapitel 2.4; Den Traum kontrollieren)

Eine Kombination von Sehen, Pirschen, Träumen und Beabsichtigen ermöglicht das sogenannte *„Shapeshifting“* – das *GESTALT-WECHSELN*.

1.3.4 *GESTALT-WECHSELN*

ist eine Technik, der der Nagual eigentlich seinen Namen verdankt. – Der Begriff Nagual kommt aus dem aztekischen und bedeutet „etwas Verborgenes, Verhülltes". Es bedeutet: „der sich transformierende Zauberer (sorcerer)". Nagual wurden Menschen genannt, von denen man annahm, dass sie zu einer Metamorphose fähig seien, – also *GESTALT-WECHSELN* können.

GESTALT-WECHSELN, sowohl zwischen den „Gestalten" in denen sich die Wirklichkeit präsentiert – als auch zwischen den „Gestalten", als die man sich selbst in die Wirklichkeit projiziert.

Ein ganz wichtiger Aspekt der Ausbildung im Nagual-Schamanismus ist das Auflösen jeglicher Identifikation mit einer Ego-Persönlichkeit. Es wird mit viel Übung und „Kriegeraufgaben" darauf abgezielt, dass man sich hin zu einem sogenannten „magisch-mysteriösen-Charakter" entwickelt, einer nicht so leicht einzuordnenden und vorhersehbaren „Persönlichkeit".

(Darüber mehr im Kapitel 2.1; Das Auslöschen der persönlichen Geschichte).

Dieses nicht mehr so feste und unverrückbare Bestehen darauf „jemand", eine bestimmte Person zu sein, eröffnet die Möglichkeit die Identität fallweise ganz loszulassen (zu transzendieren) und frei von gewohnter Form, und auch jenseits von Zeit und Raum, Erfahrungen zu machen – und bereichert mit neuen Informationen aus der „Anderswelt" in diese Welt zurückzukommen.

So ist ein weiterer wichtiger Aspekt des *GESTALT-WECHSELNS* der, dass einem Nagual die Fähigkeit zugeschrieben wird, sich in Minerale, Pflanzen oder Tiere „verwandeln" zu können. Also seine Energie und sein Bewusstsein so einzusetzen, dass er einerseits von außen – von anderen – als Mineral, Pflanze oder Tier wahrgenommen werden würde – und/oder – seine Energie und sein Bewusstsein so einzusetzen, dass er selbst als ein Mineral, eine Pflanze oder ein Tier wahrnehmen kann.

Für mich ist dieser letztgenannte Aspekt der wirklich spannendste und unglaublich bereichernde bei der Fähigkeit des *GESTALT-WECHSELNS.*

Die Welt durch die Fühler einer Grille zu erfahren oder wahrzunehmen, wie eine Eidechse, ist einfach unglaublich. Zu erleben, wie Information von einem Steinwesen aufgenommen wird, oder wie sie zwischen Pflanzen ausgetauscht wird, sind tief verändernde Erfahrungen.

(Im Teil 2 der Trilogie finden sich einige solcher Erfahrungsberichte).

Den Gedanken, dass der Mensch die Krönung der Schöpfung ist, habe ich nach einer dieser Erfahrungen schwerstens infrage gestellt und bezweifle das immer noch. Noch niemals in meinem Leben habe ich solche „Glücksgefühle" erfahren, wie in dem Erlebnis – als Saft innerhalb eines Baumstammes durch das Kapillarsystem hochgezogen zu werden.

(Siehe Teil 2, Kapitel 4.2; Die schlurfende Baum-Saft-Amöbe).

... Man wird in eine menschliche Form geboren und findet Freude daran. Doch es gibt zehntausend andere Formen, die sich unendlich transformieren, die ebenso gut sind. Und die Freude in diesen ist unermesslich. ... Chuang-tzu – chinesischer Philosoph, Dichter und daoistischer Mystiker – um 365 v.Chr.

Mit Freude und Schmunzeln erinnere ich mich an einige der schon erwähnten „Nagual-Workings" in den Busch- und Kakteen-Wüsten in Mohave Dessert und Joshua-Tree.

Bei einer dieser Übungen, einer Nacht-Übung, teilten wir die Gruppe in zwei Hälften. Die eine Hälfte hatte die Aufgabe sich in der Gegend zu „verstecken", die anderen mussten nach einiger Zeit dann möglichst viele finden. In der nächsten Nacht wurde gewechselt. Beide dieser Aktivitäten waren sehr spannend und lehrreich.

Beim Verstecken lerntest du, dich möglichst unsichtbar und unerspürbar zu machen. Dazu gibt es verschiedene Ansätze.

- Du musstest entweder deine Aura so nah wie nur möglich einziehen und energetisch zu einem „Stillstand“ kommen – möglichst gar nicht mehr vorhanden sein – kein Gedanke, kein Gefühl;

- oder gegebenenfalls die Aura auch so weit ausdehnen, dass du ein möglichst großes Gebiet in dein Energiefeld aufnimmst, um mit der gesamten Umgebung rund um dich zu verschmelzen und dich in ihr zu „verteilen“ und zu „verlieren“;

- oder du konntest mit einem Kaktus oder einer Steinformation neben dir so verschmelzen und eins werden, dass dein Menschsein nicht mehr entdeckt werden konnte.

Je besser dir eine dieser Methoden gelang, umso größer waren die Chancen, nicht entdeckt zu werden. „Menschliche“ Regungen und Emotionen, – so wie, bei Annäherung eines Suchenden ängstlich oder aufgeregt zu sein, – oder erfreut, nicht entdeckt worden zu sein, wenn er sich wieder entfernt, – waren ein Garant dafür, entdeckt zu werden.

Als Sucher lerntest du ein Gebiet energetisch zu „scannen“ und auffällige Verdichtungen und Fremdartigkeiten aufzuspüren.

Auf jeden Fall war es bei diesen Nachtübungen brauchbar, wenn nicht gar unbedingt nötig, dich in eines deiner Tier-Verbündeten zu „verwandeln“. Denn wir machten diese Übungen ja in Gegenden, wo du dich schon bei hellem Tageslicht nur sehr vorsichtig bewegen konntest, um nicht von den Kakteen und dem dornigen Gestrüpp verletzt zu werden. Bei Nacht – und selbstverständlich ohne Taschenlampen – liefen wir dann, mitunter auch mit großer Geschwindigkeit, erhebliche Entfernungen zurücklegend, durch das Terrain.

Joshua Tree

1.3.5 *BEABSICHTIGEN*

Im Bewusstseinsfeld des Nagual-Schamanismus hat der Begriff „intent“ / „Absicht“ – oder in seiner menschlichen Anwendung „intending“ / „Beabsichtigung“ – eine ganz besondere Bedeutung.

BEABSICHTIGEN bildet das Meisterstück einer ganzen Bandbreite von Einstellungen und Verhaltensweisen, die allesamt zu einer veränderten Wirklichkeit führen sollen. Gemeint ist das weite Feld, das sich von einem Brauchen, Bitten, Beten, Wollen über ein Planen, Ersehnen und Begehren, bis hin zu einem Einfordern, Bestimmen, Befehlen und Beschwören erstreckt. Allerdings beruht *BEABSICHTIGEN* – im Gegensatz zu den oben genannten Handlungen – auf einer völlig anderen energetischen Wirkungsweise, die das beabsichtigte Ergebnis wesentlich effektiver und wirkungsvoller herbeiführt.

Wollen, Wünschen, Planen, Fordern usw. sitzen fest verwurzelt im Tonal, hauptsächlich im Verstand, im Kopf.

Absicht und Beabsichtigen haben ihr energetisches Zentrum im sogenannten „One-Point“, dem in der asiatischen Kampfkunst „Hara“ genannten Schwerpunkt des energetischen Körpers, ca. eine Handbreit unter dem Nabel. Dieser „One-Point“ wird auch „shamanic root of power“ (schamanische Wurzel der Kraft) genannt.

Tatsache ist, dass wir durch unsere Denkweisen, Einstellungen, Gewohnheiten und Handlungen beständig dabei sind, unsere Wirklichkeiten zu erschaffen bzw. aufrechtzuerhalten. Wir tun dies stetig doch meist völlig unbewusst. Um aus diesem sich beständig wiedergebärenden Strom der Realität auszusteigen und ihm eine neue Richtung zu geben, braucht es Gewahrsein, Bewusstsein, „bewusstes Beabsichtigen“.

The sorcerer casts a line of intending - Der Nagual wirft eine Linie der Beabsichtigung aus – wie eine Angelschnur. Er verkündet seine Absicht. Er weiß, dass was immer ab diesem Moment geschieht, der Verwirklichung seiner Absicht dienlich ist, auch wenn es scheinbar einen riesigen Umweg einzuschlagen oder sogar erst mal in die Gegenrichtung zu führen scheint. Er lässt los und wartet gespannt auf welche Art und Weise sich das Beabsichtigte entfalten wird. Denn er weiß, dass er durch seine Absichtserklärung die unbeschränkten Möglichkeiten im Nagual auf die beabsichtigte konzentriert hat.

Wichtig dabei ist aber, nicht den Fokus auf die Absicht zu verlieren, da man sonst etwas Anderes als das Ergebnis akzeptieren würde und die Beabsichtigung sich nicht entfalten kann.

Spannend sind in diesem Zusammenhang die Erkenntnisse der Quantenphysik. Denn im mikro-nuklearen Bereich, in dem Elektronen sich recht willkürlich und vom Beobachter beinflussbar verhalten, gibt es den Begriff des „least action path“ den Weg der geringsten Wirkung, der eigentlich der des geringsten Aufwandes oder Widerstandes ist. Dieser Weg, den das Elektron einschlägt, um sich über messbare Geschwindigkeit oder bestimmbaren Ort definieren zu lassen ist nicht unbedingt der kürzeste, einfachste. Es kann ein recht aufwendiger, als Umweg erscheinender Weg sein – und doch ist es unter den gegebenen Umständen immer der „least action path“.

... Absicht bezieht sich auf eine wachsame Aktion der aufmerksamen Beobachtung entlang eines bestimmten Pfades der Entwicklung. Es spielt wenig Rolle, was man sich erhofft oder sogar was man passiv erwartet, dass geschehen wird. Die Richtung der Entwicklung entfaltet sich während des Prozesses und hängt davon ab, worauf man seine Beobachtung fokussiert. So bedarf Absicht einer quantenphysikalischen Grundlage. ... Fred Alan Wolf; the dreaming universe; (Übersetzung des Autors).

Sowohl beim Träumen als auch beim Beabsichtigen und insbesondere beim „Beabsichtigendem Träumen“ geht es darum, Tonal und Nagual, die Wirklichkeit der beschränkten Möglichkeit und die der unbegrenzten Imagination und unendlichen Möglichkeiten so übereinander und ineinander zu verschränken, miteinander zu verweben, dass aus dem Nagual, aus dem kollektiven Unbewussten und aus dem Unbekannten und vielleicht Gar-nicht-zu-Kennenden, aus der „anderen Welt“, Erkenntnisse, Einsichten und Erfahrungen ins Tonal, in „diese Welt“ herübergeholt werden.

Das Geheimnis und die Kunst dabei: Will man aus jener anderen Welt, aus jener anderen Wirklichkeit heraus etwas verändernd in dieser uns bekannten Welt bewirken, so geht das nicht, wenn man sich ganz und gar, sozusagen mit beiden Beinen in die Anderswelt begibt, da man dort den Willen und die Notwendigkeit einer verändernden Wirkung nicht mehr spürt und die Absicht verliert. (Siehe auch Erfahrungsberichte im Praxis-Teil 2).

Man muss also die Absicht, den Veränderungs- und Bewirkungswunsch aus „dieser Welt“ heraus formulieren, an der Schnittstelle beider Welten bekannt geben und „energetisch“ mit in die andere Welt nehmen – das heißt: sie dort als Leit-Stern, als Leuchtturm anziehend und richtunggebend wirken lassen, und gleichzeitig aber völlig loslassen, und quasi vergessen. All dies geschieht durch die Beabsichtigung durch „das Doppel“.

1.3.6 Das Doppel – (Schilde und Tänzer)

Die am Anfang dieses Kapitels beschriebenen Filtersysteme der Wahrnehmung, – die neurologischen Filter unserer Sinnesorgane, der Nervensysteme und des Gehirns, – die genetischen, sozialen, kulturellen und individuellen Filter – und der Filter unserer (beschränkten) Vorstellungskraft, – die in ihrem Zusammenwirken eine von uns akzeptierte Wirklichkeit fixieren, werden im Nagual-Schamanismus **„Schilde“** genannt.

Sie werden gemäß den Himmelsrichtungen und den entsprechend zugeordneten Seins-Bereichen (emotionales, mentales, körperliches und spirituelles Erleben) als Süd-, Nord-, West- und Ost-Schilde bezeichnet und filtern, färben und beschränken die wahrscheinlich nahezu unbegrenzten Erfahrungsmöglichkeiten so ein, dass ein „reibungsloses“ Überleben in der „Wirklichkeit“, der Zeit, Umgebung und Gesellschaft, in die wir geboren wurden, gewährleistet ist.

Gelingt es im Laufe einer ganzheitlichen Persönlichkeits-Entwicklung und spirituellen Bewusstseins-Entfaltung, – insbesondere durch die im 2. Kapitel beschriebenen „Fünf Schritte des Erwachens“, – diese Filter durchlässiger und nicht mehr das Leben und unsere gesamte Realität bestimmend zu erfahren, so ist man aus der „kollektiven Trance“ erwacht und kann die „Wirklichkeit“ wesentlich ungefilterter und mit befreiter Imagination erleben. Dieses „balancierte“, reife Sein wird als „Im-Zentrums-Schild-Sein“ bezeichnet.

Erst diese Wirklichkeitserfahrung durch das Zentrumsschild ermöglicht den Zugang zu den in den höheren Dimensionen eingefalteten Erfahrungs- und Seinsmöglichkeiten. Diese höher-dimensionalen „Spirit-Persönlichkeits-Anteile“ werden aufgrund ihrer wesentlich schnelleren Energieschwingung und Beweglichkeit **„Tänzer“** genannt und den unseren Seins-Bereichen (emotionales, mentales, körperliches und spirituelles Erleben) zugrunde liegenden Elementen zugeordnet – Wasser-, Wind-, Erd- und Feuer-Tänzer.

Als Bindeglied, Kommunikator und Übersetzer zwischen den Dimensionen (zwischen den Tänzern und dem Zentrumsschild) fungiert der sogenannte „Spiegel-Tänzer", durch den die in höheren Dimensionen eingefalteten Möglichkeiten in unseren Erfahrungsbereich „herunter"-gespiegelt und übersetzt werden. Und in diesem Sinn ist der Spiegeltänzer gemeinsam mit dem Zentrumsschild das **„Doppel"**.

Zu diesen beiden Seinszuständen, dem Menschen in der Alltagswelt der Schilde und dem in der Dimension der Tänzer, sowie dem Seinszustand des Doppels schreibt der Wissenschaftler und Philosoph Toshihiko Izutsu – indem er sich auf den Zen-Meister Lin Chi bezieht:

... Das Bild des Menschen, das von Lin Chi vorgestellt wird, ist in erster Linie kein Bild des sinnlichen „Menschen", der mit seinen Augen sieht, mit seinen Ohren hört, mit seiner Zunge spricht usw., kurzum des „Menschen" als selbst-bewusstes empirisches Ich. Es ist vielmehr das Bild des über-sinnlichen Menschen, der über der Ebene aller empirischen Erfahrung lebt, alle seine Sinnesorgane aktiviert und seinen Intellekt natürlich funktionieren lässt. Und doch kann sich dieser über-sinnliche Mensch nicht ohne und unabhängig von dem „empirischen" Menschen aktualisieren.

Der Mensch ist, insofern er die totale Aktualisierung des Wirklichkeitsfeldes ist, einerseits der Kosmische Mensch, der in sich selbst das ganze Universum umfasst – „die Geist Wirklichkeit", wie Lin Chi es nennt, die die ganze Seinswelt durchdringt und durchläuft -, andererseits dieser sehr konkrete individuelle „Mensch", der hier und jetzt existiert, als Konzentration der gesamten Energie des Feldes. Er ist einzelner Mensch und Über-Mensch.

Wenn wir uns dem Menschen unter diesem „individuellen" Aspekt nähern, so werden wir sagen müssen, dass hinter dieser konkreten individuellen Person eine andere Person lebt. Diese zweite Person steht jenseits jeder Raum- und Zeitbegrenzung, denn das Feld, dessen unmittelbarste Verkörperung sie ist, ist das Ewige Jetzt und das Allseitige Hier. Aber sie begleitet die konkrete individuelle Person immer und überall oder ist völlig vereint mit ihr. (...) Die universelle Person handelt mit den Gliedern der individuellen Person. Es ist genau diese doppelte Struktur der Persönlichkeit, die Lin Chi dauernd und immerfort seinen Schülern vorstellt und die sie für sich selbst und durch sich selbst verwirklichen sollen. ... Toshihiko Izutsu; Philosophie des Zen-Buddhismus.

Beschrieben wird hiermit sehr treffend „das Doppel".

Das Doppel ist diese Verbindung *„einzelner Mensch und Über-Mensch"*, denn es verbindet den 3.- und 4.-dimensionalen „Alltags-Menschen" mit seinen höher-dimensionalen „Persönlichkeits"-Anteilen, seinen Tänzern. (Dazu Genaueres im 3.Teil).

Dieses „Doppel" gibt es nicht nur im Nagual-Schamanismus, sondern in praktisch allen schamanischen Traditionen. Ja es ist gerade diese Fähigkeit, den Kanal, den Zugang zu den „höher"-dimensionalen Bereichen zu öffnen und dadurch zu – auf andere Weise nicht zugänglichem – Wissen und Erfahrungen zu gelangen, was den Schamanen auszeichnet. Über diesen Kanal, der in einer anderen schamanischen Tradition „Weltachse" genannt wird, gelangt man in die Anderswelt und normalerweise ist dieser Zugang über diese Achse nur dem Sterbenden im Moment des Todes zugänglich – und das nur in eine Richtung. Das unmittelbare Erfahren der „Tänzer-Energien" ist ja für den „Normal-Sterblichen" erst nach dem Implodieren der „Schilde" beim Tod möglich. (Dieses „Implodieren" wird von Menschen, die Nah-Tod-Erfahrungen überlebten, üblicherweise als das Ablaufen des Films des gelebten Lebens im Zeitraffer beschrieben). Dem (Nagual)-Schamanen bleibt also – um die Tänzer-Energien zu erfahren – nichts anderes übrig als kein „Normal-

Sterblicher“ zu werden. Und das tut er am Besten, indem er (genauer gesagt sein „Alltags-Schild-Ego“) zu Lebzeiten viele, viele „Tode“ stirbt und sich den Tod zum Ratgeber und Verbündeten macht. (Siehe auch Kapitel 2.2 und die „4-Tage und Nächte in der Höhle-Zeremonie“ Kapitel 6.3, im Teil 2, dem Praxisteil).

Das Doppel eröffnet darüber hinaus den Zugang nicht nur zu den – in höheren Dimensionen des Seins eingefalteten – Möglichkeiten, – sondern auch zum individuellen und kollektiven Unbewussten und zu den in diesem Bereich verborgenen riesigen Erfahrungs- und Wissens-Schätzen. Dies ist möglich, da unser Bewusstsein und das allumfassende Bewusstsein ja das gleiche Bewusstsein ist. (Es gibt Bewusstsein ja auch nicht als Mehrzahlform „Bewusstseine“).

So reicht also Bewusstsein/unser Bewusstsein Tausende, ja Millionen Jahre zurück und beinhaltet nicht nur die Erinnerung an das, was wir in diesem Leben bewusst oder unbewusst erfahren haben, sondern umfasst alles, was jedes Wesen, jede Pflanze, jedes Tier und jeder Mensch jemals durch alle Zeiten erfahren hat.

Und hierin liegt auch die Erklärung, warum in höheren bzw. veränderten Bewusstseinszuständen z.B. beim *GESTALT-WECHSELN* oder beim *GEMEINSAM-BEABSICHTIGEN-DEM-TRÄUMEN* Erkenntnisse, Wissen und Erfahrungen erlebt werden können, die weit über das übliche menschliche Erfahrungsspektrum hinaus reichen. Siehe Beispiele im Praxisteil.

Der französische Atomphysiker und Philosoph Jean Emile Charon schreibt in seinem Buch *Tod, wo ist dein Stachel?* über die Möglichkeit, durch Meditation diese „Weltachse“ zu öffnen – und ich denke, mit entsprechender Meditationserfahrung ist es sicher möglich, das „Doppel“ zu erfahren – speziell mit der Praxis der Zazen-Meditation, dem Sitzen in Stille. („Körper und Geist fallen lassen“; Meister Dogen).

Beim nächsten Zitat ist es hilfreich zu wissen, dass J.E.Charon die Elektronen als „Träger“ des Bewusstseins versteht und damit auch meint, dass sie selbst das Bewusstsein sind.

... Unsere geistigen Wurzeln reichen Milliarden Jahre in die Vergangenheit zurück, und in unserem unbewussten Ich liegen riesige Wissensschätze begraben, Schätze, die aus jedem von uns einen Weisen oder einen Propheten machen könnten, wären wir nur fähig, wenigstens einen Bruchteil dessen zu verstehen, was die Sprache unseres unbewussten Ich's bedeutet.

Damit nun dieses unbewusste Wissen in unser Bewusstsein Eingang findet, müssen wir unseren Elektronen (unserem Bewusstsein) *Gelegenheit geben, ihren Reflexionsvorgang zu intensivieren, d.h. künstliche Zeichen zu erfinden, die unser bewusstes Ich – in Form von Symbolen etwa – „lesen“ und interpretieren kann. Wir suchen ja einen Weg, um unser Bewusstsein, dem nur die Erinnerung an die Ereignisse unseres eigenen Lebens zur Verfügung steht, mit Teilen jenes Wissens anzureichern, das unser unbewusster Geist in Zeiten angehäuft hat, wo er vielleicht in einem Tier oder einer Pflanze verkörpert war. Natürlich ist dieses Wissen nicht direkt in eine der Sprachen übertragbar, mit denen unser bewusster Geist umzugehen gelernt hat. Es besteht aus den großen Archetypen, von denen bei Carl Jung die Rede ist. Bei dem Versuch, dafür nun abstrakte Bedeutungen zu finden, sie in Bilder (also in künstliche Zeichen) umzusetzen, die unser bewusstes Ich aufnehmen kann, um einen Blick auf dieses in unserem Innersten verschlossene, jahrtausendealte Wissen zu erhaschen, bei solch einem Versuch also kann unseren Elektronen* (unserem Bewusstsein) *die Meditation zur Hilfe kommen. ...* Jean E. Charon; Tod wo ist dein Stachel?

Mit diesem Problem des „Übersetzens“ in – für unser bewusstes Ich – verständliche Symbole und Sprache ist man bei all den Ausflügen in die „Anderswelt“ und so auch – und das ganz besonders –

beim *GEMEINSAM-BEABSICHTIGEN-DEM-TRÄUMEN* konfrontiert.

Charon, sowie wahrscheinlich auch die allermeisten Wissenschaftler, so kreativ, weltoffen und ideologiefrei sie auch sein mögen, haben einen schwer aufholbaren Nachteil. – Sie haben keine oder kaum Erfahrung mit (Natur-) Schamanismus, mit dem Sich-auflösen und Eingehen in andere Lebensformen und mit all den – das Bewusstsein in ungeahnte Bereiche erweiternden – „schamanischen Erfahrungen". So bleibt Meditation für sie wahrscheinlich das noch am besten vorstellbare Medium, um in ähnliche Bereiche vorzustoßen.

Weiter mit *BEABSICHTIGEN*:

Das *BEABSICHTIGEN* geschieht also an der Schnittstelle zwischen Tonal und Nagual, mit je einem Bein in dieser und einem Bein in der anderen Wirklichkeit.

Die ausbalancierten Schilde zentrieren sich rund um die Nabelgegend zum **Zentrums-Schild**, und dieses kommt in Kontakt und verbindet sich mit dem **Spiegel-Tänzer**. Diese Verbindung ist **das Doppel**, das energetische Sein in beiden Welten. Durch den Spiegel-Tänzer werden die Erfahrungen, Einsichten und Erkenntnisse aus der anderen Welt in diese „gespiegelt", d.h. übersetzt in die Symbolik, die Bilder und Sprache, die in dieser Welt verstanden werden können.

Diese Übersetzung in Symbolik, Bilder und Sprache, ist natürlich persönlich und kulturell geprägt und das beeinträchtigt selbstverständlich die Kommunikation darüber, falls man diese Erfahrungen mit anderen teilen will, z.B. beim „Gemeinsam-Beabsichtigendem-Träumen". (Siehe Teil 2 der Trilogie).

Ein weiterer sehr wichtiger Aspekt beim *BEABSICHTIGEN* ist der, dass in der anderen Wirklichkeit und aus dieser heraus die schon erfüllte Beabsichtigung, das Ergebnis erfahren wird. Es wäre absolut unwirksam aus der Energie des Mangels, des „Nicht-Habens“ und „Nicht-Seins“ heraus, in jener Welt etwas zu „wollen“ und zu „begehren“. In jener Welt der unbegrenzten, absoluten Möglichkeiten muss vom Resultat, vom Ergebnis, von der erfüllten Beabsichtigung her erlebt und erfahren werden. So wird das Ergebnis im Nagual erfahren und wird sich im Tonal verwirklichen.

Die im Tonal gefundene Absicht wählt somit im Nagual – im Bereich der unbegrenzten potentiellen Möglichkeiten eine der Möglichkeiten aus und beschränkt die Fülle der Möglichkeiten zu der „beabsichtigten“. Dies ist allerdings nur durch ein „bewusstes Sein“ in beiden Welten und einer begehbaren Brücke dazwischen, – dem Spiegeltänzer und seiner Verbindung mit dem Zentrums-Schild – dem Doppel – möglich.

Weiteres zu den „Tänzern“ im Teil 3 der Trilogie.
Weiteres zum *BEABSICHTIGEN* im Kapitel 10.

1.4 Die Nagual-Fähigkeiten als Bausteine der Wirklichkeiten

Im Nagual-Schamanismus wird davon ausgegangen, dass wir bei der Geburt in eine vorgegebene „Wirklichkeit“ hineingeboren werden. In eine Welt, die von Generationen von Menschen, aus praktisch unendlichen Möglichkeiten, genau so zusammenge“träumt“ wurde. Das heißt, dass durch die auf etwas ausgerichtete menschliche Aufmerksamkeit, aus eigentlich fein und recht frei schwingenden Energieverbindungen bestimmte Energien in wiederkehrenden, sich wiederholenden Bündeln, Mustern und Abfolgen zusammengefasst werden – und diese sich durch stetige Wiederholung schließlich als verdichtete Wirklichkeiten darstellen. Das ganze geschieht in einer Art „kollektiver Übereinkunft“ darüber, was wirklich ist – also existent – und was nicht. „Wirklich“ ist das was „wirkt“ – also etwas worüber sich ein Kollektiv einig ist, dass es aus der Masse an schwingenden Energiefeldern in Erscheinung tritt, heraustritt, existiert – und dadurch Wirkung erzeugt – wirkend – also wirk-lich ist – und somit zur Wirklichkeit wird.

Was „wirklich“ werden kann ist alleine durch die Grenzen unserer Vorstellungskraft/Imagination beschränkt.

In der Tradition des Nagual-Schamanismus haben Generationen von Naguals eine ganze Menge an Techniken und Methoden entwickelt, um sich in andere Wirklichkeiten zu begeben und diese erleb- und erfahrbar zu machen – nicht nur alleine – sondern auch in Gruppen.

Die wichtigsten Bausteine für diese möglichen Wirklichkeitserfahrungen sind die erworbenen „Nagual-Fähigkeiten“ des *„Sehens, Pirschens, Träumens, Gestalt-wechselns und Beabsichtigens“*

Das stetige Üben und Trainieren dieser teilweise zuvor und teilweise noch später beschriebenen Techniken ermöglicht eine erweiterte Wirklichkeitsvorstellung und befreit die Imagination von den Begrenzungen der kollektiven Übereinstimmung darüber, was wirklich ist und was nicht.

Der Nagual nutzt diese Fähigkeiten und „sieht, pirscht, träumt und beabsichtigt" (sich in) andere Wirklichkeiten. Er tut das erst mal für sich alleine und sammelt früher oder später eine Gruppe Schüler (apprentices, Lehrlinge) um sich.

In der alten Tolteken-Tradition erträumt und entwirft der Nagual für seine Schüler sogenannte „Dreamscapes" – Traumlandschaften, in die er sich mit seinen Lehrlingen hineinträumt und in denen er sich als „Nagual-Zug" gemeinsam mit ihnen bewegt.

Da mir, als Nagual des europäischen Rades der Kraft, die vom Nagual Tehaeste erträumten Traumlandschaften, – mit meiner wachsenden Fähigkeit, mich auch „wirklich" in ihnen zu bewegen – zunehmend unattraktiv, kontraproduktiv und unakzeptabel erschienen, trennte ich mich – gemeinsam mit dem Großteil der europäischen Lehrort-Leiter und Lehrlingen 1998 von meinem Lehrer – im Wissen und im Bewusstsein, dass es für das „Nagual-Sein" in der heutigen Zeit mit den heutigen Menschen eine Erneuerung und Anpassung an die Evolution des menschlichen Bewusstseins braucht – und ich meinen eigenen Weg damit finden müsste.

Ab 2005 gelang es mir gemeinsam mit meiner kleinen „Nagual-Gruppe" eine neue Art des Traumsphären-Entwerfens zu entwickeln, bei der nicht mehr ein Nagual alleine für alle anderen die Traumlandschaft und den Traum vorträumt und bestimmt – sondern wo in einer Art *GEMEINSAM-BEABSICHTIGENDEM-TRÄUMEN* alle Beteiligten gemeinsam den Traum erträumen und erfahren, indem sie eine gemeinsame erwünschte Beabsichtigung definieren und es dann geschehen lassen, dass sich „die Antwort“ aus höheren Dimensionen entfaltet.

Mit dieser Technik ist es möglich, sich gemeinsam in Erfahrungs- und Wissensräume zu träumen, zu denen man alleine niemals Zugang finden könnte. Es handelt sich dabei um transpersonale Bewusstseinsräume, die nicht nur das Kollektive Bewusste und Kollektive Unbewusste „anzapfen“, sondern womit darüber hinaus – unabhängig von Zeit und Raum – unbekannte und – wahrscheinlich auch gar nicht zu kennende – Dimensionen „erfasst“ werden können.

Beispiele für die Anwendung der Technik des *GEMEINSAM-BEABSICHTIGENDEN-TRÄUMENS* finden sich zahlreiche im Teil 2 der Trilogie, der mit dem Entdecken dieser Technik beginnt.

1.5 Die „Wirklichkeit“ – ein Produkt der Aufmerksamkeit

Das erste Kapitel (1.1) dieses Buches endet mit der Aussage, dass man sich in den höchsten wissenschaftlichen Kreisen darüber einig ist, dass erst der Beobachter durch seine Beobachtung – also seine Wahrnehmung – dazu beiträgt, dass sich das Beobachtete „verwirklicht“.

Und das bedeutet, dass das, worauf unsere Aufmerksamkeit, – der Fokus unserer bewussten Wahrnehmung, – gerichtet ist, zu der Wirklichkeit wird, die wir erleben. „Attention is power“.

Wie diese durch „Beobachtung“ erschaffene „Wirklichkeit“ von einem Individuum und in Folge von einem Kollektiv aufrechterhalten wird, beziehungsweise verändert werden könnte, erklären uns die allerklügsten Wissenschaftler, in dem Fall **John G. Cramer**, Fred A. Wolf und **John A. Wheeler** mit der **„Zeit-Wellen-Theorie“**, (abgeleitet von der Wheeler-Feynman – Absorber-Theorie) auf folgende verblüffende Weise.

Es wird behauptet, dass alles worauf man seine Aufmerksamkeit richtet, alles was man denkt bzw. wahrnimmt, eine Angebotswelle in die Zukunft – und gleichzeitig eine Echowelle in die Vergangenheit schickt.

Aus der Zukunft (und zwar aus allen nur erdenklich möglichen Zukünften!) kommen Echowellen zurück ins Jetzt – und aus der Vergangenheit (aus allen nur erdenklich möglichen Vergangenheiten!) kommen Angebotswellen zurück/nach vor ins Jetzt. –

Alle diese Wellen treffen sich im Hier und Jetzt – und dort, wo die Wellenformen einander ähnlich sind, zueinander passen, kommt es zu „Modulationen“ – (dies sind keine Wellenüberlagerungen im Sinne einer Addition, sondern eine Wellenverstärkung, die eher einer

Multiplikation entspricht). Dieses „Zusammenpassen“ stellt eine Verbindung zwischen Vergangenheit und Varianten möglicher Zukünfte her und verstärkt somit manche Möglichkeiten zu wahrscheinlich eintreffenden Ereignissen.

Das heißt, alles worauf man seinen Fokus der Aufmerksamkeit richtet, erzeugt solche Angebots- und Echowellen, die schließlich im Hier und Jetzt aufeinandertreffen und Auswahlmöglichkeiten bieten für alle möglichen Entscheidungen und Festlegungen – viele parallel existierende Möglichkeiten an Wellenüberlagerungen, die alle potentielle Wirklichkeiten sein könnten.

Dass wir uns praktisch immer wieder für die mehr oder weniger gleiche „Wirklichkeit“ entscheiden, liegt daran, dass wir wollen, dass alles zu dem passt, was von uns bisher schon als „wirklich“ akzeptiert wurde und wir uns somit innerhalb eines winzig kleinen Spektrums von zusammenpassenden Erwartungen bewegen.

... Unser Glaubenssystem sorgt dafür, dass die Realität, die wir durch unsere Wahrnehmung erzeugen, stabil bleibt. Indem wir glauben, dass die Welt, die wir erleben, die „einzig wahre“ ist, richten wir unsere Wahrnehmung immer wieder auf diese Realitätsvariante und erzeugen sie dadurch – mit nur geringen Variationen – immer wieder neu. Ohne dieses Stabilisierungsprinzip könnten wir in jedem Moment jede beliebige Realität erzeugen. ...
J.Starkmuth; Die Entstehung der Realität
(Siehe auch Kapitel 1.2.)

... In jedem Augenblick wird die Welt neu geschaffen, aber im Angesicht, im „Erwartungsfeld“ der abtretenden Welt.
Die alte Potentialität in ihrer Ganzheit gebiert die neue und prägt neue Realisierungen, ohne sie jedoch eindeutig festzulegen. In diesem andauernden Schöpfungsprozess wird ständig ganz Neues, Noch-nie-Dagewesenes geschaffen. Alles ist daran beteiligt.

Das Zusammenspiel folgt bestimmten Regeln. Physikalisch wird es beschrieben durch eine Überlagerung komplexwertiger Wellen, die sich verstärken und schwächen können. Es ist ein Plus-Summen-Spiel, wo Kooperation zur Verstärkung führt, ...
... Der zeitliche Prozess ist nicht einfach Entwicklung und Entfaltung, ein „Auswickeln" von schon Bestehendem, von immerwährender Materie, die sich nur eine neue Form gibt. Es ist echte Kreation: Verwandlung von Potentialität in Realität.
Hans-Peter Dürr: Geist, Kosmos und Physik

Über diese Kreation – die Verwandlung von Potentialität in Realität – mehr im Kapitel 10, Die Kunst des Beabsichtigens.

1.6 Die Wirklichkeit als „Kollektive Trance“

Wir haben im Kapitel 1.1 schon festgestellt, dass alles, was uns wirklich und real erscheint, nichts anderes ist, als eine – über viele Jahrhunderte von vielen Generationen von Menschen – aus nahezu unbegrenzten Möglichkeiten – ausgewählte, erschaffene mögliche Wirklichkeit ist, die von einer Art kollektiver Übereinkunft aufrechterhalten wird.

... *Wir alle sind Teil eines kollektiven Bewusstseins, das eine gemeinsame Realität erzeugt, die unsere individuellen Realitäten widerspruchsfrei miteinander verbindet.* – J.Starkmuth: Die Entstehung der Realität.

Diese „kollektive Übereinkunft“, die eine gemeinsame Realität erzeugt, wird von dem Biologen Rupert Sheldrake als „Morphogenetisches Feld“ bezeichnet – (morphogenetisch = gestaltbildend; Genaueres darüber später in Kapitel 4.5) – und jede Spezies, nicht nur der Mensch, ist jeweils in so einem Feld miteinander verbunden und mit diesem in Kontakt. Alles was ein Individuum denkt, fühlt und handelt, „füttert“ dieses Feld und gleichzeitig wird jedes Individuum aus diesem Feld genährt. Es ist ein außerhalb von uns und unabhängig von Ort und Zeit befindlicher Informationsraum.

Im Nagual-Schamanismus wird dieses gemeinsame (morphogenetische) Feld als „Seele“ oder „Spirit“ bezeichnet. Demgemäß verbindet jede Spezies so ein gemeinsames Seelen- oder Bewusstseins-Feld. Sozusagen jeweils eine Seele der Farne, eine der Fichten, eine der Füchse, eine der Raben, ..., eine der Menschen. Darüber hinaus sind alle Wesen in kollektiven Seelen-Bewusstseins-Feldern ihrer Gattung verbunden: Mineral-Spirit, Pflanzen-Spirit, Tier-Spirit, Menschen-Spirit, Ahnen-Spirit, ...

Die Wirklichkeit, die wir erleben ist somit die vom Seelenfeld gespeicherte „kollektive Übereinkunft über die Wirklichkeit“, – im Nagual-Schamanismus auch „Collective Cohesive Contract“ (kollektiv verbindende Vereinbarung) genannt.

Diese „kollektiv verbindende Vereinbarung“ ist das, was Don Juan in Carlos Castanedas Büchern als „Beschreibung der Welt“ bezeichnet:

... Für einen Zauberer (ist) *die Welt des alltäglichen Lebens nicht wirklich oder so, wie wir dies annehmen. Für einen Zauberer* (ist) *die Wirklichkeit oder die Welt, die wir alle kennen, nur eine Beschreibung. (...) Jeder, der mit einem Kind in Kontakt komme, (...), sei ein Lehrer, der unaufhörlich die Welt erkläre, bis zu dem Augenblick, wo das Kind die Welt so wahrnehmen könne, wie sie ihm erklärt wird. Nach Don Juan haben wir keine Erinnerung an diesen folgenschweren Augenblick, einfach weil wir keinen Bezugsrahmen hatten, in dem wir ihn mit etwas anderen hätten vergleichen können.*
... Für Don Juan besteht die Wirklichkeit unseres alltäglichen Lebens daher aus einem endlosen Fluss von Wahrnehmungsinterpretationen, welche wir, (...) gemeinsam anzustellen gelernt haben. ...
Carlos Castaneda; Reise nach Ixtlan.

Dieses Phänomen der „kollektiv verbindenden Vereinbarung“, bzw. der „Beschreibung der Welt“, wird von Ken Wilber „Biosoziales Band“ genannt, über das er Folgendes schreibt:

... Haben wir die Beschreibung der Welt erst als die Wirklichkeit selbst akzeptiert, gelingt es nur noch unter allergrößten Schwierigkeiten, an diesen Beschreibungen vorbeizuschauen. Unsere Augen kleben sozusagen an den Landkarten, und so können wir gar nicht mehr bemerken, was eigentlich geschehen ist. Alle Aspekte der Erfahrung und Wirklichkeit, die nicht mit den gesellschaftlichen Rastern und Schablonen übereinstimmen, werden durch die beschriebenen Mechanismen ausgeblendet; Sie werden verdrängt, unbewusst gemacht, und das hat natürlich nur einen Sinn, wenn alle Angehörigen einer Gesellschaft dem gleichermaßen unterworfen werden,

wenn sie sich also alle zum Weltbild dieser Gesellschaft bekennen, zu ihrer Sprache, ihrer Logik, ihrer Ethik und ihren Gesetzen.
Und so kommt es, dass das Biosoziale Band, das etliche Funktionen erfüllt, in der Hauptsache als ein großer Filter wirkt, als der große Unterdrücker ... (eines umfassenderen Bewusstseins). ... Ken Wilber; Das Spektrum des Bewusstseins.

Dieses *Biosoziale Band*, die *Beschreibung der Welt*, die *kollektiv verbindende Vereinbarung*, der hier beschriebene *große Filter*, der *große Unterdrücker* eines umfassenderen Bewusstseins ist das, was im Nagual-Schamanismus **„Schilde“** genannt wird – und das gefilterte, unterdrückte umfassendere Bewusstsein ist der Bereich der **„Tänzer“**. (siehe auch Kapitel 1.3.6)

Was wir als Wirklichkeit erfahren, entsteht aus einem diffizilen Zusammenspiel zwischen den individuellen Bewusstseinsräumen und dem kollektiven Bewusstseinsraum.

Jeder Einzelne nimmt an einer Art „kollektiver Wirklichkeits-Erschaffung und -Aufrechterhaltung“ teil und trägt freiwillig und Großteils unbewusst diese verzerrende, sichtverfälschende, einengende Brille der kollektiven Trance, die in östlichen Traditionen Avidya und Maya – die Schleier der Illusion – genannt wird.

Je mehr man diese vom Kollektiv erschaffene Wirklichkeitsmöglichkeit als die einzige und unumstößliche Wirklichkeit ansieht, desto mehr ist man in diese kollektive Trance geraten – und umso mehr ist man in dieser Trance „eingeschlafen“. Man lebt voll und gänzlich im Bereich der „Schilde“.

In allen Kulturen und zu allen Zeiten der Menschheitsgeschichte hat es allerdings immer wieder Einzelne und sogar Gruppen gegeben, denen ein „Erwachen“ aus dieser Trance gelungen ist und die etwas mehr über die „wahre Natur“ und die Möglichkeiten des Mensch-Seins erfahren konnten. Einige von ihnen wurden nicht müde, ihre

Botschaft laut und weit zu verkünden. Und diese Botschaft war und ist immer die gleiche, die sinngemäß lautete: **Wacht auf – erkennt, dass ihr nicht getrennt seid von allem anderen, der Welt und dem gesamten Kosmos, erkennt, dass ihr mehr seid als ein „hautverkapseltes Ego“ und öffnet euch der spirituellen Erfahrung und dem bewussten Teilhaben und Mitschöpfen an diesem wunderbaren, vernetzten, lebendigen, multidimensionalen Teilnehmer-Universum.**

Im toltekischen Nagual-Schamanismus hat man dieses Aufwachen und Sich-Befreien zu einer nachvollziehbaren und erlernbaren Struktur ausgebaut und im nächsten Kapitel beschreibe ich die Schritte, durch die man aus diesem eingeschlafenen Zustand wieder erwachen kann. Es ist eine „Persönlichkeitsentwicklung“ zur Reife, Freiheit und Selbstbestimmung, – ein Werdegang vom „Opfer“ hin zum „Schöpfer“, vom „worrier“ (ein sich Sorgen machender) hin zum „warrior“ (dem Krieger), vom Wirkungsempfänger hin zum Wirkungserzeuger.
Es ist eine Selbst-Findungs- und Selbst-Entwicklungs-Reise, die keinem Menschen, der ernsthaft nach Sinn und Erfüllung seines Daseins sucht, erspart bleibt, – aber die in der nagual-schamanischen Ausbildung in vielen Bereichen radikaler, grundlegend verändernder und wesentlich tiefer gehend ist, als die meisten Menschen bereit wären, das zu tun.

2.
DIE FÜNF SCHRITTE DES ERWACHENS

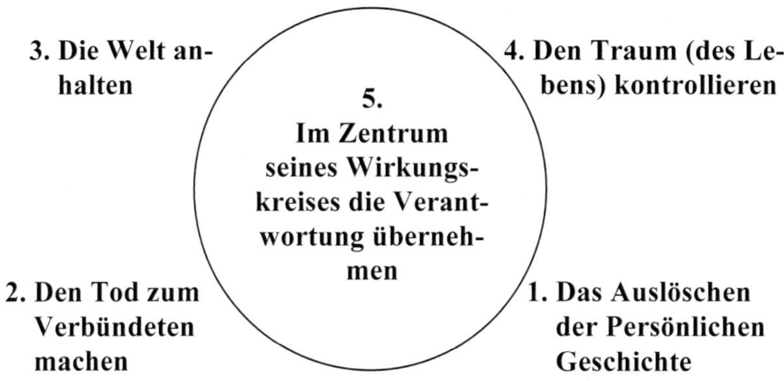

Wenn ich auf die unzähligen Teachings und zeremoniellen Erfahrungen meiner Nagual-Schamanismus-Ausbildung zurückblicke, kann ich bemerken, dass ihr als verdeckte Struktur "Die fünf Schritte des Erwachens“ zugrunde lag.

Als ich zum ersten Mal mit diesem Konzept vertraut gemacht wurde, war es mir als "Die fünf Maya-Bewegungen durch das Leben" vorgestellt worden.

Aber egal, wie immer man diese Schritte auch benennen will, wichtig über sie zu wissen ist, dass man sie nicht einen nach dem anderen unternimmt, sondern dass sie fast gleichzeitig begangen werden und dass sich Fortschritte und Veränderungen auf einem Gebiet ganz unmittelbar auf andere Gebiete auswirken werden. Und doch ist es aber so, dass es bestimmte Entwicklungsschritte auf dem einen oder anderen Gebiet gibt, die, wenn sie nicht geschehen sind, ein

Weiterkommen auf den anderen verhindern. Denn klar ist, dass zum Beispiel unbearbeitete Verletzungen oder sogar Traumata in der frühen Vergangenheit, es recht schwierig machen können, als Erwachsener in ähnlichen Situationen ohne Ängste, Vorurteile, Projektionen und Verdrängungen zu agieren. Genauso leuchtet es ein, dass unbrauchbare, behindernde Überzeugungen und Glaubenssätze z.B. den Selbstwert betreffend, es verhindern werden, sein Leben mutig und selbstbestimmend in die Hand zu nehmen.

Als Tribut an die Klarheit, Übersicht und besseren Verständlichkeit, werde ich die "fünf Schritte" nacheinander von 1 bis 5 durchnummeriert vorstellen.

Bevor ich die 5 Schritte des ***Erwachens*** beschreibe, will ich aber zuerst darauf eingehen, wie aus der Sicht des Nagual-Schamanismus das ***Einschlafen*** geschieht.

– Wie der Mensch in diesen "eingeschlafenen" Zustand geraten ist,

aus dem er sich erst wieder – durch die 5 Schritte – "erwecken" muss, wird mit dem Prozess des **"molding, sculpting and armoring"** – der **"Formung, Prägung und Panzerung“** beschrieben, auf die ich jetzt kurz eingehe.

"Formung"

Schon bei unserer Empfängnis und Geburt wurden wir in eine bestimmte Form gegossen – das heißt wir finden bestimmte kaum veränderbare Voraussetzungen vor:

Wir wurden in eine bestimmte Zeit, an einem bestimmten Ort geboren. Unsere Rassenzugehörigkeit, unser Geschlecht, einige körperliche Charakteristiken, wie unsere Körpergröße und die Farbe der Haut, der Augen und der Haare, sowie auch die familiäre, kulturelle, soziale, wirtschaftliche und politische Ausgangssituation ist uns „mitgegeben“ worden.

"Prägung"

Diese (vorgegebene) Form wird während des Heranwachsens jetzt genauer ausgeprägt. In der Metapher eines Bildhauers wird diese Grundform jetzt bearbeitet, behauen, gemeißelt, bekommt feinere Charakteristika. Diese Arbeit wird von den sogenannten Weltbildprägern und uns selbst unternommen. Diese Weltbildpräger sind unsere Familie, unsere Freunde und unser soziales, kulturelles, religiöses, ökonomisches, politisches Umfeld. In diesem Prozess wird uns die Welt erklärt, wir erlernen mit der Sprache auch andere Übereinkünfte, die Regeln der Gesellschaft, die Werte und Glaubenssätze, was möglich ist, was nicht, und worauf es im Leben ankommt.

Es wird uns sozusagen die „Wirklichkeit“, – (die kollektiv verbindende und verbindliche Vereinbarung über die Wirklichkeit) – wie sie von den Generationen vor uns bis jetzt geschaffen wurde, erklärt und wir werden mehr oder weniger liebevoll und behutsam dazu angehalten und trainiert, in dieser Wirklichkeit bestmöglich zu funktionieren.

Leider geschieht das halt auch nicht durchgängig liebevoll und behutsam, sondern oftmals auch ganz anders – und dann sind die Werkzeuge der Weltbildpräger: **„guilt, blame and shame“**.

„Schuld“: Erbsünde, Ablehnung, Spaltung von Sexualität und Spiritualität

„Verurteilung“: negatives Feedback, Beschuldigung, Erniedrigung, Beschimpfung, Bestrafung,

„Schande“: Selbst-Beschämung, Schuldgefühle und die daraus resultierende Unsicherheit, Angst, Minderwertigkeitsgefühle und Selbst-Sabotage und Selbst-Bestrafung.

An diesen Prägungen sind wir natürlich auch selbst beteiligt, indem wir manches annehmen und übernehmen, anderes ablehnen oder sogar dagegen rebellieren.

Der Psychoanalytiker R.D.Laing findet für diesen Prägungs-Prozess recht drastische Worte:
... Wir fangen bei den Kindern an. Man muss sie rechtzeitig erwischen. Ohne eine gründliche schnelle Gehirnwäsche würde ihr schmutziges Hirn unsere schmutzigen Tricks durchschauen. Kinder sind noch keine Narren, aber wir werden sie zu uns ähnlichen Imbezilen machen – mit hohem I.Q., falls möglich.
Vom Augenblick der Geburt an, wenn das Steinzeit-Baby sich der Mutter des 20. Jahrhunderts gegenübersieht, ist es jenen Kräften der Gewalt unterworfen, die man Liebe nennt – wie sein Vater und seine Mutter und deren Eltern und deren Eltern zuvor. Diesen Kräften geht es vor allem darum, den größten Teil seiner Anlagen zu zerstören, und im allgemeinen verläuft das Unternehmen erfolgreich. Mit fünfzehn ist daraus ein Wesen wie wir entstanden – eine halbtolle Kreatur, mehr oder weniger angepasst an eine verrückte Welt. Das ist die Normalität in unserer Zeit. ...
... Der Zustand der Entfremdung, des Schlafens, des Nicht-bewusst-Seins, des Nicht-bei-Sinnen-Seins ist der Zustand des normalen Menschen. Die Gesellschaft schätzt ihre normalen Menschen. Sie erzieht Kinder dazu, sich selbst zu verlieren, absurd zu werden und so normal zu sein. ...
R.D.Laing; zitiert von Ken Wilber in: Das Spektrum des Bewusstseins.

"Panzerung"

Dieser Prozess ist unsere Antwort auf den oftmals sehr eingrenzenden, schmerzhaften und Frustration und Enttäuschungen verursachenden Prozess der Prägungen. Wir erzeugen eine Schutzschicht, eine Panzerung, die uns hilft, die Prägungen zu ertragen, den

Schmerz und den Frust nicht so stark zu spüren. Der unangenehme Nebeneffekt ist leider, dass uns diese Panzerung auch daran hindert Lust, Freude, Liebe, Spaß und Spontaneität in einem hohen Ausmaß zu erleben. Meist hält uns die Härte und Inflexibilität des Panzers auch in begrenzten Einstellungen uns selbst, den anderen und dem Leben gegenüber und in einengenden Überzeugungen und Glaubenssätzen gefangen.

Das Panzern geschieht aus den Bedürfnissen:
sich anzupassen, einzufügen, nicht anzuecken, dazuzugehören, akzeptiert, gemocht, geliebt zu werden, in der Gesellschaft zu funktionieren, verlässlich zu sein, keine Reibung zu erzeugen, ..., zu überleben.

...

– Der Weg zurück in das Erwachen,

in das Erreichen der persönlichen individuellen Freiheit und Selbstbestimmung, wird nur möglich durch:

"sobriety" – die nüchterne Klarheit –
über diese Zusammenhänge. Dazu gehört, sich frei machen von allen möglichen Schuldzuweisungen – sowohl gegen sich selbst, als auch gegen andere. Dazu gehört das Aussteigen aus den Opfer- und Täter-Mechanismen und das Annehmen dessen, was und wie es geschehen ist.

"controlled folly" – die kontrollierte Torheit –
Das bedeutet das weitgehende Mitspielen mit den vorgegebenen Regeln und Bedingungen, das Tragen verschiedenster Masken, das Schlüpfen in Rollen, ohne den "Tyrannen des Lebens" zum Opfer zu fallen. „Das Spiel“ mitspielen, um nicht zu große Reibung zu erzeugen, um sich nicht auf Nebenschauplätzen in unnötige Gefechte zu verstricken – und die so gesparte Kraft dafür zu benutzen am "Aufwachen" zu arbeiten.

Und schließlich

"controlled dreaming" – kontrolliertes Träumen –

und das bedingt – das In-Angriff-Nehmen der „Fünf Schritte des Erwachsens“ – hin zu einer bewussten, selbstbestimmten Lebensgestaltung.

...

So wie ich diese Vorgänge beschrieben habe, sind sie für jeden heranwachsenden Menschen relevant.

Doch für jemanden, der die Freiheit erlangen will, „andere“, „neue“ Wirklichkeiten, jenseits der schon „wachgeträumten“ erschaffen und erträumen zu können, und/oder den Seinszustand des kausalen oder nicht-dualen Bewusstseins zu erreichen, ist es noch wichtiger und unerlässlich, sich aus der kollektiven Gruppentrance zu lösen und sich auf eine noch tiefere Ebene der Prozesse der „sobriety“ (nüchternen Klarheit), der „controlled folly“ (gesteuerten Torheit) und des „controlled dreamings“ (gesteuerten Träumens) einzulassen.

Notwendig sind also:

Die nüchterne Klarheit darüber, dass alles Existierende und die ganze erfahrbare Welt nur eine von vielen Möglichkeiten darstellt. –

Die der Steuerungsfähigkeit unterworfene Torheit, mitzuspielen und so zu tun, als wäre diese Wirklichkeit so wirklich, wie sie von den meisten Menschen empfunden wird. Und

das der Steuerungsfähigkeit unterworfene Erträumen einer Wirklichkeit, in der man leben will – und eines Lebens, wie es einem lebenswert erscheint.

Dieser letzte Aspekt kann auch – und das tut er für mich – ein Leben, eine Wirklichkeit bedeuten, die mit geliebten Mitmenschen, wie Familienmitgliedern, einem Partner, einer Partnerin, Kindern und Freunden glückbringend und werterfüllt gelebt werden kann und in dem man sich gleichzeitig darum bemüht, Mitschöpfer einer noch besseren Wirklichkeit für möglichst Viele zu sein.

Dieses „möglichst Viele“, beinhaltet selbstverständlich und notwendigerweise auch alle anderen Wesen dieser Erde – wie Mineralien, Pflanzen und Tiere.

Mir ist aber schon bewusst, dass so wie ich diesen letzten Aspekt – des „gesteuerten (Er)Träumens“ – hier gerade beschrieben habe, nicht unbedingt das Gleiche ist, was so mancher Nagual der alten Tradition hierunter verstehen würde. Soviel ich weiß, waren die allesamt nicht sehr an einem Leben mit Partnern, Kindern und Freunden interessiert, sondern primär am Erreichen und Erhalten von Kraft, Macht und „Unsterblichkeit“.

... *Das Ziel der Zauberei ist die Befreiung eines menschlichen Wesens aus den Begrenzungen seiner Wahrnehmungsmöglichkeiten, die Wiedererlangung der Kontrolle über seine Sinne und die Befähigung, den Weg des Sparens von persönlicher Energie einzuschlagen.* ... Armando Torres zitiert Carlos Castaneda in: Begegnungen mit dem Nagual.

All das stimmt auch für mich zu 100 %, nur bleibt die Frage offen, was man mit der „gesparten persönlichen Energie“ anfangen will.

Klar scheint, dass im normalen Alltagsleben unsere Energie im Bereich des Bekannten gebunden und gefangen ist und dass sie durch die alltäglichen Routineaktivitäten zum allergrößten Teil verbraucht wird. Ich erlebe zwar auch, dass durch eine Einstellungsänderung und durch waches Gewahrsein, es möglich ist, durch diese alltäglichen Routineaktivitäten, nicht so viel Kraft zu verlieren und manchmal vielleicht sogar Kraft zu gewinnen. Doch im Großen und Ganzen und für die meisten Menschen geht die gesamte Energie dafür auf, die gewohnte Realität und die vertraute Welt aufrechtzuerhalten

– und das hat wohl damit zu tun, wie sehr jemand mit seinem Ego und dieser „Alltagspersönlichkeit“ identifiziert ist und in dieser „Welt“ eingeschlafen ist.

Um den Weg zurück ins „Erwachen“ zu finden und die „Fünf Schritte“ in Angriff nehmen zu können, braucht es also die drei Fähigkeiten der **„nüchternen Klarheit, der steuerbaren Torheit und des steuerbaren Träumens“.**

Im folgenden Abschnitt werde ich die fünf Schritte des Aufwachens beschreiben. Bei diesen Schritten handelt es sich nicht um etwas völlig Abgehobenes und absolut Neues, das nur hier zu finden ist – sehr vieles davon ist, und muss auch sinnvollerweise, in jeder ernst zu nehmenden „Persönlichkeitsentwicklung zur Reife“ enthalten sein. Ich werde also bei den einzelnen Schritten auch Techniken und Methoden erwähnen und fallweise auch beschreiben, die aus anderen Persönlichkeitsentwicklungs-Modellen bekannt sind, und die ich auch kennengelernt, trainiert und integriert habe – und die mir brauchbar erscheinen.

2.1 Das Auslöschen der persönlichen Geschichte

In der sehr harten, (hart gegen das eingeschlafene Ego) kriegerischen Diktion der Tolteken-Tradition wird dieser Schritt "das Auslöschen" genannt, – verstanden wird damit:

- erst mal das Auseinandersetzen und sich Aussöhnen mit seiner Entwicklungsgeschichte bis hin zum Jetzt. Dazu gehören natürlich das gesamte Spektrum "der Aufarbeitung der Kindheit", das Auseinandersetzen und schließlich das Versöhnen mit den Eltern, das Aufspüren von einengenden Glaubenssätzen, Überzeugungen und Beliefs, und auch zum Teil das Loslassen von unbrauchbaren Gewohnheiten und Süchten, das sich im nächsten Schritt dann fortsetzen wird.

- In weiterer Folge ist aber auch gemeint, seine Identifikation mit einer bestimmten Rolle oder Maske aufzugeben und damit auch festgefahrene Glaubensüberzeugungen und einengende Starrheiten im Denken und jegliches Festhalten an "-ismen" jeder Art auszulöschen.

Dass dieses "Auslöschen" der Identifikation, also dieser zweite Aspekt, ein wichtiger Entwicklungsschritt hin zu einem erwachten, reifen Menschen sein soll, scheint uns Menschen der westlichen Zivilisation vielleicht erst mal absurd zu sein.

Wir wachsen auf in einer Gesellschaft, deren Erziehungs- und Schulsystem darauf abzuzielen scheint, dass jeder möglichst rasch eine gefestigte Persönlichkeit, ein verlässlicher Bürger und Wähler, ein berechenbarer Faktor für Wirtschaft und Politik wird.

Wer dies besonders rasch und in besonders starkem Ausmaß schafft, wird hoch angesehen. Wer sich nicht so leicht festlegt, seine Meinung öfter ändert, Verständnis für die unterschiedlichsten Standpunkte hat, sich mit festgewachsenen Masken nicht so wohlfühlt, und seine Erfüllung im Spiel mit verschiedensten Rollen sucht, wird eher misstrauisch beäugt.

Und doch wird in der nagual-schamanischen Tradition darauf bestanden, dass zum "Aufwachen" untrennbar dazu gehört, auch aus dieser Identifikation mit einer Persönlichkeit aufzuwachen und zu erkennen, dass man wesentlich mehr als nur diese ist.

Gemeint ist natürlich nicht das Verbrennen des Reisepasses und das Verleugnen seiner Herkunft und Wurzeln, aber diese "Auslöschung" kann schon eine sehr weitgehende sein. Schließlich geht es eindeutig auch darum, über die eigene Nasenspitze hinauszuschauen und Rassen-, Klassen-, und sonstige ethnozentrische Brillen abzulegen und sogar über die eigene Geschlechtszugehörigkeit hinaus, seine Energien auch in weiblich/männliche Balance zu bringen.

Darüber hinaus beinhaltet dieser Schritt des „Auslöschens der persönlichen Geschichte“ natürlich auch, dass wirkliche, tief greifende, transpersonale Erfahrungen und Veränderungen gemacht werden – letztlich bis hin zu der Erkenntnis und **vor allem der Erfahrung**, dass man Selbst und alle Wesen und das Alles Eines sind.

... Es geht darum, die Vorstellung davon aufzugeben, wer du glaubst zu sein. Die meisten Menschen glauben, dass sie eine spezielle Persönlichkeit sind. Sie glauben ihren Gedanken über sich selbst. Die Gedanken über dich selbst oder deine Persönlichkeit sind nicht das Problem. Aber die Tatsache, dass du sie für wahr hältst, erschafft Leiden. Stell dir vor, du erzählst dir selbst eine Geschichte, um dich zu unterhalten. Plötzlich nimmt diese Geschichte einen eigenartigen, angespannten Verlauf an. Du hast begonnen, dich mit der Geschichte zu identifizieren. Dann treten darin immer mehr Störungen auf und machen dir Angst. Jetzt bist du in dieser Geschichte gefangen und versuchst wie die meisten Menschen verzweifelt, ihr doch noch eine andere Wendung zu geben. Die Lösung liegt darin, aufzuwachen und zu erkennen, dass die

Geschichte eben nur eine Geschichte ist. DU bist vor, während und nach der Geschichte. Frei.
Das bedeutet Erleuchtung: Aufwachen.
An einem bestimmten Punkt musst du deine Identifizierung mit allem beenden. Das ist Aufwachen. ...
Gangaji & Eli Jaxon-Bear; Die Flamme der Wahrheit

Wenn auch vielleicht nicht ganz so weit gehend, wird dieser Entwicklungsschritt des Auslöschens der persönlichen Geschichte natürlich nicht nur im Nagual-Schamanismus oder von spirituellen Lehrern als wichtiger Schritt zu einem erfüllten, selbstbestimmten Leben erkannt – wenngleich man ihn in anderen Traditionen – eben nicht so weit gehend – eher als „Aussöhnen mit der Persönlichen Geschichte" bezeichnen würde.

Auf den Gebieten der Psychotherapie, der Hypnotherapie oder des therapeutischen NLP gibt es eine Fülle von Übungen, Techniken und Interventionsformate, die genau hier ansetzen und sehr wirkungsvolle Veränderungen in die Wege leiten können.

Ich möchte hier zum Beispiel die Technik des **"Change History"** erwähnen und die Idee, die dahinter steht, näher beschreiben, da sich dabei sehr gut das Entstehen der Identifikation mit der persönlichen Geschichte und das Motiv für das Auslöschen derselben erkennen lässt.

Wir alle nehmen selektiv wahr. –
Aus der praktisch unbegrenzten Vielfalt an Wahrnehmungsmöglichkeiten in jedem Moment filtern wir nur einen kleinen Ausschnitt heraus. So erklärt sich, dass mehrere Personen zur gleichen Zeit am gleichen Ort, die scheinbar das gleiche erleben, – doch subjektiv ganz unterschiedliche Erfahrungen haben.

Auch unsere Erinnerung ist eine selektive. –
Man denke nur z.B. an die Schulzeit zurück. Obwohl die meisten von uns viele hunderte und tausende Tage und dementsprechend viele

Stunden mit den unterschiedlichsten Erlebnissen in Schulen verbracht haben, werden uns immer wieder bloß ein paar, wahrscheinlich noch dazu die gleichen in Erinnerung kommen.

Aus all den vielen schon damals sehr fokussiert ausgewählten Jetzterlebnissen unserer Vergangenheit erinnern wir uns heute wieder nur an einige wenige und haben damit die anfänglich praktisch unbegrenzte Vielfalt der Erlebensmöglichkeiten noch einmal stark begrenzt. Die Summe unserer Erinnerungen nennen wir dann persönliche Geschichte und identifizieren uns damit. Wir vergessen dabei, dass sie aus einer sehr willkürlichen Auswahl an Wahrnehmungsmöglichkeiten besteht, die durchaus auch anders sein könnte.

Im Prozess des "Change History" machen wir diesen Selektionsvorgang wieder rückgängig, indem wir uns andere Erinnerungen wieder zugänglich machen – bzw. mithilfe unserer heutigen, oder sogar nur vorgestellten Hilfsquellen an Erfahrungen, Kenntnissen, Wissen, – eine schmerzhafte, unangenehme Erinnerung ganz anders neu durchleben. Dadurch verliert diese Erinnerung ihre negative Ladung und auch ihre negative, eingrenzende Auswirkung auf unser Leben heute.

Eine ähnliche aber doch etwas anders gewichtete Technik ist die des **"Re-Imprintings"**, der Neu-Prägung.

Wird bei der Change History Technik in erster Linie eine emotionale Heilung und damit eine veränderte energetische Ladung der Vergangenheit erzielt, die eine neue Einstellung im Jetzt bewirkt, – so wird bei der Re-Imprinting Technik oft ein ganzes System (meist die Familie) in der Vergangenheit geheilt und durch Wechsel der Wahrnehmungspositionen, Zufügung von (damals nicht zur Verfügung gestandenen) Ressourcen und dem Heilen wichtiger Anderer im System, ein völlig neues, besser funktionierendes System, neben das alte gestellt. – So wird ermöglicht, dass tief prägende Überzeugungen, Einstellungen und Glaubenssätze über sich selbst, die anderen und das Leben überprüft und verändert werden können.

Ein ganz wichtiger Aspekt für diesen Schritt des Versöhnens mit der Persönlichen Geschichte ist **die intensive Klärung und Reinigung der Beziehung zu den Eltern**. Wenn nur irgend möglich, sollte eine tiefgefühlte Versöhnung und Dankbarkeit zu ihnen entstehen und unbedingt müssen die prägendsten Glaubenssätze und Lebensregeln, die wir von ihnen übernommen haben, aufgespürt und bearbeitet werden.
Sehr hilfreich, tiefgehend, berührend und „erleuchtend“ ist die sogenannte **"Eltern-Spannungsfeld-Zeremonie"**, die ich in meinen Ausbildungen entwickelt habe. Gegliedert nach den fünf Seins-Bereichen (physisches-, emotionales-, mentales-, spirituelles- und sexuelles Erleben) untersucht man, wie Vater bzw. Mutter jeweils diese Bereiche gelebt haben und vor allem was ihre nicht-gelebte Sehnsucht in diesen Bereichen war.

Man untersucht dann auch noch das Spannungsfeld zwischen den beiden nach diesen Gesichtspunkten. Es ist davon auszugehen, dass in diesem Spannungsfeld – von unerfüllten Möglichkeiten und nicht-gelebter Sehnsucht und dem Lern- und Erfahrungs-Potential, das darin steckt, – auf jedem Fall so etwas, wie ein Lebensauftrag von den Eltern bzw. der Evolution zu finden ist. Diesen Auftrag zu erledigen ist erst mal die Pflichtübung. – Also untersucht man, was davon man schon erfüllt hat und welche Spannungsfelder noch am Wirken sind und noch erlöst werden wollen, um endlich zur Kür zu kommen.

Ein anderes wichtiges Thema beim "Auslöschen der persönlichen Geschichte" ist die Beschäftigung mit seinen körperlichen und energetischen Panzerungen. Hier sind die **"Körper-Charakter-Typen-Lehren"** nach Wilhelm Reich, Alexander Lowen, Ron Kurtz u.a. sehr sehr hilfreich.

Hierbei wird davon ausgegangen, dass jeder Mensch in seiner frühkindlichen Entwicklung beim Durchleben der taktilen, der oralen, der analen und der genitalen Phase verschiedene leichtere oder schwerere Verletzungen und Traumata erlebt, und sich diese dann in den Lebensthemen der jeweiligen Phasen sowie in der Ausprägung des heranwachsenden Körpers bemerkbar machen. Man kann also aufgrund körperlicher Merkmale und der Art, wie die Energien im Körper fließen bzw. blockiert sind, Rückschlüsse ziehen auf die Verletzungen und die daraus entstandenen Glaubenssätze, Überzeugungen und Einstellungen.

Durch gleichzeitige Arbeit am Körper, an den Energieblockaden, und den entstandenen Beliefs lassen sich tiefgreifende Veränderungen erzielen – letztlich sogar im Erscheinungsbild des Körpers.

Techniken, die mit diesem Wissen und entsprechender Praxis arbeiten sind z.B. das **"Rolfing"** oder die von Ron Kurtz begründete **„Hakomi-Therapie".**

(Ich kann zu diesem Thema das Buch *„Körperzentrierte Psychotherapie"* von Ron Kurtz, einem meiner persönlichen Lehrer empfehlen).

Im Zuge meiner Nagual-Schamanismus-Ausbildung ging ich durch den sogenannten (recapitulated schamanic dearmoring process), den

Rekapitulierenden-Schamanischen-Entpanzerungsprozess

Dieser äußerst wirkungsvolle Prozess besteht aus einer kombinierten Arbeit mit rekapitulierten Erinnerungen, bestimmten Atemübungen, Körperstellungen und dem Drücken spezieller Energiepunkte am Körper. Eine der angewandten Wirkweisen besteht darin, Schmerzprogramme durch Verbindung zu Lust aufzulösen und der Effekt, der erzielt wird ist, dass zellulär und muskulär gespeicherte negative Informationen wieder neutralisiert werden. Dadurch wird wieder Wahlmöglichkeit hergestellt und gebundene Energie befreit.

Wichtig bei dieser Arbeit ist, – aber das ist ja bei jeder Veränderungsarbeit nötig, – dann möglichst rasch, neue Entscheidungen, Lernschritte und Erfahrungen folgen zu lassen, sodass wirklich neues entsteht und nicht dem Sog des alt-vertrauten Musters nachgegeben wird.

Im Zusammenhang mit dem Auslöschen der persönlichen Geschichte, in der Form des Aussöhnens mit ihr, ist **das Ankommen und wirkliche Sein im Jetzt der Gegenwart** ein wichtiger Faktor. Das Jetzt-Erleben wird ja üblicherweise vollgestopft und überlagert mit – meist negativen – Gedanken an Vergangenes und diesen Erfahrungen entsprechenden Gefühlen. Unglaublich viel Energie wird gebunden, indem alte Verletzungen, Fehlschläge und Probleme „am Leben" gehalten und womöglich auch noch in zukünftige Vorstellungen projiziert werden. Wir sind nur allzu bereit dazu, uns förmlich in diesen negativen Energien zu suhlen, beleidigt zu sein, uns schlecht und ungerecht behandelt zu fühlen oder nicht genug beachtet zu werden. Da gibt es nur eine einzige sinnvolle Aktion: **Liebevolles Vergeben** – sich selbst und allen anderen.

Stelle dir die zwei folgenden Fragen und beantworte sie dir mit aller Ehrlichkeit und Konsequenz:
Was und wem hast du noch nicht verziehen? – und
Was würde geschehen, wenn du es tätest?

Tu das mit all deinen Selbst-Vorwürfen und all deinen Vorhaltungen und Beschuldigungen gegenüber anderen, die es noch gibt – und genieße den Rückfluss an Energie und Freiheit.

Weitere wirkungsvolle Arbeit kann mit jeder Art von **"Rollen- und Maskenarbeit"** erzielt werden, da dabei auch gelernt wird, aus einer zu eng gefassten Identifikation mit einer bestimmten Maske oder Rolle auszusteigen.

In der nagual-schamanischen Ausbildung wird darauf besonderer Wert gelegt, und es gibt eine ganze Fülle von Wissen und Praxis darüber. Tyrannenmasken, Liebhabermasken, Berufsmasken, Lehrermasken, die Masken des Selbstmitleids, die Masken der Selbstwichtigkeit, Archetypen- und Kachina-masken, u.a.m.

In den späten 60er und den 70er Jahren gab es – ich glaube, ursprünglich vom Amerikaner Charles Berner entwickelt und später von Sannyasin-Kreisen ausgehend – eine sehr „beliebte“ Technik, die in Workshops als **„enlightenment intensive“** angeboten wurde. Sie bestand im Großen und Ganzen darin, dass man von einem Gegenüber beständig und „erbarmungslos“ gefragt wurde, „Wer bist du?“ und darauf antworten musste – stundenlang! Oft tagelang; eingebettet in sonstiges Sprechverbot, Meditation und Spazierengehen in der Natur. Eine erstaunliche, empfehlenswerte, höchst intensive Erfahrung.

.... „Wer bist du?“ säuselte die Raupe. „Das – das weiß ich im Augenblick selber nicht so genau“, erwiderte Alice ziemlich schüchtern. „Ich weiß, wer ich war, als ich heute früh aufgestanden bin, aber ich glaube, seither habe ich mich mehrmals verändert.“ ... Lewis Carroll

In indianischen Traditionen gibt es den sehr hilfreichen Brauch, in verschiedenen Lebensabschnitten auch unterschiedliche Namen zu führen. Als Kind hat man einen anderen **„Medizinnamen"** als in der Pubertät und wieder mindestens einen anderen als Erwachsener und im Alter. Mit dem Ablegen des Namens legt man auch ein Stück persönlicher Geschichte und Identifikation ab.

Ebenfalls sehr hilfreich, diesen ersten Schritt zu meistern, ist jede Art tiefer gehender **Meditation,** da auch dabei recht rasch die Identifikation mit den Gedanken, den Gefühlen und dem Körper als trügerisch entlarvt werden.

Ab einer bestimmten Ausbildungsstufe wird in der nagual-schamanischen Arbeit verlangt, dass man sich **in einer gänzlich anderen „Spirituellen Richtung“** bis zu einem ähnlich hohen Ausbildungsgrad entwickelt und das entsprechende Wissen und die Techniken erlernt, bevor man weitere nagual-schamanische Arbeit in Angriff nimmt.

Auch muss man im „tonalen“ (normalen) Leben auf mindestens drei verschiedenen Gebieten, auf gutem Niveau selbständig überlebensfähig sein und sich selbst damit beweisen, dass man **sein Leben unabhängig und flexibel gestalten** kann. Außerdem erfährt man „sich selbst", mit **unterschiedlichen Berufs-Masken** in den verschiedensten Arenen des Lebens auf doch recht unterschiedliche Art und kann „ungewöhnliche", einem bisher vielleicht nicht so vertraute Aspekte des „Selbst" entdecken und ausleben.

Macht der „Lehrling" die für diese erste Stufe notwendigen Schritte nicht von sich aus, so ist ihm der Nagual gerne durch das Stellen von **„Kriegeraufgaben"** dabei behilflich. Alleine diese Aussicht bewegt die meisten Lehrlinge dazu, rasch ihre eigenen Schritte zu tun.

Näheres zu „Kriegeraufgaben" im übernächsten Kapitel 2.3 Die Welt anhalten.

Dies sind einige wenige, aber sehr wirkungsvolle Techniken, um diesen ersten Schritt des Aufwachens in Angriff zu nehmen.

2.2 Den Tod zum Verbündeten und Ratgeber machen

Dieser zweite Schritt ist einer, der bei den meisten Menschen unserer westlichen Zivilisation erst mal schon beim Lesen der Überschrift unangenehme Gefühle und Unsicherheit erzeugt.

Der Tod und die Tatsache, dass unser irdisches Leben ein begrenztes ist und dass das Altern und Absterben des physischen Körpers keinem erspart bleibt, sind für die meisten Menschen unserer Kultur so unangenehme Themen, dass sie tief verdrängt werden – und man lieber einem, fast schon religiöse Ausmaße annehmenden, Jugendkult huldigt, in dessen Sog Menschen schon mit 50 Jahren auf das soziale, kulturelle, sexuelle und vor allem berufliche Abstellgleis gestellt werden.
Als Folge dieses Jugendwahns entsteht auf älter werdende Menschen ein ungeheurer Druck, den sich immer mehr florierende Wirtschaftszweige zunutze machen und sicher auch miterzeugen und forcieren. Milliardenschwere Pharma-, Kosmetik-, Mode-, Fittness- und Anti-Aging-Industrien, sowie eine, die natürlichen Hemmschwellen immer mehr herabsenkende „Schönheits"-chirurgie, profitieren von dieser fragwürdigen Entwicklung.

All das findet paradoxerweise in einer Epoche statt, wo die hygienischen, medizinischen und ernährungstechnischen Fortschritte es gestatten, dass Menschen, zumindest der westlichen Kultur, ein Durchschnittsalter von 80, 90 und bald auch mehr Lebensjahre erreichen.

Angesichts eines immer schwieriger zu finanzierenden Pensionssystems ist man bestrebt, die Lebensarbeitszeit beständig zu verlängern. So sollte man bald schon bis zu seinem 68. und 70. Lebensjahr arbeiten. Gleichzeitig steigt aber die Zahl der Arbeitslosen beständig an und es gibt nicht einmal für junge Menschen genug Arbeitsplätze. Und wie schon erwähnt ist man über 50 nicht mehr erwünscht – und so man keine Arbeit hat – auch nicht mehr vermittelbar.

Eine äußerst ungesunde Entwicklung, der nur gegengesteuert werden kann, wenn die verschiedenen Generationen wieder sinnvolle Möglichkeiten finden, ihre jeweiligen Lebensabschnitte und Lebensentwürfe miteinander, sich gegenseitig ergänzend, leben können – voll Achtung und Respekt füreinander.

Nur das würde voraussetzen, dass die unausweichliche Tatsache des Älter-werdens anders bewertet würde, als dies üblicher weise geschieht. Speziell in unserer (der westlichen) Kultur haben wir es dabei allerdings mit einem grundsätzlichen, tiefergehenden Problem zu tun. Solange vorwiegend daran geglaubt wird, dass wir Menschen nur unser Körper sind, ist es ja verständlich und klar, dass wir krampfhaft versuchen, fit zu bleiben, möglichst lange "gut", sprich, "jung" auszuschauen, und die unumstößliche Tatsache, dass unsere Körper alle altern und sterben werden, tief aus unserem Gewahrsein verdrängen.

Wenn wir aber statt dessen ein ganzheitlicheres Menschenbild akzeptieren könnten, zu dem auch Bewusstsein, Geist und Seele gehören, dann kann man sich auch vorstellen, dass im gleichen Ausmaß, wie der Körper älter und schwächer wird, die Spiritualität, das geistige Sein und die Liebesfähigkeit anwachsen, wichtiger werden und mehr und mehr Raum im Leben einnehmen dürften.

Das nächste Zitat bietet eine zen-buddhistische Sicht auf den Tod, die wahrscheinlich zu längerem Nachdenken einlädt:
... Erst wenn der Tote in dir ganz und gar getötet ist, erblickst du dich als Lebenden; und erst, wenn der Lebende in dir ganz und gar lebendig ist, erblickst du dich als Toten. ...
Bin-Yän-Lu; Meister Yüan-wu's Niederschrift von der Smaragdenen Felswand.

Eine weitere Erkenntnis über den Tod von ganz woanders, – von Johann Gottlieb Fichte:

... Aller Tod in der Natur ist Geburt, und gerade im Sterben erscheint sichtbar die Erhöhung des Lebens. Es ist kein tötendes Prinzip in der Natur, denn die Natur ist durchaus lauter Leben; nicht der Tod tötet, sondern das lebendigere Leben, welches hinter dem alten verborgen, beginnt, und sich entwickelt. (...). Gerade darum, weil sie mich tötet, muss sie mich neu beleben; es kann nur mein in ihr sich entwickelndes höheres Leben sein, vor welchem mein gegenwärtiges verschwindet; und das, was der Sterbliche Tod nennt, ist die sichtbare Erscheinung einer zweiten Belebung. (...). So bin ich unveränderlich, fest, und vollendet für alle Ewigkeit. ...
Johann Gottlieb Fichte; Die Bestimmung des Menschen.

In der indianisch-schamanischen Tradition besteht ein, zum westlichen Jugendwahn, fast schon gegensätzlicher Trend, hin zur Ehrung und Achtung nicht nur der Älteren, sondern auch der verstorbenen Ahnen.

Der Tod wird als ständiger Gefährte und guter Ratgeber empfunden, der dabei hilft, das Leben voll und ganz zu leben. Der endgültige physische Tod wird hier oft als TodTod bezeichnet, um ihn klar von den Toden, die bei jeder Veränderung gestorben werden abzugrenzen.

Jede größere Veränderung und jede wichtige Entscheidung ist ja ein Tod, für das was vorher war, sowie für alle anderen Möglichkeiten, gegen die man sich entschieden hat. Veränderung bedeutet also Tod, aber auch Leben ist Veränderung. Die Veränderung (den Tod) einladen heißt also das Leben einladen.

Den Tod, die Veränderung, zum Verbündeten machen, heißt also auch das Leben zum Verbündeten machen – und genau das geschieht, wenn man den Tod zum Ratgeber hat. Die Tatsache des physischen Todes zu akzeptieren heißt auch zu akzeptieren, dass die Lebenszeit eine begrenzte Zeitspanne ist, die jederzeit enden könnte. Daraus folgt, dass Zeit das wertvollste ist, das man besitzen kann. Aber sie wird erst wertvoll durch das Bewusstsein ihrer Begrenztheit, durch das Wissen um den Tod. Jeden Tag so leben zu können, als wäre er der letzte, was ja auch so sein könnte, erzeugt eine Besinnung und Gewichtung auf das, worauf es einem im Leben wirklich ankommt, – auf das, was es wirklich wert ist gelebt zu werden.

Den Tod zum Verbündeten und Ratgeber zu machen, heißt also beides, Veränderung ins Leben einzuladen, sowie die Realität des physischen Todes anzunehmen.

Da die Themen Älterwerden und Sterben in indianischen Traditionen nicht so verdrängt werden wie bei uns, gibt es dort eine Menge Übungen, Rituale und Zeremonien, die sich damit auseinandersetzen.

Der schon erwähnte Brauch, für verschiedene Lebensabschnitte auch verschiedene **"Medizinnamen"** anzunehmen, unterstützt und ist Ausdruck des Bewusstseins, dass mit dem Übergang in eine neue Lebensphase, eine alte zu Ende gegangen ist, dass das Kind zugunsten des Erwachsenen gestorben ist.

Eine Fülle von **"Initiations- und Übergangsriten"** sorgen dafür, dass man ganz bewusst, feierlich und für alle sichtbar von einem Lebensabschnitt, in den nächsten wechselt und dabei auch wirklich altes und nicht mehr brauchbares zurücklässt (sterben lässt).

Eine der bekanntesten ist wohl eine **Visionssuche**, bei der ein etwa 13- bis 16-jähriger Knabe (im Nagual-Schamanismus selbstverständlich auch ein Mädchen) von seinen Eltern und dem ganzen Stamm verabschiedet wird, um weit weg, meist auf einem Hochplateau eines Berges einige Zeit mit zeremoniellen Vorgaben verbringt (meist ca. drei Tage), und dann mit einem neuen Namen, neuen Spirit-Verbündeten und einer Vorstellung davon, was sein neuer Platz in der Gemeinschaft sein wird, zurückkehrt.

Die Eltern wissen am Tag des Abschiedes, dass sie ihr Kind verloren haben. Wenn es zurückkommt ist es kein Kind mehr.

Eine andere, **"Die Nacht im Grab"** ist meiner Erfahrung nach eine der stärksten Möglichkeiten, sich bewusst mit Tod und Sterben auseinanderzusetzen.

Sie beginnt damit, dass du dir dein eigenes Grab schaufelst. Am Abend legst du dich nackt hinein. Über das mit Ästen und Decken abgedeckte Grab wird eine dünne Schicht Erde geschaufelt und eine ergreifend festliche aber von dir vielleicht eher gruftig empfundene Grabrede gehalten, dann bist du den Rest der Nacht alleine.

Anfangs bist du sicherlich damit beschäftigt, in der Dunkelheit deines Grabes krabbelnde Spinnen von deinem Körper zu wischen oder dir klebrige Nacktschnecken aus dem Gesicht zu pflücken. Doch diese Aktivitäten werden mit der Zeit nicht mehr so wichtig und du beginnst, die verschiedenen Aufgaben, die zu der Zeremonie gehören zu erledigen.

Du erinnerst dich an alle deine Begegnungen mit dem Tod, – das Sterben von Tieren, von Haustieren, von Verwandten, Bekannten, Fremden, Unfällen. Was hast du gefühlt? Was wahrgenommen?

Als Nächstes stellst du dir deinen eigenen Tod vor, auf welche Arten könntest du sterben? – ertrinken, verbrennen, ersticken, verschüttet, erschossen, erstochen, vergiftet, Verkehrsunfall, Krankheit, Siechtum, ... wie genau wäre das?

Dann stellst du dir vor, du wärest einen dieser Tode gestorben und die Trauergemeinde zieht an deinem Grab vorbei und nimmt Abschied. – Das gibt dir Gelegenheit zu überprüfen, ob du noch unerledigte Geschäfte mit dem einen oder anderen hast. Was würdest du ändern, hättest du noch eine Chance, das zu tun?.

Dann lässt du dich auf das Sterben selbst ein, auf die verschiedenen Ablösungsvorgänge, die beim Tod passieren und lässt dich von der dich umgebenden Erde in einen geheimnisvollen Zwischenzustand bringen. Du gehst bis an die (deine) Grenze und erfährst soviel wie möglich über das Sterben und den Tod in dieser Nacht.

Eli Jaxon-Bear: (Hervorhebungen durch den Autor)
... Alle Formen sterben. Alle Persönlichkeiten sterben. Wenn du damit identifiziert bist, ein Jemand zu sein, wirst du an der Angst vor dem Tod leiden und in der Verleugnung leben. ***Wenn du bereit bist, zu sterben, bevor dein Körper stirbt, wirst du direkt entdecken, was nicht stirbt.*** *Darum wirst du mit voller Gewissheit wissen, dass du nicht stirbst. ...*
... Bevor du die Erfahrung des Todes getroffen hast, wirst du auf verschiedenen Ebenen glauben, dass du das bist, was stirbt. ***Die Erfahrung des Todes ist eine Initiation in das Reich der Unsterblichkeit.*** *Wenn du bereit bist zu sterben und alles zu erfahren, was nötig ist, wirst du dich selbst entdecken. ...*

Ich habe diese Nacht-im Grab-Zeremonie 1982 oder 83 im Waldviertel in Österreich gemacht. Mein Grab hatte ich am Rand einer Waldlichtung, nahe einem Bach ausgehoben. Was ich nicht bedacht hatte war, dass es auf dieser Waldlichtung bei Nacht ein ausgesprochen reges Wildleben gab. So hörte ich – im Grab liegend – Stampf-, Grunz- und sonstige Tier-Geräusche, die wohl von Hirschen und Wildschweinen verursacht wurden und stellte mir natürlich vor, wie das wohl wäre, wenn so ein Schwein oder besser noch ein ausgewachsener Hirsch in mein Grab und auf mich stürzen würde. Und eine der Todesarten, die es galt, sich auszumalen, war mir somit schon quasi vorgegeben und ganz leicht vorstellbar.

Eine weitere bereichernde Erkenntnis im Zusammenhang des Tod-zum-Verbündeten-und-Ratgeber-Machens war für mich das Kennenlernen des Konzeptes, dass es zwei verschiedene Tode gibt, einen **"Wohlmeinenden"** und einen **"Pirschenden" Tod.**

Mit dem wohlmeinenden Tod ist der gemeint, der auf uns alle unausweichlich wartet, der Tod, den wir sterben werden, wenn unsere Zeit gekommen ist, unser Leben gelebt wurde, und schließlich aus

Alters- und Schwächegründen der Tod sich nicht mehr aufschieben lässt.

Der pirschende Tod ist der, der dich unerwartet, unvorbereitet aus dem Leben reißt, meist durch Krankheit oder Unfall.

Eine sehr effektive Zeremonie besteht darin, beide Tode herbei-zu-singen – (zu diesem Zweck musst du zuerst zeremoniell deine **„persönlichen Todeslieder“** finden) – und mit ihnen zu verhandeln, mit dem Ziel einen Vertrag mit ihnen abzuschließen.

Während dieser Verhandlungen wirst du klar definieren müssen, warum du noch Zeit zum Leben brauchst, und was du noch erleben bzw. verwirklichen willst. Hast du gut verhandelt, wird der wohlmeinende Tod dein echter Verbündeter, ja sogar Beschützer und der pirschende ein guter Ratgeber, den du nicht mehr zu fürchten brauchst.

2.3 Die Welt anhalten

Dieser dritte der fünf Schritte des Aufwachens in eine bewusste und selbstbestimmte Lebensgestaltung hat

- einerseits damit zu tun, Gewohnheiten, Sichtweisen, Überzeugungen, Glaubenssätze zu überprüfen und Unbrauchbares loszulassen.
- Andererseits geht es auch darum, uns bewusst zu werden, dass "die Welt", unsere Realität, nicht so unumstößlich "wirklich" ist, wie sie uns meist erscheint, sondern im Sinne der Quantenphilosophie und des Konstruktivismus von uns zumindest miterschaffen und am Laufen gehalten wird.

Sich wiederholende Vorgänge, mustermäßig ablaufende Handlungen, Routine und zyklische Abläufe sind das, was unsere individuelle und kollektive Welt am Laufen hält. Die Welt anhalten, heißt aus diesen Gewohnheiten des Denkens, Fühlens und Verhaltens auszusteigen und diejenigen Abläufe zu erkennen und zu verändern, die nicht zielführend, nicht glücklich-, vielleicht sogar krankmachend und unproduktiv sind.

In der nagual-schamanischen Ausbildung geht man beim "Welt-Anhalten" einen Schritt weiter, es geht hier darum, nicht nur seine eigenen musterhaften Denk-, Fühl- und Verhaltensstrukturen infrage zu stellen, sondern die gesamte "Realität", wie sie sich uns präsentiert bzw., wie sie von uns projiziert wird. Hier geht es darum, sich unseres Mitwirkens am Erschaffen der Wirklichkeiten bewusst zu werden und verantwortungsvoll verändernd so einzuwirken, dass neue Wirklichkeiten erwirkt werden können.

In der Ausbildung gibt es viele Übungen, die dazu dienen, die Welt anders wahrzunehmen, Exkursionen in **"andere Wirklichkeiten"**, sowie das Trainieren der feinsinnlichen und übersinnlichen Wahrnehmung, – die Arbeit mit feinstofflichen Energien und dem

Energiekörper. Hierher gehört vor allem das stetige Trainieren der schon in Kapitel 1.3 beschriebenen **„Nagual-Fähigkeiten“** des *SEHEN*s, des *PIRSCHEN*s und des *GESTALT-WECHSELN*s.

Ein ganz wichtiger Aspekt des „Welt-Anhaltens“ ist ein absichtliches und gesteuertes **Anders-Denken** und **Anders-Handeln**. Eine Zeitlang jegliches Verhaltens- und Denkschema bewusst und willentlich umzudrehen, Gewohnheiten zu ändern, Nichtgeglaubtes zu glauben und Geglaubtes für unwahr zu halten, ist ein ganz wichtiger weiterer Übungsschritt.

... „Das ist unmöglich, das kann ich nicht glauben!“ sagte Alice.
„Nein?“ Sagte die Königin mitleidig. „Versuche es noch einmal: tief Luft holen, Augen zu ...“
Alice lachte. „Ich brauche es gar nicht zu versuchen, etwas Unmögliches kann man nicht glauben.“
„Du wirst darin eben noch nicht die rechte Übung haben – oder du bist ganz schrecklich aus der Übung gekommen“ sagte die Königin. „In deinem Alter habe ich täglich eine halbe Stunde darauf verwendet. Zuzeiten habe ich vor dem Frühstück bereits bis zu 6 unmögliche Dinge geglaubt. ...
Lewis Carroll; Alice hinter den Spiegeln

Gerade am Anfang der nagual-schamanischen Ausbildung wird Wert darauf gelegt, routinemäßige Verhalten ständig bewusst zu ändern. Beginnend bei ganz kleinen recht „unbedeutenden“, bis zu den schwerer fallenden näher an der „Identifikation“ scheinenden Verhaltensweisen – von denen man das Gefühl hat *„... aber das bin doch ich ...“* oder *„... ich mache das aber so ...“, „... wenn ich das jetzt anders mache, bin ich dann noch ich? ...“.*

Man beginnt vielleicht damit eine Zeit lang mit dem anderen Bein als sonst zuerst in die Hose zu steigen, ... sich Hemden und Pullover auf ungewohnte Art anzuziehen, ... ganz andere Kleidung zu wählen,

... jede zweite Woche das Frühstücks-Verhalten völlig zu ändern, ... die Ernährung umzustellen, ... eine Zeit lang am Tag zu schlafen und in der Nacht zu leben, ... sich in andere Gesellschaft zu begeben, ... andere Freunde und andere Partner, die dir aus den verschiedensten Gründen nicht in den Sinn kämen, auszuwählen, ..., – eben Neues, Anderes zu probieren, zu wagen, „anzupirschen".

Ist man diesbezüglich nicht sehr „beweglich" und selbst nicht kreativ genug, wird dem „Lehrling" von seinem Lehrer gerne mit sogenannten „Kriegeraufgaben" geholfen. Diese Aussicht verleiht dem Lehrling normalerweise Flügel.

Kriegeraufgaben sind ein sehr brauchbares Mittel in der schamanisch geprägten Ausbildung zwischen einem „Lehrer" und einem „Lehrling". Sie sind Aufforderungen und Anweisungen zu Verhaltensweisen und Handlungen, die der Lehrling von sich aus höchstwahrscheinlich niemals tun würde, die der Lehrer aber als wichtige Erfahrung und nützliche Abkürzungen am Weg des Lehrlings erkennt. Der Geführte lässt sich im Vertrauen auf die größere Sicht des Führers darauf ein und macht Erfahrungen, die er sonst wahrscheinlich niemals gehabt hätte und die sein Bild, das er von sich, den Anderen und der Welt hat, beträchtlich erweitern können.

Was kann so eine Kriegeraufgabe sein? Da erstreckt sich das Spektrum von relativ einfachen, auf die man sich leicht einlassen kann, wie z.B. das äußere Erscheinungsbild verändern, wie Haare schneiden oder Haare wachsen lassen, Anzug tragen oder ablegen, – über schon schwierigere, wie berufliche Veränderungen und Experimente – wie vielleicht ein halbes Jahr in einer Versicherung zu arbeiten oder Taxi zu fahren bei Nacht, – bis zu einschneidenden Musterveränderungen, wie z.B. sich als Straßenmusikant eine Zeitlang (vielleicht ein Jahr) in einer fremden Stadt durchzuschlagen – oder sich in völlig „anderen" Gesellschaftskreisen als sonst zu bewegen und vielleicht eine ernsthafte Beziehung mit jemanden einzugehen, der dem bisher üblichen „Beuteschema" so ganz und gar überhaupt nicht entspricht. Der Fantasie sind hier kaum Grenzen gesetzt und solche Aufgaben können alle Bereiche des Lebens berühren und das Leben sowie das Bild, das man von sich selbst und der Welt hat, ungeheuerlich bereichern.

Eines ist aber auch klar, dieses Prinzip der Kriegeraufgaben, sowie die gesamte spezielle Art der Lehrer-Lehrlings-Beziehung, kann nur dann funktionieren, wenn zwei Punkte zutreffen:

1. Der Lehrling vertraut dem Lehrer, ihm dabei zu helfen, der bestmögliche Mensch zu werden, der in ihm schlummert, seine dunklen Seiten zu erhellen, und seine blinden Flecken aufzudecken, sodass wirkliche Weiterentwicklung passieren kann.

2. Der Lehrer akzeptiert den Lehrling nur, wenn er davon überzeugt ist, dass es dem wirklich ernst ist und er bereit ist, ein hohes Maß an Energie und Aufmerksamkeit seinem Selbstwachstum zu widmen. –

Es soll möglichst wenig Zeit und Energie für dumme Spielchen verloren gehen.

Der wohl wichtigste Aspekt des „Anhaltens der Welt" besteht darin, den sogenannten **„Spiegel der Selbst-Reflexion"** zu zerschmettern. (Ich habe das schon im Vorwort erwähnt.)

Die Idee dabei ist, dass „die Welt", die Wirklichkeit und alles was wir erleben und was uns begegnet eine Antwort auf die Frage ist, die wir sind – eine Spiegelung dessen, was wir in die Welt strahlen. Normalerweise reagieren wir auf die Umstände unseres Lebens und übersehen dabei, dass die Umstände so sind, weil sie auf uns reagiert haben. So setzen wir einen endlosen Rückkoppelungsmechanismus in Kraft, bei dem es kaum oder nur sehr mühsam zu Veränderungen kommen kann. Wir und die Welt, unsere Erfahrungen in der Welt, bilden ein sich selbst erhaltendes und sich stets bestätigendes System. So bleibt die – unsere – Welt am Laufen. Aus diesem Teufelskreis aussteigen kann man nur durch das „Zerschlagen des Spiegels der Selbstreflexion" und durch das „Anhalten der Welt".

Einer der Mechanismen, der diese Selbstspiegelung in die Welt am Laufen hält, ist sicherlich unsere Angewohnheit, uns nahezu unaufhörlich „Innerlich“ mit uns selbst zu unterhalten. Und so ist ein sehr wichtiger Aspekt des „Welt-anhaltens“ das Erlernen, **den „Inneren Dialog“**, das unaufhörliche Geplapper in unserem Gehirn, **zum Schweigen zu bringen**. Dazu gibt es auch wieder verschiedene Ansätze.

Eine besonders amüsante, wenn auch vielleicht „schmerzvolle“ Methode ist, z.B. das innere Geplapper zu externalisieren. Alles laut aussprechen, was da durch den Kopf läuft. So man das selbst eine Zeitlang aushält, wird es schließlich im Innen und im Außen still werden. Innen, weil man sich früher oder später all diese Absurditäten und Unnötigkeiten des Geschwätzes nicht mehr anhören kann und will, und außen, weil die Menschen aus deiner Umgebung geflüchtet sind. Denn zusätzlich zu dem eigenen Geplapper, das jeder in seinem Kopf hat, ist das dazukommende eines anderen schlichtweg nicht auszuhalten.

Eine weitere Methode wäre, darauf zu achten, welche Stehsätze und Phrasen besonders häufig wiederkehren, sozusagen die Refrains herauspicken und diese dann erbarmungslos zu analysieren, herausfinden, woher sie stammen, wo oder von wem man sie aufgeschnappt hat, wo sie im Gewahrseins-Feld lokalisiert sind und – in besonders krassen Fällen, wessen Stimme das eigentlich ist.

Dann kann man spielerisch herangehen, erst mal ohne den Inhalt zu verändern, die Tonalität ins Lächerliche zu verzerren, (Micky Maus, Koloratursängerin oder Gospelchor hilft meist) den Ort, woher die Stimme kommt zu verändern (große Zehe) – die ach so bedeutungsvollen Aussagen werden ganz sicher und verlässlich eine andere Bedeutung und Wichtigkeit bekommen.

Man kann natürlich auch den Inhalt verändern, indem man seine Bedeutung bis ins Groteske verstärkt und überbetont (wie das z.B. in Frank Farrelly’s Provokativer Therapie angewandt wird) oder schlichtweg umkehrt und genau das Gegenteil sagt.

Dies sind recht einfache und wirkungsvolle Methoden, das Geplapper bewusst zu machen und vielleicht auch einzudämmen.

Ernsthafter und tiefer gehend sind natürlich **die Methoden der Meditation.** Man „beobachtet" das Aufsteigen der Gedanken, ohne nach ihnen zu „greifen", ohne in den normalerweise entstehenden Kreislauf der einander folgenden Gedanken einzusteigen. Mit einiger Übung wird es gelingen, die Wahl zu haben, den Gedanken weder zu folgen, noch sie zu unterdrücken, sondern einfach still zu werden. Die Gedanken sind dann nichts mehr als Wolken, die über den Himmel ziehen. Dahinter und rundherum ist das ewige Blau des Himmels. Genauso ist dahinter, dazwischen und rundherum jedes Gedankens die Stille, das ruhige Gewahrsein, und zuletzt das Allumfassende Bewusstsein, die Leere, Liebe, Eins-Sein.

Gangaji: *... Sei still. In dieser Stille ist ein Riss in Zeit und Raum. In diesem Riss kannst du entdecken, wer DU bist. ...*
Gangaji & Eli Jaxon-Bear; Die Flamme der Wahrheit.

... Der Zustand reinen Seins liegt zwischen zwei Gedanken. Jeder Gedanke entsteht aus dem Zustand reinen Seins, und zwischen zwei Gedanken besteht eine Lücke. Diese Lücke sollte jedoch nicht erfahrungslos sein. Bei normal funktionierendem Gehirn, wenn Geist und Nervensystem rein sind, wird immer zwischen zwei Gedanken der Zustand des Seins erfahren werden. ...
Maharishi Mahesh Yogi; Die Wissenschaft vom Sein und die Kunst des Lebens.

Im tibetischen Buddhismus wird die Essenz der Meditationspraxis von Dudjom Rinpoche, einem der führenden Gelehrten und Meditationsmeister Tibets, in vier Punkten Zusammengefasst:

- *Wenn ein vergangener Gedanke aufgehört hat, und ein zukünftiger noch nicht entstanden ist – gibt es in dieser Lücke nicht ein Bewusstsein des gegenwärtigen Moments: frisch, unberührt, nicht ein-*

mal von einer Spur von Konzepten beeinflusst, ein leuchtendes, nacktes Gewahrsein? Nun, das ist Rigpa!

- *Allerdings bleibt es nicht lange bei diesem Zustand, weil plötzlich ein neuer Gedanke entsteht, oder? Das ist die Eigenstrahlung von Rigpa!*
- *Wenn du diesen Gedanken im Augenblick seiner Entstehung nicht als das erkennst, was er in Wirklichkeit ist, dann wird er zu einem ganz gewöhnlichen Gedanken – wie gehabt. Dies wird die „Kette der Verblendung" genannt und ist die Wurzel von Samsara.*
- *Wenn du aber die wahre Natur des Gedankens erkennst, sobald er entsteht, und ihn einfach sein läßt, ohne ihn weiter zu verfolgen, werden alle entstehenden Gedanken sich einfach von selbst wieder in die große Weite von Rigpa auflösen und befreit sein. ...*

Sogyal Rinpoche; Das tibetische Buch vom Leben und vom Sterben.
(Anmerkung: Rigpa ist „reines Gewahrsein").

Gangaji: ... *Darum ist die Botschaft von Papaji und Ramana so außerordentlich einfach: „Wenn du einen Moment innehältst, um still zu sein – wirklich still, wirst du in diesem Moment erkennen, dass nichts nötig ist, dass nichts gewollt wird. In diesem Moment* <u>*ist*</u> *Glückseligkeit. Es ist nicht* <u>*deine*</u> *Glückseligkeit. Es ist das leuchtende Glück des einfachen Seins." Dies zu erfahren ist für jeden möglich. ...*
Gangaji & Eli Jaxon-Bear; Die Flamme der Wahrheit

...

All diese beschriebenen „Übungen" des Welt-Anhaltens erzeugen ein freieres unbeschwerteres in der Welt sein und lassen einem das Selbst und die Welt durchlässiger und mitbestimmbarer erscheinen.

Und diese Erfahrungen der Durchlässigkeit und der Veränderbarkeit sind die beste Voraussetzung dafür, auch den nächsten der fünf Schritte in Angriff zu nehmen.

2.4 Den Traum kontrollieren

In der nagual-schamanischen Traditionen wird alles Leben, das wir erfahren als Traum bezeichnet, sowohl das, wenn wir wach sind, als auch das, wenn wir schlafen und träumen.

Genau genommen fallen unter den Begriff Traum alle Arten von Bewusstsein und Stadien der Bewusstheit – von klar fokussierter wachsamer Aufmerksamkeit, bis zum tiefsten hypnotischen Trancezustand, dem Traum während des Schlafes sowie alle Arten von erhöhtem Gewahrsein.

Anmerkung zu den Traum "kontrollieren": Original heißt es "controlling the dream", und das englischsprachige "to control" ist nicht wirklich eins zu eins mit dem deutschsprachigen "kontrollieren" zu übersetzen. "Kontrollieren" hat einen Beigeschmack von beherrschen und unterdrücken. Während "to control" viel eher oder zumindest daneben auch "steuern, leiten, überwachen, lenken, beaufsichtigen" bedeutet.

Den Traum kontrollieren bedeutet also hier zweierlei:

- einerseits den Traum, unser alltägliches Leben zu steuern und selbst zu bestimmen,
- und andererseits zu lernen, den Nachttraum zu überwachen und zu lenken.

Was den zweiten Aspekt des "Traumkontrollierens" betrifft, gibt es bei verschiedensten Völkern der Erde das Verständnis, dass den Traumwelten der Nacht, wenn das Alltagsbewusstsein abschaltet, eine besondere Bedeutung zukommt.

Von den Aborigines Australiens beispielsweise ist ja bekannt, dass für sie die "Traumzeit" eine Parallelwelt ist, die für wesentlich wichtiger, bedeutender und realer erachtet wird, als die normale Wachzeit.

Das Volk der Senoi, das in den Dschungelgebieten Malaysias lebt, widmet sehr viel Aufmerksamkeit und Zeit ihren Träumen. Sie besprechen sie ausführlich jeden Morgen und haben gelernt sie willentlich zu steuern und zu beeinflussen. Sie lehren ihren Kindern von klein auf ihre Träume zu gestalten. Forscher berichten von der verblüffenden, außergewöhnlichen seelischen Ausgeglichenheit, dem Fehlen von Neurosen und Psychosen, bemerkenswerter emotionaler Reife und der erstaunlich untergeordneten Rolle von Macht und Besitz bei diesem Volk.

Die Träume zu ändern und zu bestimmen, gibt uns mehr Einfluss auf unser innerseelisches Erleben und überträgt sich schließlich auch auf unser Verhalten im Alltag.

Lernt man erst Träume zu beeinflussen, im Traum Fragen zu stellen, Rat einzuholen, dann stehen einem die unermesslichen ungenutzten Hilfsquellen des ganzheitlichen Wesens zu Verfügung – der gewaltig große Erinnerungsschatz des Unbewussten, der noch dazu ständig anwächst, steht für die Lösung von Schwierigkeiten und für kreative Schöpfungen zur Verfügung. So können wir Antworten erhalten, die uns im wachen Leben nicht in den Sinn kommen würden.

Wenn die Traumbilder innere Vorstellungen des Träumers darstellen, dann können Änderungen der Traumereignisse auch die Vorstellungen verändern, die der Träumer von sich und der Welt hat. Das veränderte Verhalten im Traum "überträgt" sich und ändert seine Einstellung gegenüber dem Alltagserleben – und die stattfindende Verhaltensänderung im Wachzustand bewirkt ihrerseits wieder weitere Änderungen im Traumleben – so entsteht eine positive Wachstums- und Entwicklungsspirale.

Wichtig dabei ist, sich Problemen im Traum zu stellen, nie davonlaufen, entkommen und aufwachen, sondern sich stellen und sie überwinden. So man vorzeitig aufwacht, muss man wieder zurückgehen in den Traum und eventuelle Schwierigkeiten zu seiner Zufriedenheit lösen.

Indem man also bewusst, gewollt und gezielt in sein Traumleben eingreift, kann man lernen, sich vielen seiner Probleme dort zu stellen, wo sie ihren Ursprung haben – nämlich in der eigenen Psyche – und nicht erst Jahre später in der Praxis eines Therapeuten.

In der nagual-schamanischen Tradition ist man sich der Wechselwirkung dieser Parallelwelten (der Welt des Tag-Traumes und der des Nacht-Traumes) sehr bewusst und gibt dem Traumleben große Bedeutung. Es gibt sehr viel Wissen, Erfahrung und Techniken, um das Traumkontrollieren (steuern) zu lernen.

Es werden vier verschieden Arten des Träumens unterschieden:

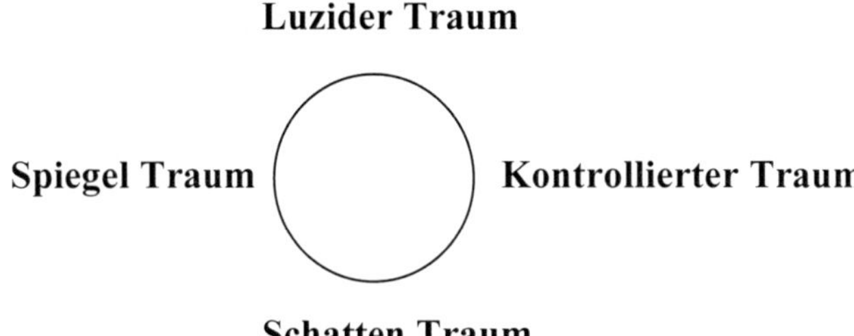

Schatten Traum

Man ist in Reaktion, etwas geschieht einem, das Traumerleben hat schlechte Qualität, ist sprunghaft, die Sinne sind stumpf, (meist nur sehen).

Luzider Traum

Bessere Qualität, klare Zusammenhänge, man ist mit scharfen, wachen Sinnen, bunt und "life" dabei, hat aber nur wenig Einfluss darauf, was geschieht.

Spiegel Traum

Man wird sich bewusst, dass man träumt und greift verändernd ein.

Kontrollierter Traum

Man bestimmt von vornherein, was man träumt und ist sich im Traum bewusst.

Bleibt man bei dem Bild der Parallelwelten des Tagbewusstseins und des Nachtbewusstseins und liest noch einmal die obigen Beschreibungen der vier Arten des Träumens und überträgt diese Beschreibungen auf verschiedene Arten sein Leben zu führen, so lassen sich hier spannende Zusammenhänge herauslesen.

Es geht also darum, sein Leben von einem "Schattenleben" zu einem "Luzidem Leben", zu einem "Spiegelleben" hin zu einem "Kontrollierten Leben" – einem selbst-bestimmten, selbst-gesteuerten Leben – zu entwickeln.

Und hier kommen wieder die „Filter“ unserer Schilde zur Wirkung. Je mehr wir gefangen sind in der Alltags-Konsens-Realität, in emotionalen Verstrickungen, beruflichen Sorgen, Sinnfragen, usw. umso „un-balancierter“ sind unsere Schilde und werden uns bloß Träume ermöglichen, die durch diese Unbalancen gefiltert sind.

Erst durch das Harmonisieren der Schilde, also durch

- **emotionale Balance und Steuerungsfähigkeit,** durch
- **physische Stärke und Gesundheit,** durch
- **mentale Flexibilität und Offenheit,** durch
- **spirituelle Begeisterungsfähigkeit und Kreativität** und durch
- **sexuelle Erfüllung und Ausgeglichenheit**

können wir in der Reife und Stärke unseres **„Zentrumsschildes“** sein und von dort die Brücke zum **„Spiegel-Tänzer“** aufspannen und den **„Traum-Körper“** bewusst erfahren.

In der nagual-schamanischen Ausbildung wird großer Wert darauf gelegt, die Techniken des „Träumens“ zu beherrschen.
Denn letzten Endes ist nur ein wirklich stark und gut „imaginierter und gefühlter Traum“ die Brücke, die von einer Wunschvorstellung hinüberspannt zu einer verwirklichten Beabsichtigung.

2.5 (Im Zentrum seines Wirkungskreises) – Die Verantwortung übernehmen

Mit diesem fünften Schritt ist der Prozess des Aufwachens vollzogen.

- Man hat sich mit seiner Vergangenheit und Herkunft beschäftigt und versöhnt und hat gelernt, verlockenden Identifikationen und Verhaftungen zu entkommen.
- Man hat erfahren, dass das Leben aus den vielen kleinen Toden der Veränderungen besteht und hat die Realität seines physischen Todes angenommen.
- Man hat durch das Spiel mit seinen Gewohnheiten, Einstellungen und Sichtweisen eine hohe Flexibilität erreicht und bietet wenig Widerstand gegen die Herausforderungen des Lebens.
- Man ist bereit sein Leben selbst in die Hand zu nehmen, es so zu gestalten, wie man das will und der beste Mensch zu werden, der man sein kann.

Und nun zu guter Letzt der fünfte Schritt.

Er hat viel zu tun mit:

Verantwortung übernehmen, bewusst Wirkung erzeugen, Beispiel sein für andere, schöpferisch mitgestalten an einer Welt, die den Vorstellungen der eigenen höchsten Möglichkeit entspricht.

Nachdem man eine bestimmte Ebene der Selbstentwicklung erreicht hat, die Verantwortung für sein Leben übernommen hat, – dafür, wie es war, wie es jetzt ist und wie es sein wird, – geht es jetzt auch darum, auf andere und die Welt positiv einzuwirken. Wichtig dabei ist, nicht in die Falle der Selbstwichtigkeit zu tappen, sondern sich ein hohes Maß an Demut und Augenmaß zu bewahren.

Es geht hier um klare Werte, um bewusste und reife Lebensgestaltung, um Leadership-Qualitäten, um den Sinn im Leben, der Arbeit an der Mission und der größeren Vision.

2.6 Was nun? – Zauberer, Bodhisattva oder Nagual-Schamane?

Ist der „Nagual-Schamane“ an diesem Punkt seiner Ausbildung angelangt, steht er noch ein letztes Mal vor einer bedeutenden Weggabelung.

Viele der alten Naguals der Tolteken-Tradition entschieden sich hier für den Weg der „alten Zauberer“. Es ist dies der Weg des Anhäufens von persönlicher Kraft und Macht, es ist der (verzweifelte) Versuch der Vergänglichkeit zu entkommen. Nichts scheint wichtiger zu sein, als das persönliche Anteil-paket am universellen Bewusstsein, zu bewahren und sich irgendwie am „Adler“ vorbei in die „Unendlichkeit“ zu schwindeln, um die angesammelten Energie- und Licht-Emanationen ja nicht in das „All-umfassende–Bewusstsein“ (den Adler) eingehen zu lassen.

Ob es möglich ist, sich am Adler vorbeizuschwindeln, also sich mit seinen in diesem Leben angehäuften Bewusstseins-Errungenschaften in die „Unendlichkeit“ zu „retten“, weiß ich nicht, – ich weiß allerdings auch nicht, warum man das möchten sollte, da ich überzeugt davon bin, dass ohnehin nichts jemals verloren gehen kann und man Selbst und die „Unendlichkeit“ letztlich Eines sind.

Es erinnert an eine in vielen spirituellen Traditionen auffindbare Diskussion:

- Gibt es nach dem physischen Tod eine Art „persönlicher“ Spirit-Energie, die sich wieder inkarniert und weitere Leben kreiert, um ein bestimmtes „Lernziel“ (die Erleuchtung) zu erreichen? Also behält man so etwas wie ein „persönliches“ Bewusstsein innerhalb des All-umfassenden Bewusstseins? Gibt es so etwas wie einen evolutionären Sog oder Drang und Druck, einen begonnenen Erfahrungsstrang (ein gelebtes Menschenleben) zu einer Art „Vollendung“ zu führen? (Vielleicht so etwas wie die „Entelechische Energie“, wie sie im Teil 3, Kapitel 4.2.1 beschrieben wird).

- Oder geht man nach dem physischen Tod ein in das allumfassende All-Eins-Sein und „schwimmt in der großen (Ur)Suppe“ und falls überhaupt, inkarniert „man“ völlig unabhängig davon, was oder wer man eventuell schon „war“. Zeit hat ja in jenen Dimensionen wahrscheinlich keine Bedeutung und somit auch wohl keine aufeinanderfolgenden aufbauenden Inkarnationen, es sei denn, sie orientieren sich bloß an den erforderlichen Lernerfahrungen und „springen“ zwischen den Jahrhunderten, vielleicht Jahrtausenden herum.

- Aber vielleicht begegnen wir hier ja wieder einmal unserem bekannten „Sowohl-als-auch“. Man braucht nur an Jean E. Charons ewig existierende Elektronen als Träger des Bewusstseins (bzw. als das Bewusstsein selbst) zu denken und dass alle Informationen zwischen ihnen ausgetauscht werden und was das bedeuten könnte. (siehe Kapitel 4.6 und 4.7). Und vielleicht ist es als „abermilliardenfaches Elektronen-Konglomerat“ ja auch viel spannender sich das „nächste Mal“ als etwas anderes als wiederum als Mensch zu erfahren; bzw. genauer ausgedrückt, das Leben durch eine andere Brille als die menschliche zu erleben.

- Und so nähert man sich der zwar logisch kaum nachvollziehbaren aber in höheren Bewusstseinszuständen als tiefe Wahrheit erfahrbaren Erkenntnis, dass man selbst, so wie auch jeder andere ohnehin das Ganze ist. (siehe auch Praxisteil Kapitel 13.3).

Die gar nicht so wenigen und äußerst intensiven Erfahrungen, die ich in diesem Zusammenhang erleben durfte, weisen klar darauf hin, dass „das Leben“ nie aufhört. Es bin ja nicht ich als Person, die diese Erfahrungen jetzt gerade hat. Es ist die Erfahrung, die geschieht, das Gefühl, der Gedanke, das Erleben, das sich entfaltet. – Es gibt kein davon getrenntes „ich“ – denn es gibt „mich“ ja nicht ohne diese Erfahrungen. Also geht „das Leben“ immer weiter und wird „sich“ in welcher Form auch immer weiter „erleben“.

Der Philosoph Alan Watts sagt, dass solange es auch nur ein lebendiges, bewusstes Wesen in diesem Universum gibt, wird dieses

Wesen immer „Ich“ sein. – Ein logischer, – gleichzeitig irritierender und beruhigender – und ungewöhnlich tief gehender Gedanke, dem ich mich kaum entziehen kann.

Klar scheint jedenfalls eines: Kein „Ego“ kommt am Adler vorbei – nur ein „Selbst“ im Bewusstsein und Erleben seiner Ganzheit und Multidimensionalität. Dieses Bewusstsein zu erlangen ist entscheidend, um (wenn man es schon so nennen will) am Adler vorbeizukommen bzw. die Freiheit und die Unendlichkeit im Kreislauf von Leben, Tod und Wiedergeburt zu erlangen – und somit gewissermaßen selbst zum Adler werden. (Siehe auch Teil 3, Kapitel 10.5).

Je geringer der Glaube und das Festhalten an der Wirklichkeit und Wichtigkeit des Ego und des getrennten „Ichs“, umso größer die Chance auf „Unendlichkeit“.

... Wer nur im Physischen lebt, geht mit der Auflösung des Körpers der Vernichtung entgegen.

Wer nur im Bereich Ich-gebundenen Denkens und Fühlens lebt, wird im Ozean der Wandelwelt umhergeworfen und verfällt der Macht des Karma, als Sklave seiner Taten und Begierden.

Wer aber die Ganzheit seines Wesens in der Flamme der Inspiration gewinnt und völlig leuchtend und somit „erleuchtet“ geworden ist, der nur hat wirkliche Unsterblichkeit gewonnen. ...
Lama A.Govinda; Buddhistische Wege in die Stille.

Im Prinzip gibt es also wohl zwei Arten „sich am Adler vorbei zu schwindeln“, die des Zauberers und die des Buddhisten. Und vielleicht eine dritte Möglichkeit, – die des Nagual-Schamanen.

- **Der Zauberer** erlernt das Nicht-anhaften, das Loslassen, das Bezugslose, „Die Freiheit des Kriegers“. Er geht in die Unendlichkeit der Leere, die er als das Nichts versteht.

- **Der Buddhist** (der Mahayana Buddhist) lernt zu lieben, mitzufühlen und geht in die allumfassende Liebe – und wird so zu Allem. Er kommt am Adler vorbei, weil er selbst auch der Adler ist. Beziehungsweise, indem er der Adler geworden ist, stellt sich dieses Thema nicht mehr.

- **Der Nagual-Schamane** hat durch seine Zauberer-Ausbildung gelernt, die Vereinbarung über die Wirklichkeit zu durchschauen, sie zu umgehen, sich des Öfteren von ihr zu lösen. Aber er geht nicht den Zaubererweg in die Einsamkeit und Nicht-Anhaftung, sondern entscheidet sich, verbunden zu sein – eben nicht Zauberer, sondern Schamane zu sein: Als Teil der Natur, Teil des göttlichen Spiels, Teil einer Familie, eines Stammes, durchaus vielleicht auch eines Nagual-Zuges. Sein Weg ist ein Weg mit Herz, ein Weg des Herzens. Ein Weg des „Handelns“ im Zen-Buddhistischem Sinn. Er ist nicht der zurückgezogene eremitenhafte, einsame Mönch und auch kein Guru. Er ist auch nicht nur der Zauberer, unpersönlich und abgehoben, der an allem „menschlichen“ („personality & event“) nicht mehr interessiert ist und alleine oder mit seinem Nagual-Zug in eine andere Wirklichkeit zieht.

Er ist bewusster Teilhaber der Kreationskraft der „Menschen-Seele“ und ihrer Verwirklichung im Hier und Jetzt. Wenn er einem Nagual-Zug angehört oder einen anführt, so deshalb, um dieser Menschenseele zur Perfektion zu verhelfen und im „Bodhisattva Sinn“ zu dienen.

Einigen der Naguals der neuen Epoche, eines teils vollzogenen und teilweise noch stattfindenden Paradigmen-wechsels, erscheint die „Sorcerer-Wahl“, diese Entscheidung der alten Zauberer – (das versuchte Vorbeischwindeln am Adler und dabei irgendwie ein machtvolles „Selbst“ zu behalten) – zunehmend unattraktiv und keine Option. Vielleicht ist das ja auch ein wenig darauf zurückzuführen, dass in der heutigen Zeit andere spirituelle Zugänge, wie Buddhismus, Brahmanismus oder Taoismus einem heutigen Nagual einen erweiterten Blickwinkel ermöglichen.

Nach tiefen transpersonalen Erfahrungen und den – wenn auch vielleicht flüchtigen – erhaschten Blicken in höherdimensionale Erfahrens-Räume, kann man nicht mehr so tun, als wäre es möglich, sich loszukoppeln von den großen Bewusstseinsfeldern des Mensch-Seins und des gesamten „Ko-evolutionierenden-Kosmischen-Geschehens".

Die individuelle Entfaltung der Persönlichkeit und das Erreichen eines Energiezustandes, der es einem erlaubt „Wirkung" zu erzeugen (und wenn man das will, vielleicht auch Macht zu erlangen) ist eine Voraussetzung, ein Ausgangspunkt, höchstens ein Zwischenschritt – kein Endziel. Im Gesamtgefüge des Universums ist die Menschheit eines der „Organisations-muster", genauso, wie die Leber eines ist im Körper „Mensch" oder ein Einzelner im Muster „Menschheit".

Wer sich außerhalb und losgelöst von dieser universellen Vernetzung „entwickeln" will und sein Eigeninteresse vor alles andere stellt, wird zu einem wuchernden Krebsgeschwür und schadet der Ko-Evolution des „Gesamt-Organismus".

Und so gibt es an dieser Weggabelung meines Erachtens wohl nur das Entscheiden für die Möglichkeit, all das Gelernte und Integrierte jetzt im täglichen Leben, im Alltag dafür einzusetzen, dass das Leben möglichst vieler Mit-Menschen und Mit-Lebewesen einfacher, lebenswerter, erfüllter und liebevoller sein kann.

Es gibt hier großartige Beispiele an Menschen, die in diesem Sinne große Wirkung erzielt haben: Mahatma Gandhi, Martin Luther King, Mutter Theresa, Dalai Lama, Nelson Mandela, Viktor Frankl, ...

Zu Diensten zu sein übersteigt bei weitem die selbstsüchtige Gier, Macht zu besitzen.

In der Tradition des Mahayana-Buddhismus gibt es den sogenannten Bodhisattva-Eid, der bedeutet, dass man sein Streben, seine

Entwicklung und schließlich seine erreichte Erleuchtung in den Dienst seiner Mitwesen stellt – und das so lange, bis schließlich alle fühlenden Wesen Samsara überwunden und Nirvana erreicht haben – also Erleuchtung und Freiheit gefunden haben.

Zu Diensten zu sein übersteigt hier nicht nur die selbst-süchtige Gier, Macht zu besitzen, sondern **verzichtet sogar auf die Möglichkeiten, in völlig neue unbekannte Räume, Freiheiten und Dimensionen aufzusteigen.**

Für einen Nagual der neuen Epoche beginnt sich hier wieder ein Kreis zu schließen. Ich erinnere an die Definitionen des Schamanen, des Zauberers und des Naguals am Anfang des Buches. Zum Unterschied der beiden anderen, wirkt der Schamane innerhalb und zum Wohle seiner Stammesgemeinschaft.

So sich der Nagual dazu entschließt dies auch zu tun, – egal, wie groß seine „Stammesgemeinschaft“ nun tatsächlich ist, – spricht nichts dagegen, die beiden Funktionen Nagual und Schamane zu verbinden, was man ja auch in die Bezeichnung „Nagual-Schamanismus“ hineindeuten könnte.

Tatsache ist, dass der Nagual-Schamane, – sowie jeder Mensch, der diese fünf Schritte des Erwachens durchlebt und wirklich integriert hat, durch seine erlangte Reife, – in der Gemeinschaft – so er das will – eine „Führungsrolle“, basierend auf natürlicher Autorität, einnehmen wird.

Und so will ich im nächsten Kapitel untersuchen und dar-legen, was für Erkenntnisse sich aus so einer „schamanischen“ Führerschaft für den so gerne gebrauchten Begriff „Leadership“ ergeben könnten. Ich hoffe damit diesem „Leadership“-Begriff eine neue und umfassendere Bedeutung beizugeben, die üblicherweise nicht damit in Verbindung gebracht wird.

3.
SHAMANIC LEADERSHIP

Führen beginnt immer mit der „Selbstführung", mit der Steuerung des Selbst.

Und hier hat jeder, der mit einem schamanischen Weltbild vertraut ist, einen riesigen Vorteil gegenüber jedem, der – wie bei uns üblicherweise – mit einem rational, wissenschaftlichen Weltbild aufgewachsen ist.

Wir müssen uns einen beseelten Zugang zum Leben erst wieder-eröffnen, ihn wieder-erinnern und wieder-erfahren, da wir ihn Großteils vergessen haben.

Mit beseeltem Zugang zum Leben meine ich, dass wir uns unseres Platzes im Gesamtgefüge der Schöpfung wieder bewusst werden, – dass wir uns nicht als Herrscher der Welt, nicht als Beherrscher der Natur, nicht als Krönung der Schöpfung, sondern als denkender und bewusster Teil eines großartigen, ja göttlichen Zusammenspiels gleichwichtiger Bestandteile verstehen.

Wenn uns bewusst ist, dass alle Rohstoffe, Minerale, Pflanzen, Tiere, andere Menschen – alles – unsere Geschwister sind, da wir alle Kinder von Großmutter Erde und Großvater Sonne sind – wie das die Indianer und praktisch alle „Natur-verbundenen" Völker sagen – und wir uns auch dementsprechend verhalten, dann ergibt das auch für das Thema Führen und Leadership einen wesentlich demütigeren und dienenderen Zugang, als den üblichen.

Klar sollte auch sein, dass lange bevor man auch nur an irgendeine Art des Führerschaft-Übernehmens denkt, man sich erst mal auf den Weg einer ganzheitlichen Persönlichkeitsentwicklung begibt, – um im Zuge der Selbsterfahrung, seine blinden oder auch dunklen Flecke zu beleuchten, seine Un-zulänglichkeiten und Ängste zu bearbeiten, seine Talente und Fähigkeiten aufzupolieren und im Besonderen seine Beweggründe und Motive, warum man überhaupt führen will zu untersuchen.

Also zusammenfassend:

Der erste und wichtigste Aspekt von Shamanic Leadership ist es, die Selbstführung zu übernehmen.

Das heißt, ganzheitliche Persönlichkeitsentwicklung, Selbsterfahrung, Selbsterfahrung, Selbsterfahrung und die Entwicklung der sogenannten Soft-Skills wie Kommunikationsfähigkeit, Beziehungsfähigkeit, Liebesfähigkeit, Teamfähigkeit, usw.

Wenn es um die Themen Führen und Leadership geht, erscheint mir erst mal eine Beschäftigung mit den Begriffen Autorität, Hierarchie und Demokratie ganz besonders wichtig.

3.1 Autorität, Hierarchie und Demokratie

Natürliche Autorität, natürliche Hierarchie – oder pathologische Dominanzhierarchie.

In der Welt des Nagual-Schamanismus gilt die Führerschaft der natürlichen Autorität. Das heißt der, der am meisten Wissen, Kenntnis und Erfahrung auf einem Gebiet hat, der übernimmt natürlicherweise die Führung. Darauf basiert eine natürliche Hierarchie des Wissens, der Erfahrung und der Fähigkeiten.

Unser größter, ja wahrscheinlich unser einzig wirklicher Lehrer ist die Natur – und die funktioniert nicht demokratisch, sondern hierarchisch.

Alles in der Natur Existierende ist für sich ein Ganzes und gleichzeitig ein Teil eines größeren Ganzen. Ein Atom ist für sich ein Ganzes aber ein Teil eines Moleküls. Dieses ist wieder ein Ganzes und ein Teil einer Zelle. Diese ist Teil eines Organismus, vielleicht Pflanze, Tier oder Mensch, der wiederum Teil eines Ökosystems ist, dieses ist Teil des Systems Gaia, unserer Erde, dieses ist Teil des Sonnensystems, dieses Teil des Universums, usw.

Oder ein Buchstabe ist Teil eines Wortes, dieses ist Teil eines Satzes, dieser ist Teil eines Kapitels und dieses Teil eines Buches, Teil einer Bibliothek, usw.

Alles Existierende befindet sich in einer Ordnung zu wachsender Gesamtheit, eine natürliche Hierarchie. Der Philosoph und Denker *Ken Wilber* nennt ein Ganzes, das ein Teil eines größeren Ganzen ist – also eigentlich alles was es gibt – ein Holon, ein Ganzes und ein Bestandteil – und bezeichnet diese natürliche hierarchische Ordnung *Holarchie.*

Dabei ist anzumerken, dass keiner der Teile wichtiger ist als ein anderer. Der Organismus kann ohne die Zellen nicht funktionieren und diese nicht ohne die Moleküle. Umgekehrt schon – zerfällt der

Organismus, z.B. wenn der Mensch stirbt, so bestehen die Atome weiter und bilden vielleicht ein neues größeres Ganzes, vielleicht einen Grashalm.

Wenn der Organismus Mensch stirbt, dann ist das zwar schlimm für die, die ihn liebten, aber der Holon-Ebene Menschheit macht es weiter nichts aus. Auch nicht den darüber liegenden Holon-Ebenen, wie dem Planeten Erde, dem Sonnensystem, usw.. Bei den darunter liegenden ist es ähnlich. Zwar werden auch die Organe und Zellen zerfallen, aber schon auf die Molekülebene hat der Tod des Menschen wenig Wirkung. Die Moleküle bestehen weiter und bilden früher oder später einen Teil einer neuen Ganzheit, – fruchtbare Erde, einen Baum, was auch immer.

Es kann aber vorkommen, dass ein Holon sich anmaßt eine Position an sich zu reißen, die ihm nicht zusteht, also z.B. dass eine Zelle sich ungeordnet vermehrt und über ein Organ bestimmen will, dann bildet sich ein Krebsgeschwür. Ein Ganzes einer unteren Ebene will nicht Teil eines größeren Ganzen sein, sondern über ein Ganzes einer höheren Ebene dominieren. Dies ist dann eine pathologische Hierarchie oder eine Dominanzhierarchie. Und wenn der Begriff Hierarchie heutzutage so einen schlechten Ruf hat, dann deshalb, weil die Menschen eine natürliche gesunde Hierarchie mit einer pervertierten, pathologischen Dominanzhierarchie verwechseln.

Ein besonders krasses Beispiel so einer pervertierten Hierarchie, – eines Holons einer „unteren Ebene“, das sich anmaßt, das Ganze zu beherrschen, – ist das, was wir zurzeit am – alle Bereiche des Lebens überwuchernden und beherrschenden – Sektor „Wirtschaft“ erleben müssen.

Der Wirtschaft fiel ursprünglich die Aufgabe zu, das Leben der Menschen zu ermöglichen und wo geht zu erleichtern. Das „wie“ das geschehen sollte und in welche Bereiche sich das auswirken sollte wurde von der Gesellschaft bestimmt, – also die Politik war letztlich dafür zuständig die Regeln für die Wirtschaft zu bestimmen. Das funktionierte soweit so gut.

Verschiedene Wirtschaftsmodelle wurden von der Politik ausprobiert. Es gab die ganz von der Politik bestimmte „Planwirtschaft" es gab „kommunistische" Wirtschaftsideen und übrig blieb schlussendlich die „freie Marktwirtschaft", laut der sich der Markt selbst regulieren sollte.

Wir wurden Zeuge und Opfer einer beispiellosen Ausplünderung der Ressourcen der Natur – der Umwelt und des Menschen. Alles wurde dem Götzen „Gewinnoptimierung" für einige wenige geopfert. Verantwortlich denkende Menschen riefen nach einer Art „Öko-Sozialer-Marktwirtschaft", in der soziale Ausgewogenheit, die Umwelt und die Auswirkungen des Wirtschaftens mit einbezogen werden sollten.

Zur Zeit (2016) stehen wir an einem bedeutungsvollen Scheideweg. Gelingt es dem Moloch „Finanzwirtschaft" und den weltbeherrschenden Konzernen und „Hedgefonds" endgültig die Kontrolle über die Politik – und damit den Wählern und letztlich der Demokratie – zu erlangen, wonach sie vehement streben (siehe die TTIP-Abkommen) – so wurden Mittel und Zweck der Wirtschaft – wahrscheinlich unumstößlich – vertauscht. Die Wirtschaft erfüllt nicht mehr den Zweck, das Leben der Menschen zu erleichtern, – vielmehr wurden die Menschen, die Ressourcen der Erde, und die gesamte Natur „Mittel", die dem „Zweck" der Gewinnoptimierung einiger Weniger geopfert werden.

„Geht's der Wirtschaft gut, geht's uns allen gut" – war ein plakatierter Wahlslogan 2012 in Österreich – und man machte damit auch gleich die Prioritäten-Hierarchie klar. – Ein Holon einer unteren Ebene (Wirtschaft) ergreift die Macht über übergeordnete Ebenen (Menschen, Umwelt) und wird zum alles überwuchernden und vernichtenden Krebsgeschwür.

Was bedeutet all das für das Thema „Führen"?

Für die Führungskraft in einem Unternehmen bedeutet all das, dass sie nur stellvertretend für das Ganze, die Abteilung oder das ganze Unternehmen, die Führung übernimmt, sozusagen die Stimme des Ganzen ist, – und gleichzeitig aber für das Wohl der unteren Ebenen, für die ganzen Teile, die das große Ganze bilden verantwortlich ist, denn ohne die gibt es auch das Unternehmen nicht. Dies macht den Führenden zu einem Dienenden am System.

Und dieses Bewusstsein führt das leider immer noch weit verbreitete „Shareholder"-Denken, bei dem die Führungskräfte eines Unternehmens nur den Aktionären und Besitzern gegenüber verantwortlich sind, ad absurdum.

Und – Gott sei Dank beginnt ja langsam auch ein Umdenken bei den Unternehmen und der „Stakeholder"-Gedanke beginnt zu greifen. Und der besagt, dass ein Unternehmen allen auch nur irgendwie von den Aktivitäten des Unternehmens Betroffenen – also allen Mitarbeitern, den Zulieferern, den Kunden, den betroffenen Gemeinden und Communities, der Umwelt und dem betroffenen Ökosystem – gegenüber verantwortlich ist.

Und wenn unsere Unternehmen und unsere Wirtschaft nach diesem Prinzip arbeiten, dann ist das völlig im Einklang mit der Natur, wo es auch genau so funktioniert. Ich bin überzeugt davon, dass es früher oder später so weit sein wird und alle Unternehmen, die da nicht mittun, werden ganz natürlich aussterben, wie die Saurier.

Ich habe hier also behauptet, dass es in der Natur und in der Welt des Schamanen, des Zauberers und Naguals keine Demokratie gibt, sondern **eine Hierarchie, die auf natürlicher Autorität der Fähigkeiten, des Wissens und der Erfahrung basiert**.

Im Zuge meiner nagual-schamanischen Tätigkeit habe ich vielen hunderten Menschen den Schamanismus näher gebracht und war über viele Jahre Lehrer von über 25 persönlichen Lehrlingen. Ich war „Dance-Chief – so nennt man den verantwortlichen Leiter einer Zeremonie – von hunderten Schwitzhüttenzeremonien, unzähligen Heilkreiszeremonien, über 15 Sonnen/Lebens-Tänzen mit jeweils über 200 Teilnehmern, und Leiter vieler Sommercamps, dutzender Jahresausbildungen und hunderter Wochenendseminare in ganz Europa. Alles was mich dazu autorisierte war Erfahrung, Wissen und Fähigkeiten.

Und doch möchte ich jetzt hier das von mir und meiner kleinen Nagualgruppe entdeckte **Gemeinsam-Beabsichtigende-Träumen** kurz vorstellen, da es ein besonderes Licht auf den Aspekt Führen und Energie wirft.

Eine Gruppe von Menschen, ca. 5–15, sitzt in einem Kreis eng zusammen, ihre Knie berühren einander fast, in einem völlig abgedunkelten Raum. Sie haben vorher gemeinsam eine Absicht gefunden mit der sie träumen, reisen wollen. Einer, der Dance-Chief, beschwört Kräfte und Energien herbei, die ihnen allen als hilfreich für ihr Unterfangen erscheinen. Alle begeben sich – nach ihren individuellen Fähigkeiten – in einen transpersonalen, hochenergetischen, Gewahrseins-präsenten, zumindest meditativen Zustand und machen sich völlig leer. So sie damit vertraut sind und das können, „gehen" sie in ihr Doppel.

Die gemeinsam gefundene Absicht wird vom Dance-Chief in den Raum gesprochen und dann wartet man mit allen Sinnen geöffnet darauf, was geschieht. Nach einer Zeit der Stille ist der Raum offen und jeder kann seine erste Erfahrung, seine empfangenen Bilder, Empfindungen, was immer, aussprechen. Die Regel ist, das Gesprochene wirken zu lassen, zuzuwarten, was es bewirkt und seine Energie und Kraft mit der, der eigenen Bilder und Erfahrungen oder anderer in den Raum Gesprochener verschmelzen/wirken zu lassen. Es wird rasch klar, wohin sich die Energie entwickelt.

Meist gibt es mehrere ähnliche oder sogar gleiche Erfahrungen. Ist das Bild, die Erfahrung, die jemand Anderer hatte, stärker, energetisch anziehender als deines, so lässt du es mit deinem Bild interagieren, und möglicherweise lässt du auch deine Erfahrung los und gehst mit dem anderen Bild, mit der anderen Erfahrung weiter.

Niemand, kein Einzelner, hat jemals das gesamte Bild. Alles Empfangene ist immer nur ein Puzzle-Steinchen eines erst zu findenden, eines sich erst zusammensetzenden Ganzen. Es entwickelt sich eine Reise, eine Traumsequenz, an der jeder beteiligt ist, an der jeder teilnimmt, und die von der Energie des Kollektivs getragen wird. Und wenn die Ebene der Bewusstseins-Energie des „träumenden“ Kollektivs entsprechend hoch ist, werden Erfahrungen bis weit hinein in transpersonale, höher-dimensionale, kollektive Bewusstseins- und Unbewusstseins-Felder ermöglicht.

Ich habe diese Technik mit verschiedenen Gruppen schon viele male angewandt. Es war jedes Mal anders und jedes Mal tiefergreifend, erleuchtend und spannend.

In so einem gewahrsamen, Ego-losen Zustand ist es stets völlig klar, wo die meiste Energie ist und was die größte Anziehungskraft hat. Es gibt keine persönlichen Wichtigkeiten und Verhaftungen an Erwartungen oder sonstige Spielereien. Es gibt nur die gemeinsame Absicht und die Reise, den Traum hin zu der Antwort, zu den Erfahrungen, zu den Erkenntnissen.

Ich schreibe hier deshalb darüber, weil das, was dort auf dieser unpersönlichen Ego-losen Ebene geschieht, wieder fast demokratisch zu bezeichnen wäre. Es wird jeder Beitrag gehört und jeder ist wichtig – nur ist es eine andere Art von Demokratie, es ist ein Zusammenspiel des Ganzen, aus dem Ganzen heraus, das geleitet wird von der natürlichen Autorität der größeren und stimmigeren Gesamtenergie, in die man seine eigene Energie einfließen lässt und einordnet.

Weitere Erklärungen und praktische Beispiele dieses „Gemeinsam-Beabsichtigenden-Träumens“ finden sich im Praxis-Teil des Buches, das mit dem Entdecken dieser Methode beginnt.

...

Nun zum Schamanen und seinen verschiedenen Funktionen, mithilfe derer er Führerschaft innerhalb seiner Stammesgemeinde ausübt. Denn im Prinzip meine ich das mit **Schamanic Leadership**.

Beim Erarbeiten dieses Themas für einen Vortrag auf einem Leadership-Kongress, – und um herauszufinden, ob der Begriff „Shamanic Leadership“ schon in Verwendung ist – bin ich beim „googeln“ auf eine Webseite gestoßen, auf der auch dieser Begriff verwendet wird und die mich, meine Überlegungen bestätigend, zusätzlich inspiriert hat.
David Scott Savlowitz; *Shamanic Leadership: Re-visioning Leadership via Shamanic Principles*

3.2 DIE LEADERSHIP-MASKEN DES NAGUAL-SCHAMANEN

Rollen und Funktionen werden im Nagual-Schamanismus meist als „Masken“ bezeichnet. Dies geschieht deshalb, da so leichter verhindert wird, dass man sich mit einer Rolle identifiziert, die man vielleicht ja nur für eine Zeit lang übernimmt und „spielt“, oder mit einer Funktion, die man vorübergehend ausfüllt. Es soll klar sein, dass man so eine Rolle niemals „ist“, dass sie bestenfalls eine Art „Mission“, eine Aufgabe sein kann, die einer übergeordneten größeren „Vision“ dient.

Man kann diese „Leadership-Masken“ in vier bzw. letztlich fünf Rollen oder Funktionen zusammenfassen:

Der Nagual-Schamane benutzt die Maske des **Heilers**, die des **Lehrers**, die des **Ritualisten** – also eines Zeremonienmeisters und Priesters –, die Maske des **Visionärs** – also eines Forschers und Zukunftsträumers –; und er ist aufgrund all dieser übernommenen Aufgaben auch **Hüter und Betreuer**.

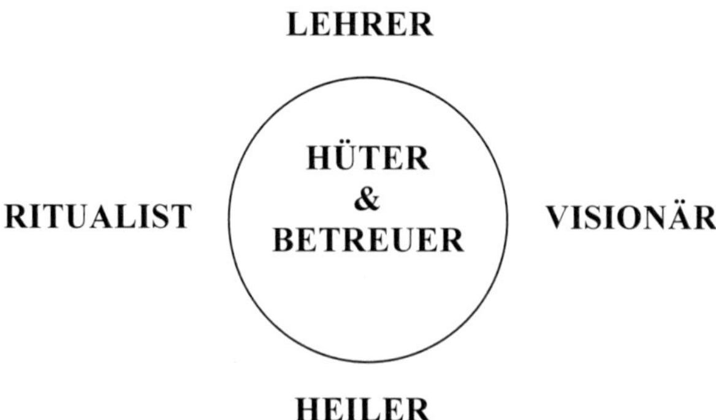

Jede dieser schamanischen Funktionen ist getränkt in tausenden von Jahren Tradition, Erfahrung und Wissen – und ist erfüllt mit tiefen archetypischen Eigenschaften von unschätzbarem und offensichtlichem Wert für die moderne Welt.

Diese Rollen und Funktionen haben sich durch die Jahrhunderte natürlich stetig verändert und werden selbstverständlich immer an das jeweilige Bewusstseins-Niveau und das wirkende Paradigma der jeweiligen Gesellschaft (des Stammes) angepasst, in der der Schamane tätig ist.

3.2.1 Die HEILER-Maske

Heilen ist das Wiederherstellen der Gesundheit, sowie das Lindern physischer, mentaler, emotionaler, sexueller und spiritueller Leiden.

Um das reibungslose Zusammenleben innerhalb der Gemeinde zu gewährleisten, muss der Schamane oftmals auch Psychologe und Mediator sein. Und schließlich geht es auch um das Heilen von „Seelenverlust". – Das Wiederfinden und Wiederintegrieren der verlorenen Seele ist ja eine der uralten traditionellen Heilkünste des Schamanen – und in die heutige Zeit übersetzt bedeutet dieser „Seelenverlust" wohl das Abhandenkommen jegliches Lebenssinnes, der Werte, der Vision und der Hoffnung – was bleibt ist Depression. Die Verbindung zur Seelenabsicht muss wieder hergestellt werden – was soviel heißt, wie das Überprüfen und sich Klarwerden seiner wichtigsten Werte, einer Mission und einer Vision im Leben und sich die Möglichkeit erarbeiten, diese auch gemäß seiner Fähigkeiten und Talente ausleben zu können. Im Nagual-Schamanismus wird das als das Finden und Leben des „Heiligen Traumes" bezeichnet.

Wie Schamanen an ihre anspruchsvolle „Heil-Arbeit" herangehen und herangegangen sind, dafür gab es durch die Jahrtausende ihres Wirkens die unterschiedlichsten Ansätze. So fand man z.B. in manchen Gesellschaften Schamanen, die durch die Beschaffenheit der Innereien getöteter Meerschweinchen oder durch das Werfen von Runen und Knochen, Krankheiten diagnostizierten; man findet Heiler, die durch den Trick mit dem versteckten Federbüschel im Mund Extraktionen durchführen; es gibt solche, die mit den pflanzlichen halluzinogenen Heilkräften des Ayahuasca arbeiten; und neuerdings welche, die „Quanten-Heilungen" vornehmen. - Es gab und gibt unzählig viele Methoden und Techniken, die nur in dem jeweils akzeptierten Bewusstseinsfeld wirken und sinnvoll erscheinen und anderswo vielleicht belächelt würden.

Sich dem Glauben an „ungewöhnliche“ Heilmethoden aber ganz zu verschließen, ist vielleicht auch gar keine so gute Idee. Denn zu unterschätzen ist auch ein allfälliger Placebo-Effekt nicht, dem man sich damit aber entziehen würde. Westliche Statistiken zeigen, dass Placebos im Durchschnitt in einem Drittel der Fälle genauso gut wirken wie echte Medikamente – bei Schmerzlinderung sogar in 50 bis 70 % der Fälle so gut wie Morphium.

Damit Heilung geschehen kann, scheint es wichtig zu sein, dass sich Patient, Heiler und angewandte Methode im gleichen Bewusstseinsfeld, im gleichen Glaubensparadigma befinden, sodass der Patient an seine Heilung auch wirklich glauben kann. Deshalb ist auch das stetige Anpassen der Methoden so wichtig. Selbst der mächtigste Voodoo-Zauberer kann keine Wirkung erzielen, wird er nicht durch den Glauben an seine Wirkkraft ermächtigt.

Andererseits wird es auch nötig sein, den Patienten von der erfolgten Heilung zu überzeugen. Und so könnte es ja z.B. im Fall des oben erwähnten Schamanen, der vielleicht durch ein im Mund verstecktes blutiges Federbüschel, das er dann theatralisch aus dem Körper oder Energiefeld des „Patienten“ raus saugt, durchaus sein, dass er damit bloß die schon erfolgte Heilung in anderen Bewusstseinsdimensionen für den Patienten und allfällige Zuschauer glaubwürdig darzustellen versucht. In diesem Fall, nur ein kleiner Schritt vom shaman zum showman und im besten Fall eine, dem Zweck dienliche kreative Verbindung. Für den um Heilung ansuchenden kommt es wohl in erster Linie auf das Ergebnis an.

Wahrscheinlich sollten wir uns zu der Einstellung durchringen, dass die Wirklichkeit, und somit auch unsere „Macht“ über Krankheit und Heilung in einem unglaublich viel größerem Ausmaß von uns selbst (mit)bewirkt wird, als wir uns das überhaupt gewillt sind einzugestehen. Es stellt sich die Frage: Wie mutig sind wir im Vorstellen/Imaginieren des „Unvorstellbaren“, des „Unwahrscheinlichen“, des „Das-hat-es-noch-nie-Gegebenen“.

Ich möchte dafür an dieser Stelle ein sehr persönliches Beispiel anführen. Meine Schwester erhielt 2007, damals 53 jährig, die Diagnose Follikuläres Lymphom im 4. Stadium mit hohem Risikofaktor aufgrund der Größe und Anzahl der Tumore und des involvierten Knochenmarks. Man gab ihr eine nur geringe Lebenserwartung. Und als nach sechs hoch dosierten Chemo-Therapien wieder neue und wachsende Tumore erkannt wurden und sie sich gegen weitere Chemos und gegen eine Stammzellentransplantation entschied, hat man sie 2008 voll auf die Abschieds-Liste gesetzt.

Auf Ansuchen meiner Schwester, die in Amerika lebt, unternahm ich im Juli 2008 mit einer kleinen Gruppe der „Ältesten" eine sogenannte Adlerflugheilung, eine Form von Heil-Zeremonie, die man tun kann, wenn der „Träumer" weit weg oder aus anderen Gründen (z.B. Koma) nicht persönlich erreichbar ist. Eine ähnliche Heil-Zeremonie unternahm auch mein Bruder zur gleichen Zeit innerhalb seines Wirkungskreises. Schon beginnend im August verbesserte sich der Zustand meiner Schwester so deutlich, dass sie jegliche intensive Betreuung beendete, und es geht ihr heute (2017) nach eigener Aussage ausgezeichnet gut, inklusive Bergtouren und Auslandsreisen.

Nicht, dass ich mir oder meinem Bruder dafür einen Zipfel des „Erfolges" abschneiden will, nein, es war sie, die Neuentscheidungen, andere Einstellungen und vor allem ein anderes in der Welt sein und ein neues sich in der Welt empfinden, kreiert hat. Und das war offensichtlich genug, um weiterleben zu dürfen. – Ist das nicht schön? – ist das nicht herrlich? – ist das nicht tröstlich? – dass wir so „machtvolle" Wesen sind.

Die unangenehme, bedrohliche Kehrseite davon ist natürlich, dass wir gleichermaßen mächtig und schöpferisch durch unsere Negativität sein können und damit imstande sind, ein, unseren „unheilen" Gedanken und Glaubensüberzeugungen entsprechendes Umfeld und Sein zu erschaffen.
(Weiteres zum Thema Heilung findet sich im Teil 2, Kapitel 12).

Als ein brauchbares Modell, um beim Thema Heilung den Überblick zu bewahren, könnte man sagen, dass jede Art der Intervention zur Veränderung auf einer von drei Ebenen stattfindet – und es somit auch drei unterschiedliche Arten des Heilens gibt, drei verschiedene Ansätze, die natürlich auch unterschiedliche Methoden erfordern.

- **Symptom-Heilung**
- **Ego-Stärkung**
- **Ego-Transzendenz**

Auf der Symptom-Heilungs-Ebene sind das Interventionen um Leid zu mildern, Einschränkungen aufzulösen und Wahlmöglichkeiten zu kreieren.

Auf der Ego-Stärkungs-Ebene geht es darum, Ordnung ins Leben zu bringen, erfolgreicher zu werden, persönliche Entfaltung zu erleben, die Beziehungs- und Kommunikationsfähigkeit zu verbessern, physisch und psychisch gesund zu sein, mit beiden Beinen im Leben zu stehen, Ziele erreichen zu können, u.v.a.m.

Diese beiden Ebenen sind absolute Vorbedingungen, um noch weiter gehen zu können – um sich

auf der Ego-Transzendenz-Ebene, von dem zu befreien, was uns als von allem anderen getrennt sehen und fühlen lässt und uns daran hindert, das Leben und alles Existierende als einen lebendigen, beseelten Prozess wahrzunehmen, in dem alles mit allem verbunden ist; – eine spirituelle Erfahrung jenseits der Identifikation mit Rollen. Wobei es aber keinesfalls darum geht, das Ich abzuschaffen oder zu schwächen, da diese dritte Ebene nur von einem gesunden, reifen, harmonischen Ego erreicht werden kann, das es sich leisten kann, auch einmal einen Schritt zur Seite zu tun.

Auch wenn es im Normalfall meist um Hilfestellung auf den Ebenen der Symptom-Heilung und Ego-Stärkung gehen wird, so sollte jemand, der die Heiler-Maske trägt bereit und fähig sein, Menschen auch noch ein Stück weit auf die dritte Ebene zu begleiten.

Ein sehr wichtiger Aspekt des „Heilens“ im schamanischen Sinn ist, dass sich der „schamanische Heiler“ (zumindest der „heutige“ nagual-schamanische Heiler) bewusst ist, dass er die Heiler-Maske bloß trägt, und dass nicht er es ist, der Heilung bringt, sondern dass er bloß ein Vermittler ist, der dem „Patienten“ (den wir „Träumer“ nennen) dabei hilft, sich selbst zu heilen. Die Heilungsenergie kommt aus dem „Urgrund des Seins“, aus dem „reinen Gewahr-Sein“ – und aus diesem fließt die heilende Energie in das „Alltagsbewusstsein“ des Träumers. Der „Heiler“ hilft durch seine Erfahrung im Kontakt mit dieser Urgrundsubstanz dem „Träumer“ eine Verbindung, eine Brücke zu schlagen – zwischen seinem Alltagsbewusstsein und dem zugrunde liegendem Ewigen Sein des reinen zeit- und raumlosen Gewahrseins. Gelingt diese Verbindung dem Träumer, so steht ihm die umfassende, ursächliche, riesig große Energie des Urgrundes des Seins zur Verfügung. Diesen Urgrund des Seins könnte man auch All-Eins-Sein, Umfassendes-Gewahr-Sein, ursächliches Bewusstsein oder auch „Liebe“ in einem erhabenen, erleuchtendem Sinn bezeichnen.

In anderen Worten kann der Träumer, der durch seine Unbalance, durch seine „Krankheit“ in Bezug zu dem heilen Gesamtschwingungsfeld des Seins Reibung erzeugte, sich wieder einklinken in das Gesamtgefüge.

In einem Bild: Wäre es möglich, dass sich eine auf der Oberfläche des riesigen Ozeans bewegende Welle aus dem „Gesamtkörper“ des Meeres verselbstständigt, so wird sie wieder mit der Urtiefe in Verbindung gebracht und damit auch in Verbindung mit all den anderen stimmigen Wellen und Oberflächenbewegungen des Seins – und der Träumer kann seine „Welle“ im Einklang mit dem „Allen“ erleben.

In nochmals anderen Worten, hilft der „Heiler“ dem Träumer dabei, durch einen Brückenschlag hinüber in höhere Seins-Dimensionen, seine „Alltags-Realität“ der 3. und 4. Dimension – sein körperliches, emotionales und mentales Sein – aus den, in den höheren Dimensionen „eingefalteten“, nahezu unbegrenzten Möglichkeiten zu verändern, zu bereichern und zu heilen.

Für diese Funktion als Heiler im schamanischen Sinn ist es natürlich absolut notwendig, dass der „schamanische Führer“ sich in transpersonalen Bewusstseinszuständen „zu Hause fühlt“ und sich Informationen aus höheren Dimensionen zugänglich machen kann. (Siehe auch Teil 3, Kapitel 19.3).

... Zum einen kann der Schamane willentlich in veränderte Bewusstseinszustände eintreten, zum anderen erlebt er sich in diesen Bewusstseinszuständen als „Reisender“ in andere Welten, und schließlich benutzt er diese Reisen als Mittel, (um) *Wissen oder Macht zu erwerben und Menschen aus seiner Gemeinschaft zu helfen. ...*
Roger N. Walsh; Der Geist des Schamanismus.

... (Der Schamane ist) ... ein Mann oder eine Frau, der oder die – willentlich – in einen anderen Bewusstseinszustand eintritt, um mit einer normalerweise verborgenen Wirklichkeit in Berührung zu kommen und sie auszuwerten, um Wissen, Kraft und Hilfe für andere zu erhalten. ... Michael Harner; Der Weg des Schamanen – ein praktischer Führer zu innerer Heilkraft.

Dieses *In Berührung kommen mit normalerweise verborgenen Wirklichkeiten* erfordert – einerseits das tiefe Eingehen und Auflösen in der Natur, also der Mineralwelt, der Pflanzenwelt, der Tierwelt und der Ahnenwelt und somit die Fähigkeit, Mittler zwischen Natur und Mensch zu sein, um dem Heilung-Suchenden eine Art Rückverbindung und Einbindung zu ermöglichen; – als auch das Zugänglichmachen von höher-dimensionalen Persönlichkeitsanteilen, um den Heilung-Suchenden mit seinen höheren trans-personalen Wesensanteilen in Kontakt treten zu lassen und so Mittler zu sein, zwischen dem Menschen und den höheren Dimensionen des Seins.

Ich überlasse es dem Leser zu beurteilen, wie viel von diesem zugegebener Weise hohen Anspruch an einen „Heiler“ in einem Krankenhaus oder in der Praxis eines überbeschäftigten Landarztes geboten wird.

3.2.2 Die LEHRER-Maske

Eine weitere Funktion von Shamanic Leadership ist die des Lehrers und ein solcher muss imstande sein, das Wissen, die Erkenntnisse und Erfahrungen der Vergangenheit weitergeben zu können und den Schüler dabei unterstützen, brauchbare Zusammenhänge für das Jetzt zu ziehen. Er muss imstande sein, seine Schüler zu ihren eigenen Erfahrungen hinzuführen und sie dabei zu unterstützen, diese Erfahrungen und Lernschritte auf konstruktive Weise zu integrieren.

Dabei darf ihm allerdings nicht der Fehler passieren, seinen Schülern seine eigenen Erkenntnisse und Erfahrungen zu genau und zu absolut vorzugeben, da diese sonst im allerbesten Fall nur so gut werden können, wie ihr Lehrer, – und das nur, wenn sie wirklich alle seine Erkenntnisse nachvollziehen können und seine Erfahrungen integrieren. So sollte ein guter Lehrer stets einiges im Unklaren lassen, einige Erkenntnisse ohne große Erklärungen stehen lassen, um dadurch seine Schüler zu zwingen, sich selbst auf den (nach oben offenen) Weg der Erkenntnis zu begeben. Nur so besteht die Chance, dass sie ein Stück weiter, hoffentlich sogar ein schönes Stück weiter gehen können, als ihr Lehrer.

Zur Lehrerfunktion im Sinne der schamanischen Lehrer-Maske gehört auch dazu, Stärken und Schwächen eines Schülers zu erkennen und Möglichkeiten zu finden, Szenarien zu entwerfen, Herausforderungen zu kreieren, „Kriegeraufgaben" zu erdenken, die es dem Schüler ermöglichen, sich erst mal selbst zu erfahren und richtig einzuschätzen, um sich dann hin in Richtung seiner höchsten Möglichkeit entwickeln zu können. In diesem Sinn ist der schamanische Lehrer ein Geburtshelfer für die höchste Möglichkeit.

Beim nagual-schamanischen Lehrer-Sein kommt – speziell in der Erwachsenenbildung – noch ein ganz wichtiger Punkt hinzu. Bei erwachsenen Menschen, die die gängige Beschreibung der Welt schon gelernt und integriert haben, geht es nicht mehr so sehr darum, ihnen noch etwas Weiteres „zu lehren", sondern vielmehr darum, Ihnen dabei behilflich zu sein, die gelernte Beschreibung der Welt „zu entleeren". Denn „die Wirklichkeiten" jenseits der einen Beschreibung der Welt können nicht gelehrt und vermittelt werden, – sie müssen selbst erfahren werden. Jedes Lehren in diesem Bereich wäre wohl wieder nur eine weitere „Beschreibung der Wirklichkeit", bloß eine weitere Erklärung und Übersetzung und bliebe nur ein neues Kleid, eine andere Maske für das Unbeschreibbare, – das Nagual.

Was aber sehr wohl gelehrt werden kann, sind Techniken und Methoden, um die gelernte Beschreibung loszulassen und frei zu werden für das Erfahren „der anderen Wirklichkeit", durch das Erreichen höherer transpersonaler Bewusstseinsstufen bis hin zum nondualen Gewahrsein.

Wir begegnen hier bei der Aufgabe des schamanischen Lehrers wieder einem Paradoxon. Zu Beginn muss dem heranwachsenden Menschen die gängige Beschreibung der Welt gelehrt werden; dies ist nötig für sein reibungsfreies Funktionieren in der Gesellschaft, für seine Sozialisierung. Und später dann muss genau diese Beschreibung wieder relativiert werden, um sich die durch sie verloren gegangenen und vorenthaltenen erweiternden Möglichkeiten und Wirklichkeiten zugänglich zu machen.

So muss ein schamanischer Lehrer seine Schüler dabei unterstützen, ihr Ego zu transzendieren und ihr wahres, ganzheitliches Selbst zu erfahren.

In anderen Worten: Das Tonal muss gereinigt und vervollständigt werden, sodass die aus dem Nagual auftauchenden neuen Möglichkeiten nicht bloß verdrängte „Tonal-Anteile" sind, sondern wirklich „unbekanntes" Neuland und Freiheit.

Dies ist eine oftmals recht heikle und Achtsamkeit erfordernde Angelegenheit, denn der schamanische Lehrer will keinesfalls das Bewusstseinsfeld des Schülers leeren, um es sogleich mit einer neuen Lehre zu füllen. Es geht vielmehr um das intensive bewusste Erleben der sich stetig erneuernden Wirklichkeit, um das Abenteuer, ein bewusster Teilnehmer an der sich entfaltenden Bestätigung, Veränderung oder Neuerschaffung der Wirklichkeit zu sein.

Andere wichtige allgemeinere Leadership-Aspekte auf der Grundlage der Lehrerrolle sind natürlich – authentisch zu sein, sein eigenes Streben nach Verbesserung, sein eigenes Lernen und seine eigene Entwicklung sichtbar zu machen, sich sowohl mit seinem Leuchten als auch mit seinen schattigen Flecken zu zeigen, denn nur so kann ein Schüler und Lehrling auch davon lernen.

Es geht also darum, sich der Verantwortung als Rollenmodell, Wertevorbild und Weltbildpräger bewusst zu sein und Respekt, Empathie und Interesse als Basis jeder Begegnung gelten zu lassen.

3.2.3 Die RITUALIST- / ZEREMONIENMEISTER- / PRIESTER-Maske

Dies ist die dritte Funktion von Shamanic Leadership. Interessanterweise ist das Wort „Ritual" im Wort „Spiritual" enthalten. Und ein Ritualist, ein Priester sollte aus seiner eigenen tief gelebten Verbindung zu Spirit heraus, durch die von ihm geleiteten Rituale und Zeremonien, den Teilnehmern so eine Verbindung zu Spirit selbst erfahrbar machen können.

Der Schamane als Ritualist kreiert und leitet wesentliche Zeremonien, die eine Unzahl von Lebenszyklen der gesamten Gemeinschaft betreffen.

Das beinhaltet sowohl feierliche Zeremonien, wie Geburten, Hochzeiten und Übergangszeremonien in andere Lebensabschnitte (rites of passage), Jahreszeiten-Feierlichkeiten genau so wie besinnliche Zeremonien, wie Bestattungen und Trauerfeierlichkeiten – und auch transformative Zeremonien, wie Heilzeremonien, Reinigungszeremonien, wie Schwitzhütten und Seelenrückholungszeremonien.

Dieser rituelle Aspekt ist für ein reibungsloses Zusammenleben einer Gemeinschaft ein nicht zu unterschätzender Faktor. Die Rituale bieten Struktur, Sicherheit und Orientierung und erleichtern es den Menschen ihren Platz innerhalb der Gemeinschaft und im Wandel der Lebenszyklen zu kennen und auszufüllen.

In unserer Gesellschaft finden wir auf dem Gebiet der Rituale wohl in erster Linie von unseren Leadern bereitwillig angebotene Ersatzrituale. Und die drei beliebtesten davon heißen Konsum, Konsum und Konsum. Ob Weihnachten, Ostern, Halloween oder Geburtstage – völlig egal – Hauptsache es wird konsumiert.

Konsumieren hat sich zur einzig wirklich gelebten und praktizierten Religion entwickelt und Einkaufszentren und riesige „shopping-malls" sind die Kirchen und Tempel in denen diese Religion zelebriert wird – und wo ihren Göttern reichlich Opfer gebracht werden.

Das allgemein üblichste und für die meisten Menschen praktisch täglich stattfindende Ritual ist es, die Wohnung oder das Haus zu verlassen, sich an die Arbeitsstätte zu begeben – und dort mit einer mehr oder weniger sinnvollen Tätigkeit den größten Teil des Tages und somit den größten Teil des Lebens zu verbringen.

Aber wonach sich jeder Mensch wirklich sehnt, ist ein sinnvolles, erfülltes Leben zu führen – und das bezieht sich sowohl auf sein Privatleben, als auch auf die Zeit, die er mit seiner Arbeit verbringt.

Die Wirtschaft hat es bis jetzt gut verstanden, die große vorhandene Sehnsucht nach Sinn im Kollektiv der Menschen zu benutzen, um sie mit kurzfristigen, nicht anhaltenden Ersatzbefriedigungen in Form von immer neueren Konsumgütern und Erlebnismöglichkeiten zu beliefern und zu betäuben. Solange die große Sehnsucht (nach Sinn) nicht langhaltig gestillt wird, dachte man, einen schier unerschöpflichen Markt für Ersatzbefriedigungen geschaffen zu haben. Man hat nicht damit gerechnet, dass man durch das hemmungslose Ausbeuten der menschlichen und planetaren Ressourcen schon so bald am eigenen Ast sägen wird.

... Die Menschheit seufzt, halb zermalmt unter der Last der Fortschritte, die sie gemacht hat. ... Henri Bergson; Nobelpreisträger für Literatur.

Und obwohl allgemein auch in Finanz-, Wirtschafts- und Politikerkreisen das Gefühl – und sogar die Gewissheit – vorherrschen, dass es so nicht weitergehen kann, redet man sich beharrlich auf sogenannte Sachzwänge (!) aus und glaubt halt irgendwie weiter wurschteln zu müssen, um noch ein wenig am großen Kuchen mitzunaschen, solange er noch nicht all zu ranzig schmeckt.

Hauptsache die Rituale des Konsumierens und der Beschäftigung von „nine to five", also die tägliche Arbeit, egal wie sinnvoll oder sinnlos, werden weiter zelebriert.

...

Was die Rolle der Priester in unserer Gesellschaft anbelangt, so haben sehr viele wohl ihre Glaubwürdigkeit, als mit Spirit verbundene und diese Verbindung lebende Führer, schwer und nachhaltig erschüttert – unter anderem auch durch das Bekannt-werden von unzähligen Missbrauchsfällen und vor allem die darauf folgenden (Nicht-)Reaktionen der ranghöchsten religiösen Führer.

Schade nur, dass die bei vielen Menschen doch vorhandene große Sehnsucht nach einem „Gottesdienst", also einer regelmäßigen Besinnung und Verbindung mit „der Quelle" von den angebotenen Möglichkeiten der Kirchen stetig enttäuscht, wenn nicht gar beleidigt wird.

In der nagual-schamanischen Ausbildung gibt es für jede Stufe der Entwicklung des Lernenden eine Menge vorgesehener zeremonieller Erfahrungsmöglichkeiten. Damit wird unter anderem auch sichergestellt, dass nicht bloß theoretisches Wissen angeeignet wird, sondern dass alles „Gelernte" auch selbst erfahren und integriert werden kann.

3.2.4 Die VISIONÄR-Maske

ist die vierte Shamanic-Leadership-Funktion. Ein Visionär ist ein Vordenker in die Zukunft, ein Erdenker noch nicht verwirklichter Möglichkeiten.

Er ist ein Mensch, der erahnt, wo der Weg hinführen wird, der erkennt, was in der Zukunft für Chancen und für Gefahren liegen und wie man mitwirken kann, eine gewünschte Zukunft zu beabsichtigen und herbeizuführen.

Für den Schamanen ist diese Rolle innerhalb und im Dienste der Gemeinschaft eine sehr wichtige. Er führt die Gemeinschaft hin zu einer sicheren, vielversprechenden, für möglichst viele glückverheißende Zukunft. Um das tun zu können, muss er sehr empfänglich sein für entstehende oder anstehende Veränderungen im Kreislauf des Lebens der Gemeinschaft. Er muss ein besonderes Nahverhältnis und eine gute Verbindung mit den elementaren Kräften der Natur, der Mineralwelt, der Pflanzenwelt, den Tieren und den Ahnengeistern eingehen können.

Er muss imstande sein, der Gemeinschaft so etwas wie eine lockende verführende Vision und Zukunftsaussicht anzubieten, die motivierend, ja inspirierend genug ist, dass die gesamte Gemeinschaft hoffnungsvoll und mit Einsatzbereitschaft daran arbeitet, diese zu verwirklichen.

Auf dem Gebiet der Politik war der letzte politische Führer einer Weltmacht, dem so etwas ansatzweise und zumindest auf einem Gebiet gelungen ist **John F. Kennedy** mit seiner Vision, einen Menschen auf den Mond zu schicken.

Ich hoffe, dass dieses Beispiel nicht missverstanden wird. Ich bin nicht der Meinung, dass J.F.K. auf anderen Gebieten in die gleiche Liga, wie die später erwähnten Mahatma Gandhi, Martin Luther King oder Nelson Mandela gehört, und doch ist seine „Mensch-am-Mond-Vision“ ein gutes Beispiel einer inspirierenden Vision. Und außerdem zeigt sich anhand dieses Beispiels sehr gut, dass bei einer großen Vision immer etwas Nicht-planbares, Nicht-voraussehbares mitgeschieht.

Viele Jahre lang waren tausende Forscher und ganze Wirtschaftszweige beseelt davon, dieses Ziel zu erreichen und viele viele Nebenprodukte dieser Vision wurden erfunden oder zur Perfektion weiterentwickelt und leisten uns heute gute Dienste (z.B. Teflon, Solarzellen, ...). Das wichtigste und ungeplante Nebenprodukt aber war es, dass man plötzlich die Erde als Gesamtheit, als System, als Wesen von außen wahrnehmen konnte und das hat das Bewusstsein der gesamten Menschheit beeinflusst und auf eine höhere Stufe erhoben.

Die ersten von einem Menschen gemachten Fotografien von der „einen ganzen Erde“.

Aufgenommen von einem Apollo 8-Astronauten.

(Aufnahmen von der NASA freigestellt)

Der Eindruck, den unser Heimatplanet vom Weltall aus erlebt vermittelt, muss eine sehr nachhaltige Erfahrung sein, denn einige amerikanische Astronauten, darunter Russel Schweickart (Apollo 9), Buzz Aldrin (Apollo 11, der zweite Mann am Mond), Ed Mitchell (Apollo 14) gründeten gemeinsam mit einigen russischen Kosmonauten die **„Association of Space Explorers“** (ASE), – gegen den Willen der US-amerikanischen und der SU-sowjetischen Regierungen.

Was die Gründungsmitglieder einte, war
... „die grundlegende Sorge und persönliche Verantwortung für die Erhaltung und den Schutz der Natur der Erde“.
„Ideelles Ziel der ASE-Mitglieder ist es, die weltweite, planetare, Zusammenarbeit aller Menschen, ungeachtet ihres Geschlechts, ihrer Herkunft, ihrer Nation oder Rasse, auf allen erdenklichen Gebieten zu fördern und zu verwirklichen“. ...

Ed Mitchell, der 2005 für den Nobelpreis nominiert wurde:
... Wenn unsere Führer bloß die Erde von da Draußen sehen könnten, so hätten wir andere wirtschaftliche und politische Systeme hier auf der Erde. ... (Übersetzung des Autors).

Neben dem gerade erwähnten J.F.Kennedy, gab es einige herausragende Persönlichkeiten in der Geschichte, die man mit noch mehr Fug und Recht als visionär bezeichnen kann und deren Visionen die Welt nachhaltig veränderten.

Mahatma Gandhi

... Sei du selbst die Veränderung, die du dir wünschst für diese Welt. ...
... Was man mit Gewalt gewinnt, kann man nur mit Gewalt behalten. ...
... Die Welt hat genug für jedermanns Bedürfnisse, aber nicht für jedermanns Gier. ...

Martin Luther King:

mit seiner bekannten Rede: „I have a dream ..."

... Heute sage ich, meine Freunde: Trotz der Schwierigkeiten von heute und morgen: ***Ich habe einen Traum****. ...*

... Nichts, was der Mensch tut, erniedrigt ihn so sehr, wie wenn er derart tief sinkt, dass er einen anderen hasst. ...

Nelson Mandela:

bei seiner Antrittsrede:

... Im Tiefsten haben wir nicht deshalb Angst, weil wir unfähig sind. Im Tiefsten haben wir Angst davor, über maßlose Macht zu verfügen. Unser Licht ist es, nicht unsere Finsternis, was uns am meisten Angst einjagt. Wir fragen uns: Wer bin ich denn, dass ich brillant, atemberaubend, talentiert und sagenhaft sein könnte? Aber in Wirklichkeit solltest du dich fragen: Wer bin ich denn, dass ich das nicht sein sollte? Du bist ein Kind Gottes. Wenn du dich klein machst, hilft das der Welt nichts. Es hat nichts Erleuchtendes an sich, wenn man sich selbst übermäßig zurücknimmt, nur damit man andere nicht verunsichert. Wir sind in die Welt gesetzt, um die in uns wohnende Herrlichkeit Gottes zu offenbaren. Sie wohnt nicht nur in einigen von uns; sie wohnt in jedem Menschen. Wenn wir unser eigenes Licht leuchten lassen, erlauben wir damit unbewusst auch anderen Menschen, das ihre leuchten zu lassen. Wenn wir von den Fesseln unserer Angst frei werden, setzt unsere Gegenwart automatisch auch andere frei. ...

Viktor Frankl:

Überlebender von Ausschwitz; Begründer der Logotherapie und der Existenzanalyse. Das Hauptthema seiner vielen Bücher ist „der Sinn des Lebens".

... Wahrscheinlich hilft nichts einem Menschen mehr, Schwierigkeiten zu überwinden oder zu ertragen, als das Bewusstsein, eine Aufgabe im Leben zu haben. ...

... Der Mensch ist das Wesen, das immer entscheidet. Und was ent-

scheidet es? Was es im nächsten Augenblick sein wird. ...
... ein einziger Augenblick kann rückwirkend dem ganzen Leben Sinn geben. ...
... Der Mensch handelt nicht nur gemäß dem, was er ist, sondern er wird auch, wie er handelt. ...
... Wenn wir eine Situation nicht ändern können, müssen wir uns selbst ändern. ...
... Wenn Leben überhaupt einen Sinn hat, muss auch Leiden einen Sinn haben. Es kommt nicht darauf an, was man leidet, sondern wie man es auf sich nimmt. ...
... Was der Mensch wirklich will, ist letzten Endes nicht das Glücklichsein, sondern ein Grund zum Glücklichsein. ...

•••

Der Nagual-Schamane, der die Visionär-Maske trägt, wird seine erlangten Nagual-Fähigkeiten und davon vor allem das *SEHEN*, das *TRÄUMEN* und das *BEABSICHTIGEN* dafür einsetzen, um gemeinsam mit anderen Gleichgesinnten eine Zukunft zu „visionieren“, zu erträumen und zu beabsichtigen, die wir alle erwartungsfroh herbeisehnen können, an der wir gerne teilhaben wollen, und die wir verantwortungsvoll und mit gutem Gewissen den nachfolgenden Generationen hinterlassen können.

... Aber die reichsten Generationen, die je auf der Erde gelebt haben, lassen sich überzeugen, dass wir uns Eltern und Großeltern nicht mehr leisten können: Die Renten sind zu teuer. Auch Kinder sind zu teuer, wie auch Mitmenschlichkeit. (Daher müssen die Schulden der Armen eingetrieben werden.) Respekt vor dem Leben? Unbezahlbar! (Von den 250 Millionen Tieren, die jedes Jahr in Europa aus „wirtschaftlichen Gründen“ hin und her transportiert werden, kommen 25 Millionen tot an). Da der Umweltschutz immer teurer wird, können wir es uns auch bald nicht mehr leisten, auf dieser Erde zu leben. ...

Jakob von Uexküll; Projekte der Hoffnung; in Joachim Galuska (Hrsg.): Pioniere für einen neuen Geist in Beruf und Business. – Die spirituelle Dimension im wirtschaftlichen Handeln.

Man kann schon mit Fug und Recht sagen, dass es angesichts der momentanen globalen katastrophalen Situation auf praktisch jedem Gebiet menschlichen Wirkens, sei das ökologisch, wirtschaftlich, politisch, kulturell oder sozial, wirklich sehr schwierig geworden ist, glaubwürdige, positive Visionen für die Zukunft aufrechtzuerhalten und die Gefahr, in aussichtslos hoffnungslose Negativität abzugleiten ist sehr groß. Doch gerade das darf nicht geschehen.

... Die letzte große Hoffnung, die steilen Mauern kultureller Unbeweglichkeit, die uns augenscheinlich zum wahren Ruin hinlenken, noch auflösen zu können, ist wiederaufgenommener Schamanismus.
...
... Wo werden wir Schamanen finden, die mächtig genug sind, das Geistesgift aus unserem Gesellschaftskörper zu saugen und es für uns auszuspeien? Zauberer, die diese Dämonen bändigen können? Visionäre, die den vorwärts führenden Weg weisen können? Nirgendwo sonst als hier. So aussichtslos es auch zu sein scheint: Wir müssen selbst Schamanen, Zauberer und Seher werden. Als spirituelle Krieger müssen wir die Verantwortung für die Misere unserer Spezies übernehmen. Um den Zauberbann der todesfallenartigen Täuschungen und der hypnotischen Ablenkungen unserer Kultur zu brechen, brauchen wir unbedingt den Mut, uns dem zu stellen, was hinter den offenen Pforten unseres „Minds" – unseres eigenen Denk- und Empfindungsvermögens liegt. ...
Daniel Pinchbeck; Den Kopf aufbrechen: Eine psychedelische Reise ins Herz des Schamanismus.

...

Soweit die ersten vier Leadership-Masken des Nagual-Schamanen und die ersten vier Funktionen von Shamanic Leadership.

Und so man in seiner Entwicklung über die Grundlage der ganzheitlichen Persönlichkeitsentwicklung, der Selbsterfahrung und der Integration der „Soft-Skills“, das Durchschreiten der 5 Schritte des Erwachens und das Perfektionieren der Masken des Heilers, des Lehrers, des Ritualisten und des Visionärs fortgeschritten ist, findet man sich schließlich in der Rolle des Hüters und Betreuers.

3.2.5 Die HÜTER- und BETREUER-Maske

... Ein Mensch ist Teilchen des von uns Universum genannten Ganzen, ein zeitlich und räumlich begrenztes Teilchen. Sich selbst, seine Gedanken und Gefühle erlebt er als etwas vom Rest Getrenntes – eine optische Täuschung seines Bewusstseins. Diese Täuschung ist für uns eine Art Gefängnis, sie engt uns ein auf unsere persönlichen Begierden und auf Zuneigung für einige wenige uns nahestehenden Menschen. Unsere Aufgabe muss sein, uns aus diesem Gefängnis dadurch zu befreien, dass wir den Zirkel unseres Mitgefühls ausweiten auf alle lebenden Kreaturen und auf die ganze Natur in ihrer Schönheit. ... Albert Einstein

Unsere Welt ist ein mysteriöser magischer Ort, an dem wir Menschen mittels des Zusammenwirkens – unserer Wahrnehmung, – ihrer Verarbeitung im Gehirn, – unserer schier unbegrenzten Imagination, – damit worauf wir unsere Aufmerksamkeit richten und – unserer Fähigkeit des Beabsichtigens – eine auf kollektiver Übereinstimmung basierende Realität kreieren.

Und auch wenn diese Realität von uns kreiert wird, so gibt es doch unzweifelhaft so etwas wie Mit-Wesen auf unserer Erde, so etwas wie aufeinander und miteinander wirkende Ebenen von Holonen, denen wir verpflichtet sind; – schon alleine deswegen, weil es, wenn es diese nicht mehr gäbe, es auch uns nicht mehr gibt. Diese Tatsache macht uns zu Beschützern und Bewahrern, zu Hütern und Betreuern der Natur, – von Dingen wie fruchtbarer Erde, des Wassers, der Luft, der Rohstoffe, der Pflanzen, der Tiere und unserer Mitmenschen.

Und dieses Hüter- und Betreuer-Sein bedeutet nicht Besitzer-Sein. Menschen besitzen nicht die fruchtbare Erde, das Wasser, die Luft, die Rohstoffe, die Pflanzen und die Tiere. Manchen in unserer hyperkapitalistischen Kultur fällt das vielleicht schwer zu verstehen

– und doch ist es so. Wir Menschen sind ein Teil des Ökosystems und des Universums – nicht Regierende oder Besitzer von irgendwas.

Und dieses verantwortungsvolle Betreuer- und Hüter-Sein, ist der wahrscheinlich wichtigste Aspekt von Shamanic Leadership.

Zusammenfassend noch einmal

Die Prinzipien von Shamanic Leadership und die Leadership Masken des Nagual-Schamanen

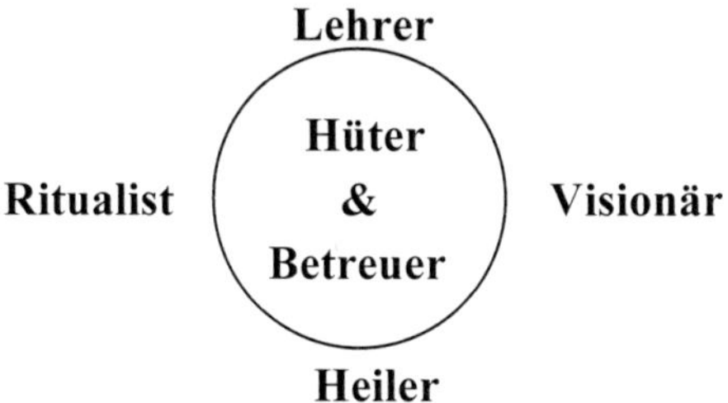

1. Leadership beginnt mit der Selbstführung

- ganzheitliche Persönlichkeitsentwicklung
- Selbsterfahrung
- Entwicklung der sogenannten Soft-Skills, wie Kommunikationsfähigkeit, Beziehungsfähigkeit, Teamfähigkeit, ...

2. Bewusstes Perfektionieren und Integrieren der Masken:

- Heiler,
- Lehrer,
- Ritualist,
- Visionär

3. Bewusst gelebtes Rollenmodell und Wertevorbild

4. Demütiger Dienst an der Evolution durch verantwortungsvolles Übernehmen der Rollen:

Hüter und Betreuer

4.
Dimensionen der Wirklichkeit

Einleitende Anmerkung:

Zitat aus dem Vorwort:

Die Kapitel 4 bis 9 sind im Großen und Ganzen mein Versuch, den Phänomenen Materie, Seele, Geist, Bewusstsein, Raum, Zeit, Leben und Wirklichkeit auf den Grund zu gehen, – und ich unternehme dabei auch „Ausflüge“ über die Erkenntnisfelder der „Neuen Physik“ und der „Östlichen Weisheit“.

Für das Geheimnis – des Wechselspiels des „Außen“ und des „Innen“, des „Körperlichen“ und des „Seelischen“, sowie des darüber hinausgehendem „Geistigen“, – das uns Menschen – als sowohl Innen- als auch Außen- , und dieses Innen und Außen transzendierende Wesen –, durch unser gesamtes Leben begleitet, – eine endgültig wahre und für alle befriedigende Lösung und Antwort zu finden, ist ja in Wahrheit noch niemandem wirklich gelungen, und wird wohl auch von mir nicht verlangt werden. Und doch werde ich mich bemühen, soweit mir das möglich ist, Klarheiten zu schaffen.

Was ich in diesen Kapiteln anbiete, ist eine Art „Gedanken-Meditation“ mit diesen Themen. Ich folge dabei einem Erkenntnisstrang, der sich nach und nach möglichen Erklärungen annähert, und ich hoffe, dass sich die geschätzten Leser und Leserinnen von diesem Strom – einem zugegebener Maßen und durchaus beabsichtigt, ein wenig mäandrierenden Strom – mitnehmen lassen und sich selbst mit-meditierend und mit-denkend vielleicht neuen Erkenntnissen und Möglichkeiten öffnen.

4. Dimensionen der Wirklichkeit

Nicolas Camille Flammarion, ein französischer Astronom veröffentlichte diesen Holzschnitt 1888 mit dem Untertitel:
Ein mittelalterlicher Missionar erzählt, dass er den Punkt wo Himmel und Erde einander berühren, gefunden hat.

In Fred Alan Wolf's Buch: *Mind into Matter. The new Alchemy of Science and Spirit;* findet sich das Bild mit diesem Untertitel:
Die Membran auflösen. Die Alchemisten des Altertums suchten nach Möglichkeiten, die Grenze zwischen der Realität, von der sie glaubten, dass sie eine Illusion sei und dem „imaginalen Bereich", den sie für wirklich hielten, aufzulösen.

Ich bin überzeugt davon, dass es nichts gibt, was das Bild des Menschen und des Universums so drastisch verändert hat, oder zumindest verändern sollte, wie die Erkenntnisse der Quantenphysik. Wir befinden uns mitten in einem Paradigmenwechsel, der mindestens mit denen zu vergleichen ist, als man erkannte, dass die Erde keine Scheibe ist – und als man feststellte, dass die Erde nicht der Mittelpunkt des Kosmos ist, sondern sich um die Sonne dreht.

4.1. Materie – Geist / Bewusstsein

Die noch immer allgemeingültige gängige wissenschaftliche Auffassung über die Entwicklung der Erde und des Lebens an sich, entspricht ganz dem Evolutionsgedanken einer Entwicklung vom Grobstofflichen hin zum Feinstofflichen – also unserem materialistischen Weltbild. In diesem Modell gibt es eine Evolution von unbelebter Materie – zu belebter Materie – hin zu den Fähigkeiten des Fühlens und (abstrakten) Denkens – zu einem beseelten Leben – und schließlich zum spirituellen Wesen mit (Selbst-)Bewusstheit.

Im Großen und Ganzen gründet das immer noch auf dem Modell, das Charles Darwin im 19. Jahrhundert postuliert hat. Höhere Lebensformen gehen aus niedereren Lebensformen hervor. Aus Materie entstand (durch Zufall) organische Materie und aus der bildeten sich erste primitive Organismen und später höhere komplexere Lebensformen – bis letztlich der Mensch entstand – der schließlich ein so großes Gehirn entwickelte, das zur Selbstwahrnehmung und Selbstreflexion fähig ist.

Bewusstsein ist also in diesem Weltbild das Produkt eines evolutionär entstandenen Gehirns.

Materie steht in diesem materialistischen Weltbild, das von seinen Vertretern so gerne als objektiv und wissenschaftlich dargestellt wird, als absolute, nicht-anzuzweifelnde, allem zugrunde liegende Realität fest.

Die technischen Fortschritte ermöglichten den Wissenschaftlern in letzter Zeit immer genauere, elektronenmikroskopische Untersuchungen anzustellen – und so haben sie sich selbstsicher und bestimmt daran gemacht, die Basis des materiellen Weltbildes, die Materie, genauer zu untersuchen. Und genau diese Materie und das dazugehörige Weltbild zerfallen zu ihrem großen Erstaunen zwischen ihren Fingern und unter ihren Elektronenmikroskopen zu „Quantenschaum".

Die gleichen Nobelpreisträger, die untersuchen wollten, wie genau alles aus der Materie entstanden ist, stellen fest, dass es so etwas wie Materie praktisch (fast?) gar nicht gibt. Was sie für Materie hielten, besteht zu 99,99999999999 – und das sind elf Neuner-Stellen nach dem Komma – aus leerem Raum, aus Nichts. (Es gibt auch Literatur, in der sogar von 13 Kommastellen Neunern die Rede ist – aber ich denke, das macht letztlich – obwohl noch einmal 1 : 100 – auch keinen großen Unterschied mehr).

... Es gibt keine Materie, sondern nur ein Gewebe von Energien, dem durch intelligenten Geist Form gegeben wird. ... Max Plank.

... Würde man den Atomkern auf die Größe einer Kirsche aufblasen, so würde die Bahn eines Elektrons etwa die Umrisse Europas durchlaufen. ... Volker J. Becker; Gottes geheime Gedanken.

... Wenn wir Materie immer weiter auseinandernehmen, bleibt am Ende nichts mehr übrig, was uns an Materie erinnert. Am Schluss ist kein Stoff mehr, nur noch Form, Gestalt, Symmetrie, Beziehung. Materie ist nicht aus Materie zusammengesetzt! ...
... Materie ist ein Phänomen, das erst bei einer gewissen vergröberten Betrachtung erscheint. Stoff ist geronnene Form. Vielleicht könnten wir auch sagen: Am Grunde bleibt nur etwas, was mehr dem Geistigen ähnelt – ganzheitlich, offen, lebendig, Potentialität. ...
Hans-Peter Dürr; Geist, Kosmos und Physik.

... Die Elektronen sausen mit ca. 900 km/Sek., das wären 3.240.000 Km/h um ihren Atomkern und diese Geschwindigkeit lässt uns irrtümlicherweise annehmen, dass Materie feste Substanz sei. Um welche Art von Materie es sich handelt, wird von der Anzahl der Elektronen bestimmt. ...
Walter Häge zitiert den Atomphysiker Jean Emile Charon.

Spannend in dem Zusammenhang ist wohl, dass wir als Beobachter dieser „festen Substanz“, dieser Materie ja selbst auch aus Aber- und Aber-Milliarden dieser Atomkerne bestehen, um die mit affenartiger Geschwindigkeit herumgesaust wird – und wir glauben, wir wären ein, dieser Körper.

... Die Frage ist, ob Materie einfach nur grob und mechanistisch ist oder immer subtiler wird und schließlich nicht mehr von dem zu unterscheiden ist, was wir Geist nennen. ... – ... Die Trennung der zwei – Materie und Geist – ist eine Abstraktion. ...
David Bohm, Quantenphysiker und Philosoph.

Doch nicht genug damit, dass bei genauerer Untersuchung letztlich *Materie nicht aus Materie zusammengesetzt ist,* stellen unsere Nobelpreisträger mit Erstaunen und teils auch Entsetzen fest, dass das Beobachten und die Erwartung des Beobachters erst bestimmen, wie sich die subatomaren Wellen oder Teilchen verhalten – und somit der Beobachter mit seinem Bewusstsein – und nur mit diesem – die Kraft hat, das Entstehen von „Materie“ zu bestimmen.

... Subjekt und Objekt sind nur eines. Man kann nicht sagen, die Schranke zwischen ihnen sei unter dem Ansturm neuester physikalischer Erfahrungen gefallen; denn diese Schranke gibt es gar nicht. ... – Erwin Schrödinger, Begründer der Quantenmechanik.

... Beobachter und beobachtetes Objekt sind nicht länger getrennte unabhängige Einheiten. Erst zusammen wird eine Möglichkeit zur Realität. ... Volker J. Becker; Gottes geheime Gedanken.

Diese Erkenntnisse haben ein großes Paradoxon – vielleicht das größte überhaupt – erkennen lassen. War man bislang überzeugt, dass aus Materie durch die Evolution schlussendlich Bewusstsein entsteht – so muss man nun erkennen, dass es das Bewusstsein ist, dass die Materie kreiert. Was erschafft hier was – und was braucht es zuerst, damit es das andere gibt?

Dies ist kaum wirklich zu beantworten, da scheinbar Subjekt und Objekt nicht ohne das jeweils andere bestehen können, ja eigentlich einander gegenseitig hervorbringen. Auf dieses Paradoxon will ich später im nächsten Kapitel zurückkommen.

Vorerst gilt es aber ein weiteres aus diesen Erkenntnissen ersichtliches riesiges Problem für die Naturwissenschaften zu beleuchten:

Wenn Materie und Geist/Bewusstsein, genau so wie Beobachtetes und Beobachter in Wahrheit untrennbar vereint sind, dann erschüttert diese Erkenntnis die Basis der Naturwissenschaften, die ja gerade auf diesem Dualismus, der strikten Trennung von Subjekt und Objekt und „objektiven" Messungen und Beobachtungen basiert.

... Auch in der Naturwissenschaft ist also der Gegenstand der Forschung nicht mehr die Natur an sich, sondern die der menschlichen Fragestellung ausgesetzte Natur, und auch insofern begegnet der Mensch auch hier wieder sich selbst. ...
Werner Heisenberg; Das Naturbild der heutigen Physik

Diese Feststellung hat weitgehendste Konsequenzen, denn der forschende Geist kann sich wohl nicht selbst „da draußen" erforschen.

... Der wichtigste Akt ist der Akt der Teilnahme. „Teilnehmer" ist der unbestrittene neue Begriff, den die Quantenmechanik hervorgebracht hat; den „Beobachter" der klassischen Theorie gibt es nicht mehr. ...
John A. Wheeler

Für Wheeler, einen der ganz großen Physiker unserer Zeit, sind wir nicht Beobachter, auch nicht nur Teilnehmer, sondern Mit-Erschaffer des Universums. Und das deswegen, weil unser Beobach-

ten – oder vielleicht auch schon unsere bloße Anwesenheit? – jegliches Geschehen auf der subatomaren Quantenebene beeinflusst. Die Quantenphysik hat eindeutig bewiesen, dass das Universum interaktiv ist.
Und diese Erkenntnis, dass die dualistische Betrachtungsweise der Welt eine unzutreffende und unzulängliche ist, lässt auch in weiteren „Physiker-Kreisen" die Frage entstehen, ob es nicht eine andere Sichtweise, – eine Wirklichkeitserkenntnis, jenseits der Trennung von Erkennendem und Erkanntem, von Subjekt und Objekt – geben kann, bei der diese vermeintlichen Pole eine Einheit bilden.

Der Physiker Arthur Eddington schreibt dazu:
... Wir besitzen zwei Weisen des Erkennens, die ich symbolisches Erkennen und intimes Erkennen nenne. ... Die üblichen Formen der Verstandestätigkeit dienen allein dem symbolischen Erkennen. Das intime Erkennen bietet keinen Ansatzpunkt für Kodifizierung und Analyse. Viel mehr: Wenn wir es (das intime Erkennen) *zu analysieren versuchen, geht die Intimität verloren und an ihre Stelle tritt wieder Symbolik. ...* Commins & Linscott; Man and the Universe – zitiert von Ken Wilber in; Das Spektrum des Bewusstseins.

Was hier als mögliche andere Wirklichkeitserkenntnis beschrieben wird, ein *intimes Erkennen*, ist ganz klar eine „nicht-duale" Weise des Erkennens und ist ganz genau das, was im Nagual-Schamanismus ***SEHEN*** genannt wird. (siehe Kapitel 1.3.1)

Ich denke, es ist wichtig, an dieser Stelle anzumerken, dass so ein intimes, nicht-duales Erkennen der Wirklichkeit nicht ein Erkennen einer „bestehenden Wirklichkeit da draußen" bedeutet, denn das wäre ja wiederum ein trennender, dualistischer Akt.

Diese intime, nicht-duale Weise des Erkennens IST und ERWIRKT die Wirklichkeit, da Erkennender, Erkennen und Erkanntes Eines sind und gemeinsam entstehend wirken.

Die „absolute Wirklichkeit“ – (das Territorium, die Landschaft, die Speise) – ist also eine Wirklichkeit, die nur durch die non-duale Erkenntnis eines an ihr teilnehmenden „non-dualen Bewusstseins“ unmittelbar – miterschaffend – erfahren werden kann. Alles andere, jede andere Wirklichkeitserkenntnis auf anderen Bewusstseinsebenen, erfährt eine andere als die „absolute Wirklichkeit“.

Daraus folgt:
Wirklichkeit und Bewusstsein bedingen einander, entstehen gemeinsam und sind auf verschiedenen Entwicklungsstufen unterschiedlich.

Und das bedeutet in letzter Konsequenz, dass so etwas wie „die absolute Wirklichkeit“ (die Landschaft, die Speise) für sich alleine, gar nicht existiert.
... Und wo ist dann jetzt gerade der Mond? ...

Bzw. wenn man schon unbedingt und verständlicherweise – so wie auch Einstein – in einer Welt leben will, die es – in welcher Form auch immer – auch ohne beobachtendem Bewusstsein gibt, so bleibt doch die Frage offen, wie genau sieht der Mond für jemanden anderen aus? – Oder wie wurde er vor 20.000 Jahren wahrgenommen, wie vor 100.000 Jahren erfahren? Oder was bedeutet er für einen Coyoten, einen Delphin, eine Föhre oder einen Stein?

Ein paar Zitate zu „Wirklichkeit und Bewusstsein“:
... *Die Welt ist meine Vorstellung* ... – Arthur Schopenhauer
... *Realität wird durch Beobachtung geschaffen* ... – Niels Bohr
... *Bewusstsein erzeugt Realität* ... – Eugene Wigner; Atomphysiker
... *Bewusstsein und Realität scheinen zusammenzuhängen*...
- Anton Zeilinger; Quantenphysiker

Ganz so „neu“ ist diese Erkenntnis nicht, denn schon vor mehr als 2500 Jahren behauptete **der griechische Philosoph Parmenides**, *dass das Universum ohne den Geist* (dem Bewusstsein) *nicht existierte*.

Diese Erkenntnis findet sich auch in der grundlegenden Annahme des **Zen-Buddhismus**, dass es eine „funktionale“ Beziehung zwischen Subjekt und Objekt, zwischen Beobachter und Beobachtetem, zwischen dem Erkennenden und dem Erkannten, dem Wissenden und dem Gewussten gibt. Es wird erkannt, dass da eine enge Wechselwirkung besteht, zwischen dem Grad des Bewusstseins des Subjekts und der Beschaffenheit der „objektiven“ Welt, die von dem Subjekt wahrgenommen und erfahren wird. Wobei im Zen – und im Buddhismus allgemein – das Subjekt, das Ego als bestimmender Faktor angesehen wird. Die Welt erscheint dem Betrachter in Übereinstimmung zu seinem inneren Seins-Zustand – und dieser, **der Innere-Seins-Zustand, bestimmt die Beschaffenheit der erlebten äußeren „Wirklichkeit“.**

Im **Nagual-Schamanismus** wird gelehrt, dass man letztlich den **„Spiegel der Selbstreflexion“** zerbrechen muss, um die Wahrheit zu entdecken – und damit ist genau diese „nicht-duale“ Weise des Erkennens gemeint.

Solange das, was wir wahrnehmen vom Spiegel all dessen, was wir schon für wahr genommen haben und erinnern und den momentanen Stimmungen und Interessen, reflektiert wird, werden wir von den Mustern und Gewohnheiten des vergangenen Ichs und des uns wohlvertrauten Bewusstseins beherrscht und kreieren immer wieder die gleiche Wirklichkeit. Wir reflektieren uns(er) Selbst in die Welt. Und selbst wenn wir uns dessen bewusst werden, also löblicherweise die wahrgenommene Wirklichkeit als Spiegelbild des Selbst erkannt haben, gibt es immer noch das dualistische Bewusstsein, da es immer noch das Selbst gibt und einen Spiegel, also ein Selbst und eine von diesem getrennte Wirklichkeit. Erst wenn das Selbst und die Spiegelungen als eine untrennbare Einheit erfahren werden, ist man in der „absoluten Wirklichkeit“ angekommen und ist mit ihr eins und ident.

Dazu **Erwin Schrödinger** in; Mein Leben, meine Weltansicht:
... (Stellen wir fest,) ... *dass BEWUSSTSEIN dasjenige ist, wodurch diese Welt allererst manifest wird, ja wir dürfen ruhig sagen, allererst vorhanden ist, dass die Welt aus Bewusstseinselementen BESTEHT, diese Welt, INNERHALB deren wir soeben das Auftreten von Gehirnen als eine höchst spezielle Erscheinung vorgefunden haben, die aufgetreten ist, die aber füglich hätte unterbleiben können, und die jedenfalls nichts weniger als sui generis ist.* (sui generis = einzigartig in seinen Charakteristika. G.G.) *Und da sollen wir uns nun bereit finden zu glauben, dass diese ganz spezielle Wendung in der Entwicklung der höheren Säuger eintreten musste, damit die Welt sich selbst im Lichte der Bewusstheit aufleuchte, während sie, wenn dies unterblieben, ein Schauspiel vor leeren Bänken, FÜR Niemanden vorhanden und darum im ganz eigentlichen Sinne NICHT vorhanden geblieben wäre! Wenn dies wirklich die letzte Weisheit ist, bis zu der wir in dieser Frage vordringen können, so scheint mir das der volle Bankrott eines Weltbildes. Ihn sollten wir zumindest eingestehen und nicht so tun, als ginge er uns nichts an, oder gar in rationalistischer Weisheit über jene spötteln, die nach Rettung suchen – und wäre es die verzweifeltste. ...*

Das Weltbild, das hier laut Schrödinger den vollen Bankrott erleidet, ist der Materialistische Rationalismus, oder Monistische Materialismus, ein reduktionistisches Weltbild, das besagt, dass die Grundlage alles Existierenden die Materie ist, und alles andere, Gedanken, Gefühle, Geist, Bewusstsein, ... nur Epiphänomene, Erscheinungsformen und Bei-Produkte der Materie sind.

Doch bedeutet das jetzt den „Sieg“ des Monistischen Idealismus, laut dem die Grundlage alles Existenten das Bewusstsein ist und alles andere, auch Körperlichkeit und Materie nur Epiphänomene, Erscheinungsformen des Bewusstseins sind?

Ich denke, da kommt es sehr darauf an, was man unter BEWUSSTSEIN versteht.

Da gilt es wohl zu unterscheiden – zwischen dem „menschlichen Bewusstsein", einer Bewusstheit, die abhängig vom evolutionären Entwicklungsstand des Menschen und seines Gehirns ist, also etwas Mentales – und einem allumfassenden, alles beinhaltenden, nichtlokalen und ewigen (im Sinn von jenseits des Zeitlichen) Bewusstsein, einer grundlegenden Wirklichkeit, einem absoluten Feld des Seins, in englischsprachiger Literatur oft „SPIRIT" genannt.

Noch einmal **Schrödinger**: ... *Offenbar gibt es nur einen (...) Ausweg: die Vereinigung aller Bewusstseine in eines. Die Vielheit ist bloßer Schein; in Wahrheit gibt es nur ein Bewusstsein. ...* E.Schrödinger; Das arithmetische Paradoxon – Die Einheit des Bewusstseins.

Und die von Schrödinger im vorletzten, längeren Zitat erwähnte gesuchte ***„verzweifeltste Rettung"***, ist wohl die Erkenntnis:

... DASS MAN SELBST ALLES IST. ...

... So unbegreiflich es der gemeinen Vernunft scheint: Du – und ebenso jedes andere bewusste Wesen für sich genommen – bist alles in allem. Darum ist dieses dein Leben, das du lebst, auch nicht ein Stück nur des Weltgeschehens, sondern in einem bestimmten Sinn das GANZE.

Nur ist dieses Ganze nicht so beschaffen, dass es sich mit EINEM Blick überschauen lässt. – Das ist es bekanntlich, was die Brahmanen ausdrücken mit der heiligen, mystischen und doch eigentlich so einfachen und klaren Formel: Tat Twam asi (das bist du). – Oder auch mit Worten wie: Ich bin im Osten und im Westen, bin unten und bin oben, ICH BIN DIESE WELT.

So magst du dich hinwerfen auf die Erde, flach angedrückt an ihren Mutterboden in der gewissen Überzeugung: Du bist eins mit ihr und sie mit dir. Du bist so festgegründet und unverletzlich wie sie, ja tausendmal fester und unverletzlicher. So sicher sie dich morgen verschlingen wird, so sicher wird sie dich neu gebären zu neuem Streben und Leiden. Und nicht bloß dereinst: jetzt, heute, täglich gebiert sie dich, nicht EINMAL, sondern tausend- und abertausendmal, wie sie dich täglich tausendmal verschlingt. ...
Denn es ist ewig und immer nur JETZT, dieses eine selbe Jetzt, die Gegenwart ist das einzige, das nie ein Ende nimmt. ...
E.Schrödinger; Mein Leben, meine Weltansicht

Ein Teil dieses Zitates findet sich auch in Ken Wilber's Buch: Das Spektrum des Bewusstseins – und er meint dazu:
... Und das sind nicht die Worte eines etwas wirren „Mystikers", sondern sie entsprangen jenem klaren Geist, der die Quantenmechanik begründete. ...

Was bedeutet dieses „Materie-Geist/Bewusstsein-Paradoxon" und das dieses Paradoxon transzendierende übergeordnete „Sein" oder „Selbst" oder „Allumfassende Bewusstsein" oder „Spirit" jetzt für uns in unserem Alltag und täglichem Wirken?

So wir uns nicht gerade inmitten einer tiefen Mediation befinden, ist hier wohl wieder einmal das so erhellende Sowohl-als-Auch am Besten anwendbar. Und zwar gemeinsam mit einem „So-tun-als-ob" und einem gehörigen Quäntchen „steuerbarer Torheit".

Höchstwahrscheinlich ist es ja wirklich so, dass sich aus – John A. Wheeler's „Quantenschaum", Burkhard Heim's „Hyperraum", David Bohm's „Impliziter Ordnung", Fred A. Wolf's „Imaginärem Bereich", Maharishi's „Absolutem", der „Dreamtime" der Aborigines, dem „Tao" der Taoisten und dem „Nagual" des Nagual-Schamanismus, ..., – also aus – einem allumfassenden, alles beinhaltenden, nichtlokalen und ewigen Bewusstsein oder „Spirit" oder

„Großem Geheimnis“ heraus, die gesamte Realität, wie wir sie im Großen und Ganzen als objektiv erfahrbar erleben, entfaltet.

Doch wird dieses allumfassende Bewusstsein, dieser absolute Spirit, erst einmal – als Teilbereich seiner Potentialität – als individuelle, subjektive Erfahrung unseres „Körper, Gehirn-Geist und Emotions-Selbst“ manifest, so erfahren (oder besser „miterschaffen“) wir in unserer Wirklichkeit durch unsere Sinneswahrnehmungen lokal und zeitlich getrennte Objekte, die den Ursache-Wirkungs-Kriterien und all den anderen Phänomenen dieser wahrnehmbaren Realität unterworfen sind. Und in dieser Realität werden wir wesentlich besser funktionieren, wenn wir ihre Gesetzmäßigkeiten anerkennen und uns ihnen gemäß verhalten.

Und das bedeutet: Ich weiche einem auf mich zurasendem Auto jedenfalls aus, auch wenn ich fest davon überzeugt bin, dass Alles – ich, das Auto, sein Lenker und die gesamte Umgebung – in Wahrheit und in einer höher-dimensionalen Wirklichkeit untrennbar Eins sind.

... Im ganzen Universum gibt es niemanden, der nicht dein eigenes Selbst ist. ...
Ch’an-sha Ching-ts’en; (chinesischer Zen-Meister, 9. Jahrhundert).

Der Philosoph ... *Alan Watts drückt dies so aus:*
... Es gibt einfach nur Erleben. Es gibt nicht etwas oder jemanden, der das Erleben erlebt! Sie fühlen nicht das Fühlen, Sie denken nicht Gedanken oder empfinden Empfindungen, ebenso wenig hören Sie das Hören, sehen das Sehen oder riechen das Riechen. „Ich fühle mich gut“ heißt, dass ein gutes Gefühl da ist. Es heißt nicht, dass da ein Ding ist, dass man ein „Ich“ nennt, und ein anderes, davon getrenntes Ding, dass man ein Gefühl nennt, so dass, wenn Sie die beiden zusammenbringen, dieses „Ich“ die guten Gefühle fühlt. Es gibt keine Gefühle außer gegenwärtigen Gefühlen, und welches Gefühl gerade gegenwärtig ist, das ist „Ich“. Niemals hat jemand ein von irgendeinem gegenwärtigen Erleben abgetrenntes „Ich“ gefunden,

ebenso wenig irgendein von einem „Ich" abgelöstes Erleben – was nur besagt, dass beide dasselbe sind. ...
Alan Watts; zitiert von Ken Wilber in: Wege zum Selbst.

Für das nächste Zitat ist es vielleicht gut zu wissen, dass für die von mir verwendeten Begriffe „Verstand" und „Gedanken" im englischsprachigen Original „mind" verwendet wird.

... Die Wahrheit ist, so etwas wie eine Person gibt es nicht. Körper lernen von Körpern, Emotionen lernen von Emotionen, und Gedanken lernen von Gedanken. Das Konzept einer Person entspringt einem unentwickelten Verstand, der versucht alles zu besitzen. Unentwickelte Gedanken haben noch nicht akzeptiert, dass sie einfach nur ein Gedanke sind, nicht der Körper und nicht die Emotionen. Der Verstand erschafft die Illusion einer Person, sodass er denken kann, er hätte die Kontrolle über die anderen Ebenen. ...
Charles F. Thompson; The Forbidden Book of Knowledge, (Übersetzung des Autors).

Wir müssen es wohl oder übel akzeptieren und aussprechen:

Es gibt kein von der Welt getrenntes „Eigenes Selbst". Und es gibt keine „pure" Wirklichkeit, kein „Da-draußen-Objekt" ohne einem „Selbst", einem lebendigen Bewusstsein.

Bewusstsein und Wirklichkeit bedingen einander, „sind einander" und sind ident.

4.2. Evolution – Involution

Noch einmal einen Schritt zurück:

Die gängige Meinung – sowohl der Wissenschaft als auch der Allgemeinheit – ist ja immer noch, dass sich das Komplexe aus dem Einfachen entwickelt und dass es somit eine evolutionäre Richtung vom Grobstofflichen hin zum Feinstofflichen gibt. Elementarteilchen schließen sich zu Atomen zusammen, diese zu Molekülen, zu Zellen, Organismen, Pflanzen, Tiere, Menschen und die Krönung dieser Evolutionskette ist das menschliche Gehirn.

Das Einfache erschafft das Komplexe und ist deren Ursache.

Die Erkenntnisse der Quantenphysik stellen diese Weltsicht ganz gehörig auf den Kopf.

Denn hier erweist sich, dass im subnuklearen Bereich Teilchen (die Teilchen, auf denen die gesamte „Realität" basiert) keine Realität besitzen, bevor sie nicht von einem bewussten Beobachter an einem bestimmten Ort zu einer bestimmten Zeit in die Realität gehoben werden.

Das Komplexe erschafft rückwirkend das Einfache.

... Wir erschaffen zwar subatomare Teilchen und damit das ganze Universum – aber umgekehrt erschaffen sie auch uns. Eines erschafft das andere im Rahmen einer selbst regulierenden Kosmologie. ... John A. Wheeler.

... Wir als Teil des Makrokosmos bestimmen durch unser Handeln das, was im Mikrokosmos geschieht, und schaffen so erst den Makrokosmos, da er mit uns als Teil ja auf dem Mikrokosmos aufbaut. Wir bestimmen die Quantenwirklichkeit, aus der wir selbst und alles um uns herum hervorgehen. Unsere Existenz erschafft unsere Existenz. Unsere Realität erschafft unsere Realität. ... Volker J. Becker; Gottes geheime Gedanken.

Diese Erkenntnisse erinnern an das Symbol des Ouroboros, den Drachen, die geflügelte Schlange, die sich selbst in den Schwanz beißt – und auch an so manche Zeichnungen von M.C.Escher.

Ouroboros
http://mythologian.net/ symbols & meaning

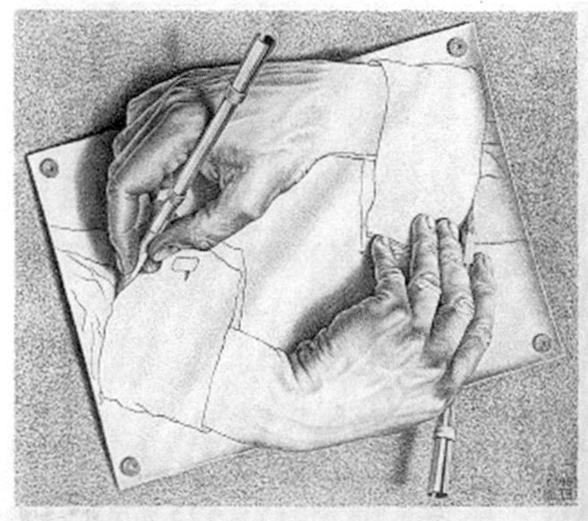

Drawing Hands
© 2016 The M.C.Escher Company – The Netherlands. All rights reserved

Eine sehr poetische Fassung dieser Überlegungen ist die folgende des britischen Astrophysikers Sir Arthur Eddington:
... Wir haben festgestellt, dass der Geist dort, wo die Naturwissenschaft am weitesten fortgeschritten ist, von der Natur nur das wiedergewonnen hat, was er selbst hineingelegt hat. An den Küsten des Unbekannten haben wir eine seltsame Fußspur gefunden. Um ihren Ursprung zu erklären, haben wir eine tiefschürfende Theorie nach der anderen aufgestellt. Schließlich ist es uns gelungen, das Geschöpf zu rekonstruieren, das die Fußspur hinterlassen hatte. Und siehe da – sie stammt von uns selbst! ...
Sir Arthur Eddington, zitiert in Ken Wilber; Wege zum Selbst.

Die Grundsatzentscheidung, ob Feinstoffliches sich durch **„Evolution“** aus dem Grobstofflichen entwickelt – oder ob Grobstoffliches durch **„Involution“**, aus feinstofflichen Bewusstseinsfeldern entsteht – ist eine Entscheidung, die nicht so einfach getroffen werden kann, da anscheinend/scheinbar das jeweils Eine das jeweils Andere bedingt, um zu existieren. Mit „Involution“ wird eine „interdimensionale Evolution“ von höheren, weniger verdichteten Ebenen bis hinunter in die Dimension der dichtesten Materie bezeichnet. Aus einer am wenigsten verdichteten Dimension, in der „Alles“ als Potential enthalten und angelegt ist, entfalten sich die „darunter“ liegenden (eingefalteten) Dimensionen.

Also, wo die Evolutionstheorie davon ausgeht, dass das Höhere aus dem Nächstniederen hervorgegangen ist, mit Materie als ursprünglicher Grundlage, besagt die Involutionstheorie, dass das Niedere aus dem Höheren hervorgegangen ist, mit Bewusstsein als Ursprung und Urgrund.

Wissenschaftler und Denker, die mit den Erkenntnissen der Quantenphysik vertraut sind, und die eine Entscheidung zwischen den beiden Erklärungsansätzen der Evolution und der Involution als eine zwingende Entweder-oder-Entscheidung sehen, entscheiden sich durchwegs für die Involution. Sie begründen dies unter anderem auch mit der Tatsache, dass es im Falle der Evolution für die Artenentwicklung einfach nicht genug Zeit gab, sodass sie nur auf „Zufall“ und „Versuch & Irrtum“ basieren hätte können – wie das ja die Evolutionstheorie behauptet. Sie setzen hier eine komplexe Organisation von Informationen voraus, damit die erfolgten Ergebnisse in der gegebenen Zeit erreicht werden konnten.

Der Schluss daraus:
Bewusstsein ist das eigentliche Fundament des Daseins.

... Alles Leben entsteht aus Bewusstsein und wird von ihm aufrecht erhalten. Das ganze Universum ist ein Ausdruck des Bewusstseins. Die Realität des Universums ist ein grenzenloser Ozean aus Bewusstsein in Bewegung. ... Maharishi Mahesh Yogi

Für das nächste Zitat ist gut zu wissen, dass das großgeschriebene GEIST als oft übliche, wenn auch seltsame, unglückliche deutsche Übersetzung für „Spirit" in englischsprachiger Literatur benutzt wird.

... Der Kernpunkt ist, dass man sich (...) Evolution am besten als GEIST-in-Aktion, Gott-im-Schöpfungsprozess vorstellen kann, in dem der GEIST sich auf jeder Entwicklungsstufe entfaltet, wobei er sich immer mehr manifestiert und verwirklicht. GEIST ist (...) der ganze Prozess der Sich-Selbst-Entfaltung, ein unendlicher Prozess, der auf jeder begrenzten Stufe zur Gänze gegenwärtig ist, aber mit jeder evolutionären Weiterentwicklung mehr von sich selbst zur Verfügung hat. ...

Ken Wilber; Eine kurze Geschichte des Kosmos.

... Man muss wirklich erkennen, dass sogar die materielle Welt um uns, die Stühle, Tische, das Zimmer, der Teppich, dass all das nichts anderes ist als mögliche Bewegung des Bewusstseins. ... Amit Goswami; zitiert im Buch zum Film: What the Bleep do we (k)now?

Zu dem letzten Zitat eine Erklärung bzw. Ergänzung:

... Jeder Teil der Materie lebt nicht nur, sondern ist auch ein Universum von verschiedenen Arten des Lebens, (...) Auch die sogenannte tote Materie ist nur eine schlafende, gleichsam vor Endlichkeit trunkene Tier- und Pflanzenwelt, die ihre Auferstehung noch erwartet oder den Moment derselben versäumt hat. ... . Friedrich W.J. Schelling; zitiert von Michaela Boenke; Philosophie jetzt!.

Man scheint sich hier im Großen und Ganzen einig zu sein und entscheidet sich dafür, das Feinstoffliche als ursächliche Schöpfer-Kraft hinter dem Grobstofflichen zu sehen – also für die Involution.

Was für Folgen diese Erkenntnisse für unser Denken, Fühlen und Handeln haben wird, lässt sich erst langsam abschätzen und ich werde darauf später noch eingehen – vor allem im Kapitel 10 – Die Kunst des Beabsichtigens.

Für den Schamanen, sowohl wie dem Buddhisten, dem Taoisten, dem Brahmanisten und vielleicht auch einem Vertreter des radikalen Konstruktivismus, sind diese Erkenntnisse unserer Wissenschaftler nichts wirklich Neues und auch gar nicht sonderlich erschreckend, da sie seit jeher die Auffassung vertraten, dass die Welt in der wir leben, eine von uns selbst erträumte und erschaffene ist.

Ich bin allerdings nicht der Meinung, dass es sich hier bei der Frage „Materie – Bewusstsein", „Evolution – Involution" zwingend um eine Entweder-oder-Entscheidung handeln muss, da eine solche nur unter den Bedingungen des viert-dimensionalen Raum-Zeit-Gefüges zwingend erscheint – und da alles dafür spricht, dass es sich bei unserem Universum um ein „Wesen" mit deutlich größerer Dimensionstiefe handelt, könnte es durchaus auch eine „Sowohl-als-auch"-Situation sein.

Vielleicht sind wir hier wirklich zu einem – uns nicht so geläufigem – „Sowohl-als-auch-Denken" verführt oder sogar gezwungen. Gelingt dieses „Sowohl-als-auch-Denken", so eröffnet sich uns jedenfalls die Erkenntnis, dass Materie und Bewusstsein eine weit umfassendere Einheit bilden, als das allgemein bisher gedacht wurde. Das alte Bild der „unbelebten Materie" und einer „geistigen Sphäre", die irgendwie darum herum schwebt, wurde von den neuen wissenschaftlichen Erkenntnissen zurechtgerückt, indem bewiesen wurde, dass „geistige Sphären" und "Materie" sich in einem stetigen Austausch befinden und man sie genau genommen gar nicht mehr als unterschiedlich bezeichnen kann.

Im gegenwärtigen Weltbild scheint es jedenfalls eine persönliche Entscheidung zu bleiben, ob man an eine Evolutions-Entwicklung oder ob man lieber an eine Involutions-Entwicklung glauben will.

Diese beiden Anschauungsmöglichkeiten spiegeln sich auch wider in den völlig unterschiedlichen Menschenbildern und darauf basierenden Heilansätzen der „westlichen Medizin“ einerseits – und den „esoterischen“, „östlichen“ sowie „schamanischen“ Zugängen andererseits.

Verkürzt, aber anschaulich auf den Punkt gebracht wird das Ganze bei der Frage:
- Ist die Aura nichts anderes als die elektro-magnetische Ausstrahlung – quasi die „Ausdünstung“ des feststofflichen Körpers?

- oder -

- Ist die Aura ein feinstoffliches Bewusstseins-Feld, das Erfahrungen anzieht und in dem Phänomene wie Gedanken und Gefühle vorübergehend auftauchen – und das einen Körper entstehen lässt, der sich innerhalb und gemäß der Energetik dieses Bewusstseinsfeldes entwickelt?

Diese nicht unterschiedlicher sein könnenden Auffassungen machen selbstverständlich auch gänzlich unterschiedliche Ansätze für Heilung notwendig beziehungsweise möglich.

Im ersteren Ansatz geschieht Heilung durch die Arbeit am feststofflichen Körper – also durch Medikation und Operation. Im zweiten Ansatz besteht Heilung darin, die „Energieverwendung“ des feinstofflichen Bewusstseins-Feldes so zu verändern, dass die bisher Reibung erzeugenden Einstellungen, Überzeugungen, Gedanken, Gefühle und Handlungen verändert werden.

Man kann gottseidank feststellen, dass sich der westliche Zugang zur Medizin auch zu verändern beginnt – und wo vor gar nicht so langer Zeit noch munter und radikal weggeschnipselt oder „zugedröhnt“ wurde – heute doch auch schon viele Aspekte des zweiten Ansatzes akzeptabel erscheinen und zur Anwendung kommen. Also auf dem Gebiet der Medizin hat sich der „Dritte Ansatz“ – das „Sowohl-als-auch“ – eigentlich, recht gut durchgesetzt oder ist gerade dabei, dies zu tun.

Ich jedenfalls würde im Falle eines offenen Schienbeinbruches eine Operation vorziehen und im Fall eines ausgebrochenen Zahnes, einen Zahnarzt meines Vertrauens aufsuchen – aber in vielen, vielleicht sogar den meisten anderen Fällen würde ich meinen Selbstheilungskräften und meiner Fähigkeit, diese zu aktivieren, vertrauen.

4.3. Bausteine – Baupläne / organisch – anorganisch

Noch einmal die Themen: Materie-Geist/Bewusstsein und Evolution-Involution aus anderer Perspektive betrachtet.

- Mit **Bausteinen** lässt sich eine Welt gemäß der Idee der **Evolution** – ausgehend von der **Materie** „bauen".
- Mit **Bauplänen** lässt sich eine Welt gemäß der Idee der **Involution** – ausgehend vom **Bewusstsein** „planen".

In dem Modell der Evolution entsteht aus Materie (den Bausteinen) „irgendwie" Leben, wobei aber erwähnt werden muss, dass sehr viele namhafte Wissenschaftler es als nahezu, wenn nicht gar gänzlich unmöglich erachten, dass „Leben" aus „unbelebter Materie" entstanden sein soll.

Bislang ist es – jedenfalls meines Wissens nach – noch in keinem Labor der Welt gelungen, aus „unbelebten" anorganischen Stoffen lebendige Organismen herzustellen.

- Ja, da gibt es das Miller-Urey-Experiment, das bei dieser Diskussion immer wieder als Argument herangezogen wird. Dabei wurde versucht, eine Art „Ursuppe", in der Leben entstehen könnte, zu simulieren. Doch Miller selbst sagt darüber:
... It must be admitted from the beginning that we do not know how life began ... . Stanley Miller, 1974. – Und weiter:
... Den Ursprung des Lebens zu ergründen ist doch wesentlich komplizierter, als ich – und nicht nur ich allein – damals dachte... .
So ist sich inzwischen auch Stanley Miller bewusst, dass die in seinem Simulationsexperiment entstandene Ursuppe allein nicht zur Entstehung von Leben führen konnte.

... Die orthodoxe Biologie in ihrer Gesamtstruktur [hält] daran fest, dass Leben zufällig entstand. Seit jedoch die Biochemiker in steigendem Maße die ehrfurchtgebietende Komplexität des Lebens entde-

cken, ist sein zufälliger Ursprung ganz offensichtlich so wenig wahrscheinlich, dass man diese Möglichkeit völlig ausschließen kann. Leben kann nicht zufällig entstanden sein. ...
...Die Wahrscheinlichkeit, dass sich aus unbelebter Materie Leben entwickelt hat, beträgt eins zu einer Zahl mit 40.000 Nullen. Diese ist groß genug um Darwin und die ganze Evolutionstheorie unter sich zu begraben. ...
Die beiden Astrophysiker und Mathematiker **Fred Hoyle und N.C.Wickramasinghe**; Evolution aus dem Weltraum.

(1 zu 40.000 – entspricht ungefähr der Wahrscheinlichkeit, dass eine 130.000 mal geworfene Münze immer auf die gleiche Seite fällt).

Aber Hoyle und Wickramasinghe gehen noch einen Schritt weiter und argumentieren, dass voll entwickelte mikrobische Zellen extraterrestrischen Ursprungs das Leben auf der Erde verursacht haben. Durch **Panspermie.**
... Die Theorie von „Kosmischer Panspermie", die wir vorschlagen, lässt uns argumentieren, dass der interstellare Raum ein Friedhof kosmischen Lebens sein könnte, genauso wie auch dessen Wiege. Schon bloß der minimalste Bruchteil (weniger als eines von einer Trillion) von interstellaren Bakterien bräuchte zu überleben, (...) und schon würde Panspermie die Welt beherrschen. Der Hausverstand gebietet, dass das unvermeidbar ist. ... Astronomical Origins of Life: Steps Towards Panspermia; **B.Hoyle & N.C.Wickramasinghe** – (Übersetzung des Autors)

Der Hausverstand sagt mir aber auch, dass dieses Argument die Unwahrscheinlichkeit der Entstehung des Lebens aus unbelebter Materie nur auf andere Planeten abschieben würde, und die Frage: Wie entstand Leben? – wieder unbeantwortet bleibt.

E. Schrödinger *über das Verhältnis* ***organisch-anorganisch:***
... das Unorganische – das definitionsgemäße Objekt der Physik und Chemie – ist eine Abstraktion, die wir ohne besondere Vorkehrungen kaum irgendwo, jedenfalls nur äußerst selten wirklich antreffen. Betrachten wir unsere irdische Umgebung, so besteht sie fast ausschließlich aus lebenden oder toten Tier- und Pflanzenleibern. Selbst von einem großen Teil der Erdrinde ist das sicher. Man könnte darnach sich wohl versucht fühlen zu zweifeln, ob die allgemeine Ansicht, alles sei von Haus aus unorganisch, das Organische sei nur eine spezielle Modifikation des Unorganischen, auch zutrifft und nicht den wirklichen Befund gerade auf den Kopf stellt. ...
Erwin Schrödinger; Mein Leben, meine Weltansicht.

Einige Wissenschaftler, wie der französische Atomphysiker und Philosoph **Jean Emile Charon** sowie auch andere Wissenschaftler vor allem der Universitäten Princeton und Passadena in den U.S.A. kommen nicht zuletzt auch wegen der Unwahrscheinlichkeit, dass Leben aus unbelebter Materie entstanden sein kann, zu dem naheliegendem Schluss, **dass Materie selbst schon in seinen kleinsten Bestandteilen (Elektronen, Photonen) seit jeher „belebt/beseelt" ist.**

Dazu später noch mehr – aber jetzt gleich ein Zitat:
... Bislang „begann" für unsere Biologen der Bereich des Lebendigen bei den kleinsten Strukturen, die ein für den Beobachter sichtbares „autonomes" Verhalten zeigen. Leben begann also im großen und ganzen dort, wo das (Elektronen)-Mikroskop zu „sehen" begann. Auch das ist eine Folge unserer unangenehmen Gewohnheit, den Forschungsdrang der Wissenschaft auf das beschränken zu wollen, was „beobachtbar" ist. Die wahre Erkenntnis (...) beginnt im Bereich des Unsichtbaren, genauer gesagt im Bereich des imaginären. (...) Heute müssen wir feststellen, dass just jene konkrete Realität, um deren Darstellung die Wissenschaft in den letzten Jahrhunderten so bemüht war, im Imaginären wurzelt. Das, was man für

greifbare Realität gehalten hatte, ist nur Schein, ein abstrakter Raum der Darstellung, wo dimensionslose Punkte in einem Meer der Aufenthaltswahrscheinlichkeit schwimmen.
Diese Welt aus reiner Materie, die eine „materialistische" Wissenschaft uns aufzwingen wollte, muss heute einer Welt weichen, die zur Gänze aus bedeutungstragendem Gedächtnis, Logik und Freiheit besteht. Jeder von uns hat Anteil an einem Universum, dass bis in die kleinsten Teilchen seines gewaltigen Körpers „belebt" ist. ...
Jean E. Charon; Der Sündenfall der Evolution

4.4 Was heißt belebt? – Was ist Leben?

Der **Physiker** E.Schrödinger bezeichnete als grundlegende Eigenschaft lebender Systeme, dass sie sich entgegen der natürlichen Tendenz zu wachsender Entropie – oder Unordnung – selbst zu wachsender Ordnung organisieren.

Nach einer Definition des **Chemikers** G.Joyce, die von der NASA übernommen wurde, ist Leben ein chemisches System mit der Fähigkeit zur Selbsterhaltung und zur darwinschen Evolution.

Für den **Kybernetiker** B.Korzeniewsky ist Leben ein Netzwerk von Rückkoppelungsmechanismen.

J.E.Charon weist darauf hin, dass Elektronen alle die erwähnten Eigenschaften des Lebens besitzen. Sie wären also gemäß obiger Definitionen des Lebens – belebt/lebendig.

Dazu noch ein Zitat von **Giordano Bruno:**
... Es erscheint unsinnig, anzunehmen, irgend ein Teil der Welt sei ohne Seele, ohne Leben, ohne Sinn und folglich unbelebt; es ist ausgesprochen töricht und gemein, zu glauben, es gäbe keine anderen Lebewesen, keine anderen Sinne, keine anderen Intelligenzen, als sie unseren Sinnesorganen erscheinen. ...

Die Annahme, dass der Mensch hier auf diesem Planeten in diesem Sonnensystem am Rande der Milchstraße, eingebettet in einer Galaxie, von deren Art es aller Wahrscheinlichkeit nach noch unzählig viele ähnliche mit vergleichbaren Bedingungen gibt, das einzige intelligente Wesen sein soll, – bezeugt ja nicht gerade von hoher Intelligenz. Es entspringt eher derselben „Geistes"-Haltung, die sich ein aus dem Nichts, einem Nicht-Ort zu einer Nicht-Zeit, entstandenes unendliches ins Unendliche explodierendes totes Universum gefüllt mit seelenlosen, lebensfeindlichen Gesteins- und Gasbrocken vorstellt, das man gegebenenfalls kolonialisieren und sich zum Untertan machen sollte, wenn man schlussendlich mit diesem Heimat-Planeten fertig ist. – Und das, um die durch irgendwelche nahezu unendlich aneinander gereihter und einander bedingender Zufälle entstandene „menschliche Intelligenz", die sich den eigenen Nährboden unter den Füßen vergiftet hat, zu exportieren und zu erhalten.

Man kann es ruhig deutlich sagen, die klassische Physik und die abstrakten Naturwissenschaften im Allgemeinen sind – mit ihrem „mathematischen Weltbild" und ihren abstrakten Erklärungsversuchen – an den mit ihren Methoden nicht zu erklärenden „Phänomenen" Bewusstsein, Leben oder gar Liebe, ... gescheitert. Und was sollen wir mit einer „Welt-Erklärungs-Wissenschaft" anfangen, die das Wichtigste, was uns ausmacht aus ihren „Forschungen" ausklammert?

4.5 Morphogenetische Felder

weiter mit Bausteinen – Bauplänen

Im Modell der Evolution entsteht also „irgendwie“ aus der unbelebten Materie Leben, und nur per Zufall und durch die entstehende Erfahrung, was sich dabei bewährt hat und was nicht, entsteht (baut sich) „irgendwas“, und dadurch soll dann „irgendwann“ ein schönes und funktionales Gebäude – unser Universum – in seiner Perfektion herausgekommen sein.

Im Modell der Involution gibt es zumindest für das Gebäude und die einzelnen Schritte der Verwirklichung desselben – und vielleicht auch sogar für das gesamte Universum – einen Plan, nach dem vorgegangen werden kann.

Dieser Analogie zufolge, kann man den Bauplan als die Ursache der spezifischen Form des Gebäudes betrachten, obwohl es selbstverständlich auch das gesamte Baumaterial dafür brauchte.

Das bringt uns zu der von **Rupert Sheldrake** in seinem Werk: *„Das schöpferische Universum“* vorgestellten Hypothese der formbildenden Verursachung durch morphische bzw. **morphogenetische Felder**. – (morphogenetisch = gestaltbildend).

In seiner Hypothese behauptet Sheldrake,

... Jedes selbstorganisierende System ist ein Ganzes, das aus Teilen besteht, die wiederum Ganze auf einer tieferen Ebene sind. Auf jeder Ebene verleiht das morphische Feld jedem Ganzen seine charakteristische Eigenschaft und bewirkt, dass es mehr ist als die Summe seiner Teile. ...

... Subatomare Teilchen sind in Atomen enthalten, Atome in Molekülen, Moleküle in Kristallen – oder Zellen in Geweben, Gewebe in Organen, Organe in Organismen – oder Individuen in Familiengruppen, Familiengruppen in Gesellschaften, Gesellschaften in Ökosystemen. Auf jeder Ebene wird das Ganze durch ein morphisches Feld organisiert. ...

Rupert Sheldrake; Das schöpferische Universum

Diese Hypothese der morphischen Felder hätte weitreichende Implikationen auf alle Ebenen des Seins.

In der Biologie kämen als Erklärung für die Entwicklung von Formen und Gewohnheiten – zusätzlich zu den Genen, nun auch die morphischen Felder jeder Spezies hinzu; – und damit könnte die Evolution infolge morphischer Resonanz wesentlich rascher vonstattengegangen sein als durch die übliche Erklärung des Weitergebens von Mutationsgenen von Generation zu Generation. Allerdings müsste man die klassische Evolutionstheorie insofern erweitern, dass Evolution gerichtet und gelenkt wird und nicht dem Zufall und dem „Versuch und Irrtum"-Prinzip entsprechend vor sich geht. Damit wird das Evolutions-Modell allerdings um einen entscheidenden Involutions-Faktor erweitert und kommt damit dem Sowohl-als-auch-Ansatz schon recht nahe.

Persönliches und kollektives Gedächtnis sowie Gewohnheiten und Verhaltensweisen könnten durch Resonanzfelder erklärt werden; genauso soziale Organisation und kulturelle Übertragungen. Zahlreiche anders kaum erklärbare Phänomene, wie z.B., dass wichtige neue Erfindungen praktisch immer zeitgleich von mehreren Erfindern an verschiedenen Orten geschehen – sowie viele der sogenannten „paranormalen" Phänomene ließen sich auf diese Weise „natürlich" erklären.

In seinem Buch *A New Science of Life*, schreibt Sheldrake,
... Lernt ein Individuum einer biologischen Spezies ein neues Verhalten, führt das zu einer – allerdings nur geringen – Änderung des morphogenetischen Feldes für die gesamte Art. Wird das Verhalten lange genug wiederholt, baut es eine „morphische Resonanz" auf, die dann auf die gesamte Spezies einwirkt. ...
Rupert Sheldrake; A New Science of Life.

4.5.1 Die 100-Affen-Theorie

Der britische **Biologe Lyall Watson** berichtet von einem Experiment, bei dem die Fressgewohnheiten der Affenpopulationen auf japanischen Inseln von einem Wissenschaftlerteam erforscht wurden. Man versorgte eine Affenhorde mit frisch geernteten, noch mit Erde verschmutzten Süßkartoffeln. Die Affen waren nicht so begeistert und viele bekamen auch Entzündungen um den Mund herum. Eines Tages ging ein junges Weibchen zum Meer und wusch die Kartoffeln bevor sie diese verzehrte. So schmeckte es viel besser und sie fuhr fort, das so zu machen. Schon bald machte es ihr ein Affe nach dem anderen nach, bis es bald alle auf der Insel taten. Das Verblüffende an diesem Experiment war allerdings, dass zeitgleich alle Affenpopulationen auf allen dieser doch recht weit voneinander entfernten Inseln diese Gewohnheit übernahmen.

Zum Namen „100-Affen-Theorie“ kam es, da Lyall Watson annahm, dass es eine bestimmte Anzahl von Affen, eine kritische Masse, eine Art Schwellenwert geben musste, damit das Verhalten auf alle Affen übergehen konnte. Er nahm einfach als Beispiel die Zahl Hundert an.

4.5.2 Evolution der Erleuchtung ?

Wenn man diese Theorie der morphogenetischen Felder in Bezug auf die Evolution des Bewusstseins der Menschheit betrachtet, so lässt sich behaupten: Je mehr Individuen Zugang zu höheren Bewusstseinszuständen erreichen, desto stärker wird das morphogenetische Feld dieser höheren Zustände – und umso leichter wird es für alle anderen Menschen diese Zustände zu erfahren. Denn ab einer gewissen Anzahl, dem Erreichen der „kritischen Masse“ (dem hundertsten Affen) entsteht eine Eigendynamik und ein exponentielles Wachstum – eine Kettenreaktion, die alle erfasst.

Darüber, wie groß so eine kritische Masse sein muss, ist man sich nicht einig. Laut dem **Mystiker Gurdjieff** genügen schon hundert Erleuchtete für einschneidende globale Veränderungen. **Maharishi Mahesh Yogi** meinte, dass wenn auch nur ein Prozent der Menschheit transzendentale Meditation ausübte, ein „Erleuchtungszeitalter" anbrechen würde.

(Die momentane Weltbevölkerungszahl ist ca. 7,1 Milliarden – ein Prozent wären also ca. 71 Millionen Menschen – als Größenordnung vergleichbar mit der Einwohnerzahl Deutschlands oder Vietnams oder dem Kongo oder dem Iran oder Ägypten).

Wahrscheinlich ist ein nicht unbedeutender Aspekt bei der Sache auch, wie ähnlich bzw. wie unterschiedlich die Entwicklungs-Ebenen des Bewusstseins der betroffenen Menschen sind.

Ein Erleuchteter in einem Umfeld von 99,99 % sehr sehr Unerleuchteter wird zwar erst mal auffallen und vielleicht auch eine bestimmte Initial-Wirkung erzeugen, doch wird sein Wirken recht schnell von der niederer schwingenden Energie aufgesogen, und auf eine ihr verständliche und ihr Sinn machende Art integriert.

Möglicherweise ist so etwas ja vor etwas mehr als 2000 Jahren in Palästina geschehen.

Im heutigen Informations- und Kommunikationszeitalter kann der Einfluss auf das morphogenetische Feld sicher ungleich rascher und wirkungsvoller erfolgen als vor über 2000 Jahren, und vielleicht sind auch die Ebenen der Bewusstseins-Entwicklung als Folge der Globalisierung bald nicht mehr so dramatisch unterschiedlich.

4.5.3 144.000 Krieger des Lichts

In einigen esoterischen Bewegungen ist man sich über die nötige Anzahl für eine kritische Masse einig. Es braucht bloß 144.000 „Krieger des Lichts", damit für das gesamte Kollektiv der Menschheit ein großer Bewusstseinsschritt in eine neue „spirituelle" Ära geschieht. Dies bildet selbstverständlich einen willkommenen Nährboden für alle möglichen „Bewegungen“, die darum rittern die einzigen und rechtmäßigen Erlöser und Erretter der Menschheit zu sein, indem sie das morphogenetische Feld in ihrem Sinne „erleuchten“.

...

4.6 Zusammenfassung:

Man kann denke ich zusammenfassen, dass es ein Zusammenspiel, ein gegenseitiges Einwirken evolutionärer und involutionärer kreativer Schöpferkräfte gibt – indem aus höheren, schneller schwingenden Dimensionen, involvierend hinein in die unteren Dimensionen – und aus diesen wiederum ihrerseits evolvierend zurück in die höheren Dimensionen Informationen ausgetauscht werden.

5.
Die Suche nach der „Weltformel“

Die größten Erkenntnisse des letzten Jahrhunderts auf dem Gebiet der Physik waren unzweifelhaft die **Einstein’sche Relativitätstheorie** und die **Plank’sche Quantentheorie.** Erstere befasst sich mit dem Makrokosmos und dem funktionalen Zusammenspiel des Universums – die Zweite mit dem Mikrokosmos und den Gegebenheiten im atomaren und subatomaren Bereich.

So erkenntnisreich und bahnbrechend diese beiden Theorien auch waren, so schienen sie doch nicht ganz zusammenzupassen und standen lange nebeneinander ohne rechten Bezug da.

Wie die Ritter der Tafelrunde auf der Suche nach dem Gral, versuchten die weltbesten Physiker seither vergeblich eine Vereinheitlichung dieser Theorien zu finden.

Diese Suche nach der „einheitlichen Formel“, „der Theorie von Allem“, die alles Existierende anhand der Eigenschaften subatomaren Teilchen und der Kräfte, die auf sie wirken, bzw. den energetischen Regeln im Makrokosmos erklären kann, ist wohl letztlich auch ein recht naiver, wenn nicht gar verzweifelter Versuch die unglaubliche Vielfalt und wunderbare Komplexität des Lebens vereinfacht darzustellen, um ein wohliges „Jetzt kenne ich mich aus“ zu erzeugen.

Diesen Versuch bringt der Physiker Lee Smolin gekonnt (und hoffentlich wohl zynisch gemeint) auf den Punkt: *„Zwölf Teilchen und vier Kräfte – mehr brauchen wir nicht, um alles in der uns bekannten Welt zu erklären.“*

Angesichts der ungeheuren Komplexität unseres Lebens in diesem Universum sollten wir uns daran erinnern, dass das Verhalten komplexer Systeme nicht oder doch nur sehr begrenzt aus den Eigenschaften ihrer Bestandteile abzuleiten ist.

... Es trifft zu, dass alle materiellen Dinge aus Quantenpartikeln bestehen, dass mit allen physikalischen Vorgängen Energieströme verbunden sind und dass alle physikalischen Ereignisse in dem durch das universale Gravitationsfeld gegebenen Rahmen der Raumzeit stattfinden. Aber all das sagt uns herzlich wenig über das Wachstum von Kiefern, die Wirkung der Sexualhormone, das Sozialleben der Bienen, die Entwicklung der indoeuropäischen Sprachen oder das Design von Computersoftware. ...
Rupert Sheldrake; Der Wissenschaftswahn

Und schon gar nicht wird uns, falls sie jemals gefunden werden sollte, diese „Theorie von Allem“, diese „Weltformel“, so sie nicht die spirituelle Dimension des Seins und die seelisch/geistige Komponente des Mensch-Seins miteinbezieht, die wirklich seit jeher brennendsten Fragen der Menschheit beantworten. Nämlich die Fragen: Wer sind wir? Woher kommen wir? Wohin gehen wir? Und was ist der Sinn des Ganzen?

... Ich vertrete den Standpunkt, dass das menschliche Mysterium – durch den wissenschaftlichen Reduktionismus und seine auf einem verheißungsvollen Materialismus basierende Behauptung, letztlich die gesamte spirituelle Welt über die Muster neuronaler Aktivität erfassen zu können, – unglaublich herabgewürdigt wird. Diese Überzeugung muss als Aberglaube eingestuft werden ... wir müssen erkennen, dass wir sowohl spirituelle Wesen sind mit Seelen, die in einer geistigen Welt existieren, als auch materielle Wesen mit Körper und Gehirn, die in einer materiellen Welt leben. ... Sir John C. Eccles; Neurophysiologe

... *Ab dem Tag, an dem die Wissenschaft anfängt, nicht physische Phänomene zu untersuchen, wird sie in einem Jahrzehnt mehr Fortschritte erzielen als in allen vorangegangenen Jahrhunderten.* ... Nikola Tesla.

Und vielleicht gibt es ja auch bestimmte Grenzen der Verständnis- und Erklärungsmöglichkeiten. Man kann wohl einer Ameise nicht stringent erklären, wie ein Auto funktioniert oder einer Katze verstehen lassen, was genau uns Platon mit seinem Höhlengleichnis sagen will. Und vielleicht ist es uns Menschen dementsprechend – zumindest heute noch – auch nicht wirklich möglich, zu verstehen, wie das Universum funktioniert.

Die gängigsten und modernsten Ansätze für so einen „Vereinheitlichungs-Versuch" möchte ich hier dennoch erwähnen.

5.1 Die String- und die Superstring-Theorien

Die fundamentalen Bausteine, aus denen sich unsere Welt zusammensetzt, sind bei der String-theorie nicht die im Standardmodell der Teilchenphysik dafür herangezogenen (null-dimensionalen) Elementarteilchen, sondern in verschiedenen Schwingungsfrequenzen vibrierende (ein-dimensionale) „strings" (Saiten). Die Elementarteilchen entstehen laut dieser Theorie durch die Schwingungs-Anregungen der Strings / Saiten.

Als (Ex)-Musiker gefällt mir die Idee natürlich sehr, dass alles, was es gibt, durch unterschiedliche Schwingungen erzeugt wird – ein Universum der Töne, Klänge, Melodien und Harmonien. (siehe auch: Joachim-Ernst Behrendts wunderbares Buch; Nada Brahma – Die Welt ist Klang).

Die aus den String-Theorien weiterentwickelte Superstring-Theorie bezieht in ihrem Erklärungsversuch die sogenannte *Supersymmetrie* mit ein und ordnet jedem der bisher bekannten Elementarteilchen ein hypothetisches symmetrisches „Partnerteilchen" zu. Tatsächlich würden mit dieser Theorie eine Menge bisher kaum lösbarer Rätsel, wie z.B. „die dunkle Materie" erklärbar.

Schlüssig funktionieren würden diese Theorien allerdings nur in einem multi-dimensionalen Universum mit zumindest zehn Dimensionen. Dass wir davon nur drei bis vier mitbekommen, wird damit erklärt, dass die anderen zu winzigen Fäden aufgerollt, bzw. unvorstellbar groß sind.

5.2 Die M-Theorie

ist der Versuch des Physikers Edward Witten die fünf verschiedenen Superstring-Theorien in einer Übertheorie zu vereinen und da er dabei eine weitere – elfte – Dimension fand, diese mit der elf-dimensionalen Supergravitation zu verbinden. Damit gelang es (vielleicht), die Gravitation mit den anderen drei Kräften – schwache Kraft, starke Kraft und elektro-magnetische Kraft – zu vereinen und vielleicht gelang ja so die heiß ersehnte Vereinigung der vier Grundkräfte.

Als fundamentale Bausteine des Universums werden bei dieser Theorie nicht nur mehr ein-dimensionale Strings, sondern mehrdimensionale Objekte, sogenannte „branes" gesehen.

Was beiden dieser Theorien gemeinsam ist, ist die wohl recht unelegante Methode eine „Vereinheitlichung" zu finden, indem man dafür eine schier unübersichtliche Zahl von zusätzlichen Dimensionen und Unmengen von Universen herbeierklären muss.

5.3 Die Quanten-Loop-Theorie

Bei diesem Ansatz wird Raum als dynamisches quantenmechanisches „Spin-Netzwerk“ erklärt. Dieses Netz ist nicht in den Raum eigebettet, dieses Netz ist der Raum.

Das Netz wird gebildet aus Knoten, die mit Linien verbunden sind, wobei den Knoten oder bestimmten Knoten-Kombinationen Eigenschaften zugeordnet werden, die in etwa den Elementarteilchen entsprechen.

Innerhalb des Netzes findet ständig Veränderung statt – Vereinigung von Knoten oder Entstehung mehrerer Knoten aus einem – (dies wird als „Spin-Schaum“ bezeichnet) und diese Veränderungen „erschaffen“ einen Zeitfluss. Sie sind nicht in die Zeit eingebettet, sie „dauern“ nicht, sie sind und erschaffen durch ihre Veränderung die Zeit.

5.4 Gravitation und Abstoßung ? – ein atmendes, pulsendes Universum

Was alle drei dieser Theorien eint, ist die Tatsache, dass sie den Urknall nicht mehr unbedingt als den Anfang des Universums sehen, sondern eher als eine Art Übergang aus einem Zustand in einen anderen, in einem ewig existierenden Universum. Und damit würden uns diese Theorien vor der (so gerne wegverdrängten) Frage: „und was war vor dem Urknall?“ erlösen. (Die gängige und extrem unbefriedigende Antwort darauf ist meist, dass es so etwas wie „vor dem Urknall“ ja nicht gibt, da Zeit und Raum mit dem Urknall erst entstanden sind).

Man geht bei den Berechnungen für diese Theorien von einem kleinstmöglichen Raum- und Volumenelement aus – nicht mehr von der Existenz einer „Singularität“, eines unendlich kleinen Punktes. Daraus erfolgt, dass auch kein Zustand unendlicher Dichte und Temperatur in einem fiktiven Nullpunkt entstehen kann, sondern dass bei sehr großen Energiedichten Abstoßungskräfte entstehen. Gravitation wird dann zu Abstoßung. Daraus folgt ein stetiges, ewiges Expandieren und Zusammenziehen, ein Explodieren und Implodieren des Universums, ein „zyklisches, atmendes Universum".

Das Universum pulsiert nicht in einem „Über-Raum" sondern es bildet durch sein Implodieren und Explodieren den Raum. Es pulsiert nicht „in der Zeit", ihr Puls ist die Zeit.

...

Diese Idee, die hier auf das gesamte Universum angedacht ist, nämlich dass Gravitation sich bei Erreichen von einer bestimmten Energiedichte in Abstoßungs-Energie umwandelt, – könnte doch eventuell vielleicht auch auf jeden einzelnen Himmelskörper angedacht werden. Das würde bedeuten, dass sich die zunehmende Gravitation in der Nähe des Mittelpunktes eines Planeten an einem bestimmten Punkt zu Abstoßung umwandelt und somit sich Anziehungs- und Abstoßungskräfte „von außerhalb der Aura" des Planeten betrachtet, quasi gegenrechnen oder gar auslöschen könnten.

Dies ergebe ein völlig anderes als das übliche Bild auf den Tanz der Himmelskörper miteinander, nach dem diese ungeheuer „schweren Brocken" nur durch die Zentrifugalkräfte ihrer Umlaufbahnen an ihren Plätzen gehalten werden und nur durch rasende Geschwindigkeiten (von denen man so gar nichts spürt) vor dem Ineinander- oder Auseinanderstürzen bewahrt werden.

Irgendwie gefällt mir ein Bild von im All (nahezu?) schwerelos schwebenden Himmelskörpern sehr viel besser. Und es entspräche auch viel eher den Bildern, die von den diversen Raumsonden und Astronauten übertragen werden. – Aber mein „wissenschaftliches" Verständnis reicht leider so gar nicht aus, dieser Idee weiter nachzugehen. – Und vielleicht spricht ja auch dagegen, dass es offensichtlich mithilfe der üblichen Schwerkraft- und Geschwindigkeits-

Berechnungen gelingt, Satelliten bis zu den entferntesten Planeten unseres Sonnensystems zu schicken. Und die diversen Apollomissionen haben ja auch wieder (fast) alle zurück zur Erde gefunden.

Und doch – Giordano Bruno meint jedenfalls:
... Weiter ist es folglich noch weniger möglich, dass die großen Körper schwer oder leicht sind, wenn das Universum unendlich ist; denn sie haben dann kein Verhältnis der Entfernung oder Nähe zu einem Außenkreis oder Mittelpunkt; mithin ist die Erde an ihrem Ort nicht schwerer als die Sonne an dem ihren, Saturn an dem seinen, der Polarstern an dem seinen. ...
... Und ich sage noch einmal, dass nichts im absoluten Sinne schwer oder leicht ist, sondern nur in bestimmter Hinsicht, und damit will ich sagen, hinsichtlich des Ortes, zu dem die zerstreuten Teile zurückkehren und bei dem sie sich sammeln. ...
Giordano Bruno; Über das Unendliche, das Universum und die Welten.

6.
Bewusstsein „erleuchtet“ die Physik der Formeln

... Damit die Physik etwas einbeziehen kann, dass unserem heutigen physikalischen Weltbild so fremd ist wie das Phänomen des Bewusstseins, sind tiefgreifende Veränderungen zu erwarten, die unser philosophisches Grundverständnis von Realität berühren. ...
Roger Penrose; Schatten des Geistes. Wege zu einer neuen Physik des Bewusstseins.

Die in diesem Kapitel in Folge vorgestellten Dimensionen-Modelle gehen in vieler Hinsicht über die bisher beschriebenen drei Welterklärungsmodelle (String-, Schleifen- und M-Theorie) weit hinaus.

Die Modelle der Welt von **Burkhard Heim**, **David Bohm** und **Jean E. Charon** unterscheiden sich ganz grundsätzlich von den bisher vorgestellten dadurch, dass sie die Phänomene „Geist“ und „Bewusstsein“ in ihre Erklärungen miteinbeziehen und somit das „Innen“ und darüber hinaus, etwas das „Innen und Außen Transzendierendes“ als grundlegenden Bestandteil unserer Wirklichkeit (an)erkennen. Geist und Bewusstsein sind in diesen Modellen keine Epiphänomene der Materie mehr, sondern werden zumindest gleichbedeutend, wenn nicht sogar eher ursächlich gesehen.

6.1 Burkhard Heims' 6-Dimensionen-Modell

Der deutsche **Burkhard Heim** (1925-2001) ist sicher eine der interessantesten, schillerndsten, genialsten, für manche auch umstrittensten und vom wissenschaftlichem „Establishment" eher als Außenseiter betrachteten Physiker des vergangenen Jahrhunderts.

Viele namhafte Wissenschaftler sind der Meinung, dass Heim die von allen so eifrig und fieberhaft gesuchte sogenannte Weltformel, mittels der praktisch alles berechenbar sein könnte – mit seiner „einheitlichen Masseformel" und der erweiterten „einheitlichen Feldtheorie" gefunden hat. Andere wollen in Heim, eher einen „Esoteriker" sehen.

Heim ging bei seinen Berechnungen von der Gravitation aus und errechnete eine „kleinste vorstellbare Fläche", die der Fläche eines „Neutrinos", aus denen das gesamte Universum besteht, entspricht.

In jahrzehntelanger „mühevollster" Arbeit entwickelte er ein weitaus umfassenderes und genaueres Modell, als die allgemein bekannteren, im vorigen Kapitel vorgestellten Theorien.

Auf jeden Fall sind seine Berechnungen der Elementarteilchen so genau, wie keine anderen und werden deshalb auch bei den Experimenten in Cern und anderen Orten als Referenz benutzt. Ich habe im vorigen Satz „mühevollster" Arbeit geschrieben, da Heim unter den denkbar ungünstigsten Bedingungen forschte. Bei einem Experiment sprengte er sich schon als 19-jähriger beide Hände weg und war in Folge auch noch schwerst seh- und hör-behindert. Nur die aufopferungsvolle Unterstützung seines Vaters ermöglichte ihm seine Forschungen (teilweise unter Heisenberg am Max Plank Institut).

In dem Buch: „Strukturen der physikalischen Welt und ihrer nicht-materiellen Seite" hat Burkhard Heim gemeinsam mit dem Theoretiker Walter Dröscher aus Wien ein Dimensionen-Modell vorgestellt, aus dem sich sowohl die Aussagen der Quantentheorie, sowie die der allgemeinen Relativitätstheorie, als auch das Standardmodell der Teilchenphysik ableiten lassen.

Heim errechnet in seiner erweiterten Feldtheorie zusätzlich zu den allgemein bekannten vier Dimensionen (mit ihren drei räumlichen und einer zeitlichen Koordinate) noch mindestens zwei weitere Dimensionen, die man sich als „Bewusstseinsräume" vorstellen kann und die eine Art Steuerungsfunktion erfüllen – bzw. aus denen heraus sich die unteren Dimensionen erst entfalten können.

Eine organisatorische Dimension (zur Realisierung spezieller Strukturen) und

eine informatorische Dimension (die potentielle Strukturmöglichkeiten enthält).

Diese beiden Dimensionen fasst Heim zusammen zu einer 5.Dimension.

Des Weiteren errechnete Heim noch eine weitere Dimension, einen „Hyperraum", einen geistig/spirituellen Hintergrundraum.

Aus diesen Berechnungen folgt ein 6-dimensionales Weltbild, das aufgrund der errechneten Koordinatenzahlen auch, als 12-dimensional angesehen werden kann.

Auf diese Weise wurde die 4-dimensionale-Raumzeit, in der sich alle manifesten Ereignisse des „materiellen" Geschehens abspielen zu einem 6-dimensionalen virtuellen Raum erweitert, in dem die Geschehnisse stattfinden, die erst eine 4-dimensionale Manifestation ermöglichen. Unsere 4-dimensionale Realität ist sozusagen eine „Kondensierung", eine Projektion von fundamentalen Prozessen, die in einem 6-dimensionalen „virtuellen Raum" außerhalb der Raum-Zeit stattfinden und in dem unsere Raum-Zeit eingebettet ist.

In einem Vortrag sagte Heim über diese 6. Dimension (den Hyperraum) folgendes:

... (Diese 6. Dimension) *können wir nicht interpretieren, das ist eigentlich ein völlig unbekanntes Gebiet, ... weit jenseits der materiel-*

len Welt. ... Das, was man tatsächlich mitbekommt, sind hochsymmetrische aber zeitlose Strukturen, die über die informatorischen Koordinaten in jeden beliebigen Zeitschnitt des raum-zeitigen Kosmos eingreifen und etwas ändern können, völlig gleichgültig ob das – bezogen auf uns Menschen, – vergangen, gegenwärtig, oder zukünftig ist. ...
... Weil die Strukturen völlig unverständlich sind, nennen wir (Dröscher und Heim) *sie die GABs, das heißt „Gott alleine bekannt", – wir wissen es nicht. Und deswegen nennen wir diesen Raum, den G4, – aus Spaß. –*
Aber vielleicht ist es der zeitlose Webstuhl der Zeit wo die Schicksalsfäden zusammen gewoben werden weil ja jeder Zeitschnitt zugänglich ist. ...

Burkhard Heim gelingt mit seinem 6-dimensionalen Weltbild die einheitliche Beschreibung physikalischer, biologischer und psychischer Prozesse und er gibt somit eine – auf wissenschaftlichen Berechnungen basierende – mögliche sinnvolle Antwort auf die ewige Frage des Zusammenwirkens von „Körper – Seele – Geist".

Mit diesem Modell sagt uns Heim, dass jeder Mensch ein geistig-spirituelles Wesen ist, – und er definiert Leben als eine Verbindung eines geistig-spirituellen Wesens mit einem materiellen Körper.

Heims' Modell bietet außerdem brauchbare, erklärbare Lösungen an – für praktisch alle bisherigen Ungereimtheiten und „übergangenen" Diskrepanzen, betreffend der Vakuumenergie, der Teilchen-Massen, der erforderlichen „Störungsrechnungen" und seltsamen, – um sich den gewünschten Ergebnissen anzunähernden, – notwendigen „Kompaktifizierungen" von Dimensionen der gängigen Theorien, (String, Superstring, M-Theorie, Schleifen-Quanten-Gravitation, ...).

Außerdem bietet das 6-Dimensionen-Modell mit den „ordnenden" höheren Dimensionen eine gute Erklärung dafür, woher die

Ordnung in dem sich eigentlich (laut des 2. Hauptsatzes der Thermodynamik) zum Chaos hinentwickeln sollendem Universum kommt. Es gibt also offensichtlich – und dank Heim auch wissenschaftlich errechnet – diese Entwicklung hin zum Vollkommenerem, zum Harmonischerem, die wir ja auch in unserem Leben, in der „Evolution" unserer Persönlichkeitsentwicklung feststellen können. (na ja – wenigstens manchmal).

6.2 Querverbindungen zum Dimensionen-Modell des Nagual-Schamanismus

- ein kurzer Überblick

Spannender Weise stimmt das Heim'sche Dimensionen-Modell recht genau mit dem **Dimensionen-Modell des Nagual-Schamanismus** überein. – (siehe ausführlicher auch Teil 3 Grundlagen des Nagual-Schamanismus).

Vielleicht mit der nicht unwesentlichen Einschränkung, dass im nagual-schamanischen Dimensionen-Modell Zeit nicht als eigene 4. Dimension gesehen wird, sondern eingewoben und untrennbar verbunden in einer drei-dimensionalen Raum/Zeit/Leben-Realität enthalten ist. Denn die Erfahrung „Zeit", das Erleben von einer Gegenwart, die in die nächste übergeht und von der schon wieder nächsten abgelöst wird, ist wohl ein Phänomen, das mit dem „physischen Leben" in der 3. Dimension untrennbar verbunden ist.

Also im nagual-schamanischen Dimensionen-Modell ist Zeit schon in der 3. Dimension wirksam und ein integrierter Teil dieser drei Dimensionen. Die nagual-schamanische 4. Dimension wäre diejenige, in der Entscheidungen und Auswahlen getroffen werden – (Gedanken, Gefühle, Werte, Entscheidungen, ...). Es ist die Dimension *der Bestimmung, des Bedeutung-gebens und Organisierens.* Die 5. Dimension bietet alle die Möglichkeiten, alle die Potentialitäten, aus denen man wählen und entscheiden kann. *Information und Kommunikation.*

Diese nagual-schamanische Erklärung der 4. und 5. Dimension entspräche somit in etwa Heims' 5. (Doppel)-Dimension, in der eine „organisatorische Dimension, für die Realisierung spezieller Strukturen" (die 4. nagual-schamanische Dimension) – und eine „informatorische Dimension für alle möglichen potentiellen Strukturen“ (die 5. nagual-schamanische Dimension) enthalten sind. (siehe auch Teil 3). Heims Hyperraum entspräche dann wohl der nagual-schamanischen 6. Dimension, dem Bereich der Tänzer.

...

In Heims erweitertem Dimensionen-Modell fänden natürlich auch R.Sheldrakes „morphogenetische Felder“, D.Bohms in folgendem Kapitel beschriebene „implizite und explizite Ordnung“, und auch C.G.Jungs Modell des „kollektiven Unbewussten“ ihren gut erklärbaren Platz.

Darüber hinaus ergibt sich eine überraschend klare Übereinstimmung dieser wissenschaftlich errechneten „modernen physikalischen Theorie“ mit uralten östlichen Philosophien und Religionen, wie dem Brahmanismus, dem Buddhismus und dem Taoismus.

All diese erwähnten alten spirituellen Denksysteme und auch der Nagual-Schamanismus kommen – genauso wie die Erkenntnisse der modernen Wissenschaftler – zum gleichen Schluss:

Die Welt der getrennten Dinge, unsere sogenannte Realität, ist nichts anderes, als eine geistige Abstraktion, eine selbst geschaffene Illusion, oder besser Imagination, der eine tiefere „holistische“, vereinende „Wirklichkeit“, ein untrennbares Ganzes zugrunde liegt.

Dies finden wir auch bestätigt in David Bohms Theorie der „holomovement“ im nächsten Kapitel.

6.3 Da Draußen – hier Drinnen – das Ganze

Der Einstein-Schüler/Mitarbeiter und Quantentheoretiker **David Bohm** stellt eine „holographische Theorie“ auf, nach der es zwei Teilbereiche unserer Wirklichkeit gibt.

Er nennt diese die „implizite Ordnung“ und die „explizite Ordnung“ – bzw. den impliziten und den expliziten Bereich. („implizit“ meint: nicht ausgedrückt oder ausgeführt – alles als Anlage und Potential enthaltend – „explizit“ meint: ausgedrückt, vollzogen, ausführlich und differenziert dargestellt).

In der impliziten Ordnung, die Bohm auch „holomovement“ (etwa: die Bewegung des Ganzen) nennt, existiert Materie, Energie und Bewusstsein als ein Ganzes. Wird Energie und Materie beobachtet, – also, wenn es geschieht, dass „das Ganze“ sich auffaltet zu Materie und Energie „da draußen“, und zu Bewusstsein, das als „mind“ (Geist/Verstand) von „hier drinnen“ diese Materie und Energie beobachtet, – dann wird die implizite Ordnung des Ganzen explizit durch das Erscheinen einer „Außenwelt“ und dem „mind“ (Geist/Verstand), der „Innenwelt“ des Beobachters, der diese wahrnimmt.

Der **„explizite Bereich“** ist die „normale“ Welt, wie wir sie durch unsere Sinne wahrnehmen. Es ist die Welt der „Dinge“, in der Objekte und Gegenstände deutlich getrennt voneinander existieren und aufeinander einwirken – (das Draußen). Und es ist auch die Welt der „feinstofflichen“ Seins-Phänomene, wie unser Denken und Fühlen – (das Drinnen). – Also im nagual-schamanischem Modell entspräche dies den Dimensionen 3 und 4.

Der **„implizite Bereich“** entspricht in etwa dem „Quantenäther“ oder Wheelers „Quantenschaum“. In dieser „höher-dimensionalen Realität“ existieren keine Dinge und Objekte, sie ist „holographisch“, das heißt Alles ist in allem Anderen enthalten – in nicht manifester, sondern „eingefalteter“ Form, außerhalb unserer normalen Raum-Zeit.

Die „implizite Ordnung“ ist wesentlich grundlegender und umfassender als die „explizite Ordnung“, die eigentlich nur eine mögliche Entfaltung, ein Ausdruck der „impliziten Ordnung“ ist.

Diese ist damit das höher-dimensionale virtuelle Potential, die Ur-Information, das bildhafte (archetypische) Ur-Modell jeder „expliziten“ Verwirklichung dieses Potentials.

So eine Einteilung der „Realität“ in zwei Aspekte findet sich auch wieder bei den Aborigines in Australien:

Hier gibt es eine erste, ursprüngliche Welt, die **„dream-time“** genannt wird und in der alles Vergangene, Gegenwärtige und Zukünftige enthalten ist – und aus der heraus sich die zweite Welt – die Realität, wie wir sie erleben – als ein Traum heraushebt. Wobei die erste, die „Dreamtime“ als die wesentlich „realere“ angesehen wird.

Diese Einteilung – die von David Bohm, sowohl wie die der Aborigines – entspricht ziemlich genau der nagual-schamanischen Erklärung von **„Tonal“ und „Nagual“** – (siehe Kapitel 1.1)

6.4 BEWUSSTSEIN als „höher-dimensionale“ Wirklichkeit

Wie auch schon in den vorigen Kapiteln betont, ist bei der Erfassung des Phänomens BEWUSSTSEINS das wohl wichtigste Kriterium:

- Versteht man darunter ein Bewusstsein, das von menschlicher Gehirntätigkeit abhängig ist, also von menschlicher Neurologie kreiert wird und ohne dieser nicht existent wäre – also eher etwas „mentales“ – einen „Gehirn-Geist“, der sich evolutionär aus Materie entwickelt hat – bzw. schon seit Anbeginn das „geistig/mentale Innen“ des „körperlich/materiellen Außen“ darstellt.
- Oder meint man mit Bewusstsein ein unabhängig von menschlicher Gehirntätigkeit bestehendes Seins-Phänomen, das als „Spirit“, als reines Sein, als (großgeschriebener) GEIST, als allumfassendes Bewusstsein, als Tao, als Nagual, als Gott, als Wakan Tanka, als Brahman, als Urgrund des Seins existiert – und als Shiva, Wakan und Seiendes in allen Formen aller Dinge und allen fühlenden Wesen innewohnt und schwingt? – Also letztlich auch in den allerkleinsten Bestandteilen der „Materie“, wie Elektronen, Photonen und Quanten.

Nimmt man Zweiteres an, so ist das schon oft erwähnte „Sowohl-als-auch“ eigentlich leicht erfassbar.

„Spirit“ oder das umfassend gemeinte Bewusstsein, das SEIN verwirklicht sich „hinunter“, absteigend als Urgrund alles SEIENDEN und Ursprung alles WERDENDEN in der entfalteten Vielfalt alles GEWORDENEN – und mit dem Ziel der (Wieder)-Vereinigung mit dem allumfassenden Bewusstsein erlöst sich die entfaltete Vielheit wieder in der (dadurch bereicherten) Einheit.
(siehe auch, Seiten 221 und 226)

Und unser „Selbst", nicht das „Ego", sondern unser transpersonales Selbst, unser „Selbst-Bewusstsein", unser „Sich-Seiner-Selbst-Bewusst-Sein" ist die Brücke, durch die wir bewusst teilhaben können am allumfassenden Bewusstsein des Alles, – so es gelingt die Konditionierungen des Egos zu umgehen. Und diese sind: die Einschränkungen und Filter der „Schilde" (der Konsens-Realität und unser Umgang mit ihr) sowie die Identifikation mit dem Körper, den Gefühlen und dem Denken.

... Der Impuls des Seienden ist gleichzeitig mein eigener Impuls (Zweieinheit). Dieser Impuls kann nur wahrgenommen werden, wenn keine Konditionierung vorliegt, welche ihn für mein Bewusstsein unspürbar macht. ... Jean E. Charon; zitiert von Walter Häge; Der Quantenphysiker Jean Emile Charon.

...Es gibt nur ein einziges Bewusstsein und wir alle sind Teile dieses einzigen Bewusstseins. ... Erwin Schrödinger; Meine Weltansicht

... Bewusstsein ist die Grundlage allen Seins, und unser Selbstbewusstsein ist eben dieses Bewusstsein. ... Amit Goswami; Das bewusste Universum.

Man kann, denke ich, getrost die Evolution und die Involution, den „Aufstieg" und den „Abstieg" als einander ergänzenden nur so vollständigen Kreislauf bezeichnen. Ein schon erwähnter Ouroboros, eine sich in den Schwanz beißende geflügelte Schlange aus sich in Substanz verwirklichendem Spirit und konkrete Wirklichkeiten transzendierende Substanz zurück zu Spirit.

... Die Vielheit ist bloßer Schein; in Wahrheit gibt es nur ein Bewusstsein. ... Erwin Schrödinger; Das arithmetische Paradoxon – Die Einheit des Bewusstseins, in H.P.Dürr, (HRSG.); Physik & Transzendenz.

Ken Wilber schreibt dazu:
... Fliehe die Vielen, und suche das Eine; hast du es gefunden, so erkenne und umfange die Vielen als das Eine. ...

Ich denke, dies ist der wesentliche Punkt, der klarmacht, dass das Wieder-Erkennen des Einen der bedeutungsvolle Akt ist, der die vielschichtige, vielgestaltige Dualität erst auflöst.

Also erst das „Sowohl-als-auch“ schließt den Kreis und löst das ewige Problem von Ursache und Wirkung, Bewusstsein und Materie, Evolution und Involution – als all-umfassendes, nicht-duales Bewusstsein.

Und dieses „höher-dimensionale“, nicht-duale Bewusstsein ist existentieller Bestandteil jeder Form selbst-organisierenden Lebens und ermöglicht den Organismen das Erleben einer „Innen-Qualität“ in Form von – natürlich der jeweiligen Evolutionsebene entsprechenden – „Gefühlen, Erfahrungen und Erinnerungen“, so erstaunlich das auch bei – zum Beispiel – einfachen Molekülen oder sogar Elektronen erscheinen mag.

... Ich glaube, unser Bewusstsein ist nicht einfach ein passives Begleitphänomen, das vom Strom der chemischen Ereignisse in unserem Gehirn mitgetragen wird, sondern eine aktive Instanz, die den molekularen Komplexen aufträgt, sich zwischen einem möglichen Quantenzustand und einem anderen zu entscheiden. Anders gesagt, Geist ist bereits jedem Elektron immanent, und die menschlichen Bewusstseinsprozesse unterscheiden sich nur graduell und nicht grundsätzlich von den Entscheidungsprozessen zwischen verschiedenen Quantenzuständen, die wir „zufällig“ nennen, wenn sie von Elektronen getroffen werden. ...
Der Physiker und Mathematiker, einer der Väter der Quantenelektrodynamik, Freeman Dyson; Innenansichten: Erinnerungen an die Zukunft.

Mit diesen Gedanken sind wir letztlich beim sogenannten **Panpsychismus** angelangt, der davon ausgeht, dass alles selbstorganisierende Leben Bewusstsein, Gefühle und Erfahrungen hat.

... Vielleicht machen alle physikalischen und biologischen Organismen Erfahrungen und haben Gefühle, zum Beispiel Atome, Moleküle, Kristalle, Zellen, Gewebe, Organe, Pflanzen, Tiere, Tiergesellschaften, Ökosysteme, Planeten, Sonnensysteme und Galaxien. ...
Rupert Sheldrake; Der Wissenschaftswahn.

Die Idee des Panpsychismus, dass die gesamte Natur und alle Wesen „beseelt" sind, ist allerdings gar keine Neue, sondern war zu allen Zeiten die gängige und allgemein vertretene Ansicht der Menschen. **Bei praktisch allen „alten" Kulturen und Naturvölkern**, sowie auch bei Griechen, Kelten, Germanen – und allgemein bis zum Auftauchen des „mechanistischen" Weltbildes eines Descartes und Newton – **war die Vorstellung einer lebendigen, beseelten Welt eine Selbstverständlichkeit**.

Und natürlich ist dies auch die Basis und das Selbstverständnis jeglicher „schamanischer" Weltsicht.

Auch der unglaublich geniale **Giordano Bruno** war dieser Ansicht:
... Wenn also Geist, Seele und Leben sich in allen Dingen vorfindet und in gewissen Abstufungen die ganze Materie erfüllt, so ist der Geist offenbar die wahre Wirklichkeit und die wahre Form aller Dinge. Die Weltseele ist also das konstituierende Formalprinzip des Universums und dessen was es enthält; d.h. wenn das Leben sich in allen Dingen findet, so ist die Seele Form aller Dinge; sie ist überall die ordnende Macht für die Materie und herrscht in dem Zusammengesetzten; sie bewirkt die Zusammensetzung und den Zusammenhalt der Theile. ...

Über die Ursache, das Prinzip und das Eine; Giordano Bruno, geboren 1548 – und 1600 von der „Heiligen Inquisition“ am Scheiterhaufen verbrannt. (!)

Und auch für den Universalgelehrten **Gottfried Wilhelm Leibniz** (1646-1716) besaßen die Grundelemente der Materie, die er „Monaden“ nannte, Seele und Bewusstsein und waren sowohl physikalische als auch geistige Zentren der Erfahrung. Er sah jede Monade als einen lebendigen Spiegel, der das gesamte Universum aus seinem jeweiligen Blickwinkel widerspiegelt.

Diese Idee einer Spiegelung findet sich auch im **Zen-Buddhismus**.
... Ein Spiegel spiegelt sich in allen Spiegeln, alle Spiegel spiegeln sich gesammelt in einem Spiegel. Dieses Spiegeln ist die Wirklichkeit der wirklichen Welt. ...
Der Ochs und sein Hirte. Eine altchinesische Zen-Geschichte, erläutert von Daizohkutsu R. Ohtsu.

Bei **Jean Emile Charon** (siehe nächstes Kapitel) sind diese (Leibniz'schen) Monaden kommunizierende Elektronen mit Bewusstsein, bzw. sind dieses Bewusstsein.
Charon sowie eine Menge Physiker der Universitäten von Pasadena und Princeton in den USA, – man nennt sie die „Gnostiker von Princeton“ -, meinen, dass „geistige“ und „psychische“ Impulse schon in den Elektronen und Photonen angelegt sind.

Joachim-Ernst Berendt *... In der Neuen Biologie gilt: Jede einzelne Zelle enthält die gesamte Information. Nicht nur eines einzelnen Wesens, nicht nur der gesamten Menschheit, sondern allen zellularen Lebens auf unserem Planeten. Die Teilchenphysiker gehen noch weiter – zum Beispiel die „Bootstrap“-Physiker in Berkeley:*

„Jedes Elektron enthält das ‚Wissen' aller Elektronen des Universums". ... "Jedes Teilchen besteht aus allen Teilchen". ...
... Bereits die Physiker John A. Wheeler und Richard P. Feynman gingen davon aus, dass es im Universum nur ein einziges Elektron gibt. Dieses Elektron enthält alle übrigen Elektronen. Wie die Perle des indischen Gottes Indra, die alle Perlen der Welt enthält und gleichzeitig in jeder dieser Perlen verborgen ist. ...

Dies ist eine exzellente Metapher für ein Hologramm und erinnert an die oben beschriebenen Spiegel in der Zen-geschichte – und ist auch eine gute Beschreibung von „Wakan" und im Eigentlichen von „Bewusstsein".
Weiter:
... Bohm hat den Begriff der „ungebrochenen Ganzheit" geprägt: „Ein Quanten-Vielkörper-System kann nicht richtig zerlegt werden in unabhängig voneinander existierende Teile ... Wir müssen die klassische Idee von der Zerlegbarkeit der Welt verneinen ..."
... „In der Tat ist der Versuch, gemäß der Vorstellung zu leben, die Teilstücke (in die wir die Welt zerlegen) seien wirklich voneinander getrennt, wesentlich schuld an der Zunahme äußerst bedrohlicher Krisen, die uns heute reihenweise ins Haus stehen. So hat uns diese Lebensweise bekanntlich die Umweltverschmutzung, die Zerstörung des natürlichen Gleichgewichts, die Überbevölkerung, das weltweite ökonomische und politische Chaos beschert ..." (D.Bohm)
... Als „pure Magie" mag man auch das empfinden, was für David Bohm die entscheidende Aussage seiner „holomovement" ist. Aber erstaunlicherweise ist es die gleiche Magie, die uns Schamanen, Medizinmänner und spirituelle Menschen seit je gelehrt haben: Alles ist ein einziges, großes, ganzes, umfassendes, in ständiger Bewegung befindliches System. ...
Alles kursiv Gedruckte zitiert aus **Joachim-Ernst Berendt**; Das Dritte Ohr.

6.5 Elektronen / Äonen als „Träger“ des Bewusstseins

In einem ähnlichen Ansatz, wie Burkhard Heim, aber meines Wissens völlig unabhängig und eigenständig, entwickelte der französische Nuklearphysiker und Philosoph **Jean Emile Charon** Einsteins Relativitätstheorie weiter, indem er als wesentlichen Faktor den „Geist“ hinzubringt. Er nennt sein Lebenswerk die „Komplexe Relativitätstheorie“, wobei unter komplex gemeint ist, dass das Unsichtbare, der Geist und das Sichtbare, die Materie beides berücksichtigt werden. Und unter Geist („l’esprit“) versteht Charon, wie er deutlich macht, nicht das Mentale, sondern Bewusstsein, kosmisches Bewusstsein, jegliches Sich-Seiner-Selbst Bewusstsein als Einheit.

... Charon beweist in seiner Theorie, dass die vier bekannten Dimensionen (die drei räumlichen plus die Zeit) aufgespalten sind in einen „realen“ und in einen „irrealen“ Teil, wobei der reale Teil mit unseren Sinnen nicht direkt erfassbar ist, sondern nur über unseren Geist. Unser Geist ist die Brücke vom Irrealen (unsere materielle Welt) hin zum Realen (zu unserer vorgelagerten Ebene der Verursachung). ... Walter Häge; Der Quantenphysiker Jean Emile Charon

Dass unsere materielle Welt, die wir irrtümlich „Realität“ nennen, der“ irreale“ Teil und der unseren Sinnen verschlossene Teil der „reale“ ist, erinnert sehr an die Auffassung östlicher Traditionen, wonach unsere Alltagswelt als „Maya“, als Illusion aufgefasst wird – und die tiefere zugrunde liegende Ganzheit „Brahman“ genannt wird. (Siehe auch Kapitel 7).

Genauso findet sich diese (zweimal vier) Aufteilung wieder in der nagual-schamanischen Lehre von den Schilden und den Tänzern, –

auch da ist die höher-dimensionale „Tänzer-Realität" die wahre und unsere Alltags-Realität der Schilde die Ego-konditionierte – irreale.

In Charons' Beschreibung des Universums sind Geist / Bewusstsein und Materie nicht mehr getrennt zu verstehen und er sieht den Sitz und Ursprung des Bewusstseins und aller „geistiger" als auch „physischer" Phänomene in den kleinsten Bausteinen des Universums, den Elektronen. Für Charon ist ein Elektron, das er auch „E-on/Äon" nennt, ein umschlossener Zeit-Raum, eine denkende, intelligente Einheit, ein Mikro-Universum.

Und nicht nur sind diese Elektronen, die unsere Körper und das gesamte Universum formen, die Träger des Bewusstseins und des Geistes – nein – sie sind dieses Bewusstsein und dieser Geist selbst – und entwickeln das Bewusstsein weiter, indem sie in den verschiedenen Lebensformen (Minerale, Pflanzen, Tiere und Menschen) und deren aufeinanderfolgenden Lebenszeiten Erfahrungen sammeln und so eine Bewusstseins-Evolution erschaffen und „durchwandern".

Wir können daraus folgern:

Die Evolution ist nicht eine Entwicklung der Arten und ihrer Vielfalt – von Mineral zu Pflanze zu Tier zu Mensch, sondern eine Evolution des Bewusstseins der kleinsten Bausteine, der Photonen und Elektronen. – Und Mineral, Pflanze, Tier und Mensch sind nur Träger und Vehikel um diese Bewusstseins-"Erschaffung" und -„Vermehrung" auf vielfältige und verschiedenartige Weise voranzutreiben.

Der Mensch ist – so betrachtet – also nicht die Krone der Schöpfung, sondern bloß eine von mehreren unterschiedlichen Erfahrungsmöglichkeiten des Bewusstseins.

Dies ist, denke ich, ein sehr sympathischer, demütiger und recht „schamanisch“ anmutender Ansatz. (Siehe auch meine Erfahrungen im Teil 2 der Trilogie; z.B. Kapitel 4.2)

Somit gibt es nur eine einzige Evolution,
– die des BEWUSSTSEINS – und dieses erschafft sich die dazu passende MATERIE.

Und auch die sogenannte „tote“, anorganische Materie ist Teil von – und nimmt teil an – einem kosmischen Entfaltungsprozess des BEWUSSTSEINS.

6.6 Resümee

So können wir gemeinsam mit sehr vielen heutigen Philosophen und Wissenschaftlern zusammenfassen:

Als Grundlage allen Seins wird nicht mehr die Materie, sondern das Bewusstsein anerkannt. Die materielle (physische) Welt, sowie auch die ihr „immanenten" nichtmateriellen (nicht-physischen) Phänomene des Denkens und Fühlens gehen aus einer „transzendenten", archetypischen Ideenwelt hervor.
(immanent = innewohnend, in etwas enthalten –
transzendent = übersinnlich, übernatürlich, die Grenzen der Erfahrung und der sinnlich erkennbaren Welt überschreitend).

Und diese Teilbereiche der Wirklichkeit,
– die der Materie und der ihr immanenten „geistigen Sphäre" des Denkens und Fühlens, (3. und 4. Dimension; das Innen und Außen unserer menschlichen Realität) sowie
– die transzendente Wirklichkeit (5. und 6. Dimension) jenseits der sinnlichen Wahrnehmung und ihrer Verarbeitung
– haben als gemeinsame, grundlegende/übergeordnete Realität das „allumfassende Bewusstsein", Spirit (7. Dimension).

Diese oder ähnliche Erkenntnisse finden sich überall auf der Welt in praktisch jedem Kulturkreis:
- Im Hinduismus: ist Brahman der Urgrund und die höchste unvergängliche, ewige Wirklichkeit allen Seins, das universelle Bewusstsein, das sich spaltet in „nama" (in etwa transzendente Archetypen) und „rupa" (deren immanente Formen). Alles jenseits von Brahman ist Maya, die große Illusion.
- Im Buddhismus: ist Dharmakaya das Licht des Bewusstseins und ist die einzig grundlegende Wirklichkeit. Sambhogakaya ist die kreative Entfaltungskraft der Ideen. Und Nirmanakaya sind die körperlichen Erscheinungen.

- Im Christentum: ist Gott-Vater das allumfassende Licht des Bewusstseins, Gott-Sohn die manifestierte, „fleischgewordene“ Wirklichkeit – und der „Heilige-Geist“ die kreative, geistig/spirituelle verbindende Sphäre, das (erleuchtete?) „Sich-Seiner-Selbst-Bewusstsein“ als Teil des All-umfassenden Bewusstseins.
- Im Taoismus: ist Dao der Urgrund des Daseins – und das Yin/Yang-Zeichen, das nicht bloß für das männliche und das weibliche Prinzip steht, symbolisiert auch die transzendente und die immanente Welt und ihr sich gegenseitig durchdringendes Zusammenwirken.
- Die gleiche Symbolik findet sich auch im Maya-Zeichen des Hunab-Ku (siehe auch Teil 3, Kapitel 1)
- Im Nagual-Schamanismus wird aus der Sphäre des Nagual durch „Träumen“ und durch „Beabsichtigung“ das Tonal erschaffen.

Die Welt der Materie ist die physisch manifeste 3. Dimension, – die nichtmateriellen geistig/mentalen Phänomene des Denkens sowie die nichtmateriellen emotionalen Phänomene des Fühlens (beides „feinstofflich“ und nicht sichtbar oder angreifbar) werden als die 4. Dimension bezeichnet; und die oben als „transzendente, archetypische Ideenwelt“ bezeichnete Welt der unbegrenzten Imagination und der potentiellen Möglichkeiten sind die höheren 5. und 6. Dimensionen, aus denen heraus die Wirklichkeit sich entfaltet, das heißt: „erträumt“, „imaginiert“, “beabsichtigt“, kreiert wird. Und all dies geschieht innerhalb der 7. Dimension, des allumfassenden Bewusstseins, – dem All-Ein-Sein.

6.7 Die „Seins-Pyramide“

allumfassendes
Bewusst-Sein
7. Dim.
kausales Bewusst-Sein
6. Dim.
trans-personales Bewusst-Sein
5. Dim.
Selbstreflektierendes Bewusst-Sein
4. Dim. 3. Dim.

Mentales- und Emotionales-Sein **Physisches- und Körperliches-Sein**

Reines Sein
(allumfassendes Bewusst-Sein)

Bewusst-Sein
GEIST

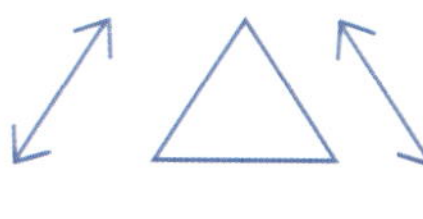

SEELE
Energie
mental / emotional

KÖRPER
Materie
physisch / körperlich

(Grafiken aus Teil 3; Kapitel 1.2)

7.
Der Bezug zu Östlichen Weisheitslehren

7.1 Die Weisheit und Botschaft der Upanischaden

Die Upanischaden, – was wörtlich soviel bedeutet wie „sich in der Nähe hinsetzen“ (zu einem Lehrer), – sind eine Sammlung philosophischer Schriften des Brahmanismus, niedergeschrieben zwischen ca. 700 bis 200 v. Chr. Es gibt um die 110 bis 150 dieser Texte und ihre wesentlichsten Aussagen sind:

- dass die wahre letzte Wirklichkeit des Universums jenseits der erscheinenden Welt – die universelle Weltseele ***brahman*** ist,

- dass die wahre letzte Wirklichkeit des Menschen, die innerste Essenz jedes Individuums – ***atman***, eine Reflexion *brahmans*, ist und mit diesem letztlich ident ist.

- dass es im Leben darum geht, zu erkennen, dass die Zweiheit von Schöpfer und Schöpfung bloß eine vorübergehende Illusion ist – und dass Alles: Gott, Natur, Mensch, Materie und Bewusstsein in Wahrheit nur Eines sind.

- dass es Sinn und Ziel unserer Existenz ist, dieses Eine, Brahman oder „Gott“ als Selbst zu erkennen und gemäß dieser Erkenntnis zu leben.

tat twam asi	–	Das (alles) bist Du
ayam atma brahma	–	Dieses Selbst ist Gott
aham brahmasmi	–	Ich bin Brahman
prajnanam brahma	–	Bewusstsein ist Gott

... Die Upanischaden sagen uns, dass es eine dem Leben zugrunde liegende Wirklichkeit gibt, (...), neben der die Dinge, die wir im Alltag sehen und berühren, bloße Schatten sind. Sie unterrichten uns,

dass diese Wirklichkeit die Essenz jedes erschaffenen Dings oder Wesens und unser wahres Selbst ist, sodass jeder/jede von uns eins ist mit der Kraft, die das Universum erschuf und es erhält. Und schließlich bezeugen sie, dass dieses Einssein unmittelbar realisiert werden kann, ohne die Vermittlung von Priestern oder Ritualen oder organisierter Religion, und zwar nicht nach dem Tode, sondern in diesem Leben, und dass dies der Zweck ist, zu dem jeder/jede Einzelne von uns geboren wurde – und das Ziel, auf das sich die Evolution zubewegt. ...
Eknath Easwaran; Die Upanischaden.

Im 19.Jht waren sehr viele, vor allem deutsche Philosophen, Dichter und Gelehrte von den Weisheiten der Upanischaden recht beeindruckt und beeinflusst. Um hier einige Namen zu nennen:

Kant, Herder, Goethe, Novalis, Fichte, Schlegel, Schelling, Jung, Beethoven, Schopenhauer, u.v.a.m.

Von letzterem, Arthur Schopenhauer, wird berichtet, dass er zeitlebens ein Exemplar der lateinischen Übersetzung der Upanischaden bei sich führte und abends, vor dem Schlafengehen darin zu lesen pflegte.
... Es ist die belohnendste und erhebendste Lektüre, die auf der Welt möglich ist ..., sie ist der Trost meines Lebens gewesen und wird der meines Sterbens sein." Arthur Schopenhauer.

Schrödinger:
... Die Vielheit ist nur Schein. Das ist die Lehre der Upanischaden. Das mystische Erlebnis der Vereinigung mit Gott führt regelmäßig zu dieser Auffassung. ...

7.2 advaita vedanta

ist die Erkenntnislehre, die den Upanishaden und der Bhagavad-Gita zugrunde liegt.

advaita – heißt „nicht zwei“ und bedeutet „Einheit ohne ein Zweites“. Die Welt, wie wir sie wahrnehmen mit all ihren Dualitäten und Vielheiten existiert so nicht, diese sind nur Schein *maya* und dies nicht zu erkennen ist Unwissenheit *avidya.*

vedanta – heißt „Vollendung des Wissens“ – bedeutet also der Weisheit letzter Schluss.

Unser Sein erscheint uns durch die Täuschung der individuellen und der kollektiven Trance *(maya)* und durch die Unkenntnis und Unwissenheit *(avidya)* real und getrennt von allen Dingen; aber jenseits der Identifikation mit dem Körper, den Gedanken und den Gefühlen und hinter den Interpretationen der Sinneseindrücke wartet die Erkenntnis unserer wahren Natur und unseres wahren Seins. Und unser höchstes erleuchtetes Selbst (***atman***) und das allumfassende Bewusstsein, das große Ein und Alles (***brahman***), die Weltseele, sind in Wahrheit untrennbar Eines.

Dies ist die gleiche Erkenntnis, wie sie im Nagual-Schamanismus in anderen Worten beschrieben wird. Nach dem Aufweichen der Begrenzungen der Konsens-Realität, dem „Ausbalancieren“ der Schilde, dem Etablieren des Doppels und der Erfahrung der Tänzer-Energien, wird dieses Tänzer-SELBST auch als kollektives – und letztlich als allumfassendes Ein-und Alles-SEIN erfahren.

tat twam asi – **Das bist Du**

– Das Alles und Du, der dieses erfährt, sind ident.

Dieses Stadium des Erkennens der Einheit und das Einfließen und Eins werden des individuellen Stroms des Lebens in den Ozean des absoluten SEINS wird in der *advaita vedanta* als das Erfahren von ***sat, chit*** und ***ananda*** bezeichnet. *Sat, chit* und *ananda* sind reines Sein, reines Bewusstsein und Glückseligkeit – und sind somit die Eigenschaften des *atman,* die Eigenschaften des SELBST, die wir im Alltag als Gewahrsein/Jetzt-Präsenz, – Leere/Unvoreingenommenheit – und Liebe erfahren können – ein grenzenloses GEWAHRSEIN, von manchen auch Erleuchtung genannt.

Nach dem vedischen Schöpfungsmythos ist also ***Brahman*** das Unveränderliche, Absolute, der Urgrund des Alles und des Seins, – in der Bhagavad-Gita als ***Licht der Lichter*** bezeichnet.
– Wichtig ist, Brahman nicht mit Brahma zu verwechseln. Brahma ist der in der hinduistischen Religion personifizierte männliche Schöpfergott (Teil der Trinität: Brahma, Vishnu und Shiva) und nicht mehr Brahman, das Absolute, Ewige, Allumfassende.

Das reine SEIN – allumfassendes Bewusstsein 7. Dim.
brahman
Das SEIENDE – universelles Bewusstsein 6. Dim.
atman – mit sat, chit, ananda
Das WERDENDE – kollekt. & indiv. Bewusstsein 5. Dim.
imaginierend, erträumend, beabsichtigend
Das GEWORDENE – „Innen“ – gedacht, gefühlt **4. Dim.**
„Außen“ – getan, verwirklicht **3. Dim.**

(Die Dimensionen-Einteilung rechts ist natürlich eine nagualschamanische Zuordnung und nicht eine vedische.)

7.3 Tantra – ein Weg der Praxis

Die Idee der advaita vedanta – der Weisheit letzter Schluss, der Einheit ohne ein Zweites – das Prinzip der Nicht-Dualität – wird im Tantra auf ganz pragmatische „down-to-earth"-Art ernst genommen und versucht zu verwirklichen. Menschliche und göttliche Sphären werden nicht grundsätzlich unterschieden, – das diesseitige Körper/Denken/Gefühl-Sein und ein darüber hinaus reichendes spirituell/energetisches Ganz-Sein werden als zusammengehörig und einander ergänzend erkannt. Männliche und weibliche Energien und ihr Zusammenwirken werden als ursächliche Schöpferkraft verstanden. Und ungewöhnliche, sehr „diesseitige" Ansätze, – auch oder sogar besonders Sexualität, – werden mit-einbezogen, um im praktischen Experimentieren und im Ausloten von Potentialen, – Ganzheitlichkeit, Befreiung, Heilung, Erweiterung des Bewusstseins und Erleuchtung zu erlangen.

Das Revolutionäre am Tantra war, dass es nichts „Weltliches" zu entsagen gab, man nichts aufgeben und keine natürlichen Impulse bekämpfen und unterdrücken musste, wie das bislang in sehr vielen, wenn nicht den meisten der Weisheitslehren verkündet wurde. Entgegen der bis dato in der indischen Spiritualität als notwendig empfohlenen Askese, Entsagung und Rückzug der Sinne aus und von der Welt ging es ja im Tantra genau darum, die materielle Welt „sinn"voll zu nutzen und den menschlichen Körper als Geschenk und einmalige Gelegenheit anzuerkennen, um mit ihm und sogar genau durch ihn Erleuchtungszustände zu erfahren. Und so wird im Tantra die „Non-Dualität" des *advaita* eigentlich radikal ernst genommen. Wenn es nur das Eine, Ungeteilte gibt, warum dann Entsagung, Weltflucht und Überbetonung nur des einen Teiles?

Ein weiterer revolutionärer Aspekt war, dass Tantra prinzipiell allen Menschen zugänglich war und somit das übliche, verbreitete Denken in Herkunfts-Kasten und sozialen Schichten unterlaufen wurde. Dies ist eine weitere praktische Anwendung der „*advaita – Einheit ohne ein Zweites*“-Idee.

Wer die bekannten erotischen Darstellungen der Relief-Verzierungen auf diversen Hindu-Tempeln gesehen hat, kann sich sicher vorstellen, welche Mischung aus Entrüstung, Aufregung und Faszination diese in den Gehirnen und Gemütern „christlicher“ Kolonialherren ausgelöst haben.

Ab den späten 60er- und 70er-Jahren, mit dem Aufkommen der Hippie-Bewegung, gab es rasch anwachsendes Interesse an östlichen Ideen, an indischer Musik (Ravi Shankar), an Yoga und Meditation und eben auch an Tantra. Seither haben sicherlich Legionen von europäischen und amerikanischen Interessenten die überall und im großen Ausmaß angebotenen Tantra-Seminare und -Workshops besucht. Und auch wenn diese sie, zumindest in vielen Fällen, vielleicht nicht wirklich „spirituell“ wesentlich weitergebracht haben, so haben sie doch wahrscheinlich einen unverkrampfteren, gesünderen Zugang zur Sexualität, eine Selbstverständlichkeit im Bezug der Gleichstellung von Mann und Frau und eine offenere Einstellung zur Körperlichkeit bewirkt. Und das alleine ist ja eigentlich schon eine spirituelle Entwicklung.

Mann und Frau, Geist und Körper, Innen und Außen werden im Tantra nicht mehr als Gegensätze betrachtet, sondern als einander ergänzend und nur so ganz. Und dementsprechend ist der Körper nicht mehr ein Gefängnis für die Seele, die Geistigkeit oder den Spirit, sondern der „Tempel Gottes“ oder besser der „Göttin“, denn die positive Einstellung zum Weiblichen, eine fast schon Über-Bewertung, ist ein (angenehm) auffallendes Merkmal des Tantra.

Über die geschichtliche Entwicklung des Tantra ist man sich allgemein nicht ganz einig und nicht im Klaren. Die Wichtigkeit der rituellen Magie, der okkulten und mystischen Praktiken und auch manche (Initiations-)Zeremonien lassen eine Nähe zu schamanischen Wurzeln vermuten (tibetische Bön-Schamanen?).

Es gibt Forschungen, die besagen, dass sich im Tantra ganz alte Formen der Weiblichkeits- und Göttinnen-Verehrung **matriarchalischen Ursprungs** erhalten haben oder wiederauferstanden sind. So erklärt sich eventuell die überaus respektvolle, ehrend bis anbetende Haltung gegenüber des Weiblichen, gegenüber der Göttin, eben Shakti in jeder Frau, jedem Wesen, in Allem.

Die Tantra-Philosophie:

Brahman, das reine Sein – das Absolute, die formlose Einheit erfährt sich, differenziert sich als **Shiva** und **Shakti**, – als reines Bewusstsein und reine Energie.

Shiva ist reines Bewusstsein – ist und bleibt für immer und ewig innewohnend in und mit – allen Wesen und allen Dingen – aber **inaktiv.**

Shakti ist reine Energie – erfährt sich, beständig transformierend, im Innen und Außen – kreativ **aktiv**.

Im Tantra werden diese beiden „Pole" – bzw. Ausdrucksformen der Einheit – als oder zu männlich und weiblich erklärt, wobei dabei wohl interessant ist, dass Shiva, als männliches Prinzip inaktiv und Shakti, als weibliches Prinzip aktiv angesehen werden. Dies scheint ein klarer Gegensatz zu westlichen Auffassungen zu sein, wo allgemein männlich mit aktiv und weiblich mit passiv assoziiert werden. Wirklich wichtig ist das im Tantra aber nicht, da es letztlich ohnehin um die Vereinigung der beiden in uns und außerhalb von uns geht.

Diese Shiva-Shakti-Polarität als zwei Aspekte des Einen gründet auf der viel älteren indischen **Samkhya**-Lehre, die besagt, dass sich das Absolute in einen geistigen und einen materiell-energetischen Aspekt aufteilt. Der geistige, männliche wird dort **Purusha** genannt und der materiell/energetische, weibliche **Prakriti**. – Shiva und Shakti entsprechen diesen Prinzipien.

Obwohl sich Bewusstsein/Shiva und Energie/Shakti trennten und dadurch und durch ihre Verschiedenartigkeit das Entstehen der gesamten Kreation ermöglichten – streben sie unaufhörlich und für immer danach, sich wieder zu vereinen, um die kosmische Einheit, der sie entstammen wieder als Eines zu erfahren.

Shiva/Bewusstsein sitzt im höchsten spirituellen Zentrum im Kronenchakra.

Shakti/Energie, ruht schlafend, verborgen an der Basis der Wirbelsäule in Form einer zusammengerollten Schlange, bekannt als Kundalini.

Wenn die hohe, feine Energie der Kundalini durch die Praktiken des Tantra erweckt wird, können das transzendente Bewusstsein und die Materie des Körpers sich wieder vereinen.

Dies ist der kosmische Prozess von Einheit zur Vielfalt und zurück zur Einheit, der in jedem von uns angelegt ist.

Shiva, als Bewusstsein ist und bleibt Bewusstsein, Gewahrsein in allen Wesen und Dingen.

Shakti als Energie und Materie erfährt sich als ein Innen, als Seele und als ein Außen, als Körper. Die Seele, das Innen erfährt sich als Mentales und Emotionen.

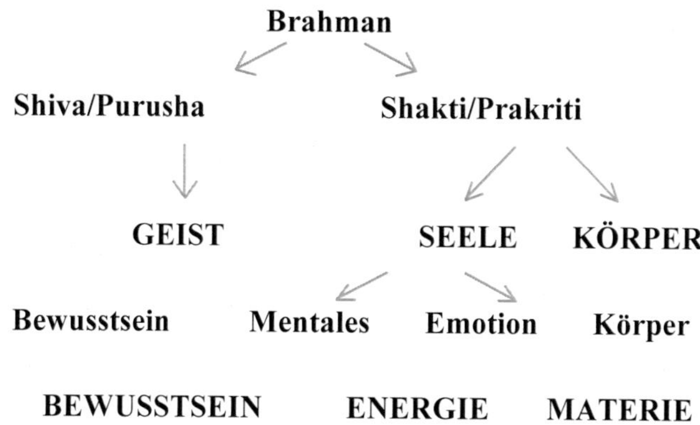

Wie schon erwähnt fiel speziell der erotische, sexuelle Aspekt des Tantra hier im „Westen" auf äußerst fruchtbaren Boden, wobei leider aber die wirklich tiefer gehenden Erkenntnisse, Praktiken und Möglichkeiten im Großen und Ganzen unberührt blieben.

Und doch – sich selbst und andere als erotisch, sexuelle Wesen, vorerst mal im geschützten Rahmen und in vorgegebenen (also erlaubten) tantrischen Ritualen als Repräsentation von Shiva und Shakti und damit selbst als Gott und Göttin zu erkennen, zu erfahren und zu begegnen kann eine wunderbare erhellende, erhebende und heilende Wirkung erzielen. Gerade auf dem Gebiet der Erotik, der Sexualität und der Mann-Frau-Begegnung gibt es ja unglaubliche Unsicherheiten, Verletzungen und (Selbst-)Be- und Verurteilungen. Das anfänglich nur vorgetäuschte, doch schon bald als die tiefe zugrunde liegende Wahrheit zu erkennende, Gott- und Göttin-Sein, ermöglicht eine ausgesprochen wohltuende Musterunterbrechung von dem normal üblichen überkritischen und abwertenden Umgang mit sich selbst und anderen.

Natürlich geht es bei der wirklich ernsthaften Beschäftigung mit Tantra viel tiefer und genauer um die feinen Nuancen und die Energetik des Zusammenspiels von Körper, Feinstofflichkeit und Bewusstsein. Hier kommt das gesamte östliche Wissens- und Erfahrungsfeld um die Chakren und die Koshas, (die Hüllen), die Energie- und Bewusstseins-Schichten der Aura zum Tragen. (Näheres darüber in Teil 3, Kapitel 13).

7.4 Buddhismus und Zen-Buddhismus

Gedanken und Interpretationen zu den „Vier Edlen Wahrheiten“

Was mich zu östlichen „Religionen“, wie Buddhismus, Taoismus oder vedischen Brahmanismus hingezogen hat, war in erster Linie, dass diese zum Unterschied zu den anderen großen Weltreligionen, wie Christentum, Judentum und Islam ohne einen von der Welt getrennten Schöpfergott auskommen und das gesamte Universum und alles, was es in ihm gibt und somit auch wir selbst göttlich und Gott ist und sind.

Doch etwas schwer tat ich mir mit einer der grundlegenden Lehren des Gautama Buddha, nämlich den sogenannten
Vier Edlen Wahrheiten.

Nach traditioneller Interpretation lauten sie folgendermaßen:

- Die Wahrheit des Leidens
- Die Wahrheit der Anhäufung
- Die Wahrheit der Beendigung oder Verneinung
- Die Wahrheit des rechten Weges

Dies klang für mich ganz nach den üblichen Sätzen der bekannten Leidens-, Schuld- und Erlöser-Religionen und ihren Dogmen, Verhaltensregeln und Gesetzen.

Wenn Leben leiden bedeutet, und dieses seinen Ursprung im menschlichen Begehren hat, das wir folglich auslöschen müssen, dann wäre Buddhismus wohl eine Askese predigende Leidensreligion, die dogmatisch einen rechten (allein richtigen) Weg mit entsprechenden Verhaltensregeln vorschreibt. Da verflüchtigt sich meine Begeisterung auf der Stelle.

Doch schon immer interpretierte ich diese Wahrheiten für mich – aus der Erfahrung der Zwei-Gespaltenheit des einerseits getrennten „materiellen“ Wesens in einer Welt der „Dinge“ und andererseits des tiefen Empfindens der Verbundenheit und des Eins-Seins mit dem großen Ganzen – etwas anders, als es bei den üblichen Interpretationen des Leidens, des Entsagens, des Nicht-Anhaftens und des „tugendhaften“ Seins getan wird.

- Des Öfteren verspürte ich ja sehr wohl dieses „Leid“, wenn auch eher als wehmütiges Sehnen nach etwas Unbenennbarem, was sogar in den schönsten Augenblicken des Seins oder vielleicht sogar besonders in solchen, spürbar wurde. Vielleicht gründet diese Wehmut ja in einer Art von Erahnen eines möglichen Da-Seins, das halt leider nur sehr selten, und kaum anhaltend in Erscheinung tritt.
- Die Versuchung, das Sehnsuchtsloch nach Sinn, Liebe und dem Einklang mit dem größeren Ganzen durch Konsum, Sensationserlebnissen und sozialem Erfolg und Anerkennung, eben durch „Anhäufung“ zu füllen, war mir auch keine große Unbekannte, wenn auch letztlich zu leicht zu durchschauen, um darin länger verstrickt zu bleiben.
- Also „Beendigung, Verneinung“, Abschneiden und Entsagen? – Na ja – die Askese war nie wirklich meines, da war am ehesten noch dieses Hinwenden an die „Innere Entwicklung“, das Meditieren und das spirituelle Wachstum.
- Bleibt noch das mit dem „rechten Weg“ – bei dem mir eigentlich immer die Frage – eine meiner Lieblingsfragen! – „Bringt mich das, was ich tue näher dorthin zu dem, wer ich wirklich sein will?“ – ein verlässlicher Kompass war, selbst durch unwegsamstes Gelände.

So und ähnlich hatte ich mir früher diese vier Wahrheiten „zurecht gelegt“ und hatte aber immer auch das Gefühl, dass dies wohl meine Erklärung sei und auch ganz andere Interpretationen mögliche wären, lebensverneinende, bis hin zu „katholisch, moralinsauren“.

Eine andere, mir sinnvoll erscheinende, tiefer gehende Erklärung dieser „4 Wahrheiten“ erschloss sich mir später:

- Die erste Wahrheit, **„das Leiden“** beruht nach dieser Erkenntnis auf der an sich unfassbaren Tatsache der Vergänglichkeit aller Dinge inklusive und vor allem des individuellen „Ichs“ und den damit einhergehenden Alterungsprozessen mit all den unerfreulichen Begleiterscheinungen des Schwächer- und vielleicht sogar Krank-werdens, – bis zum letztlich unausweichlichen, auf uns alle wartenden Tod.
- Auf dieser Tatsache gründen sich Existenzängste, Vermeidungs- und Verdrängungsprozesse, die durch Ablenkung und eben **„Anhäufung“**, der zweiten Wahrheit, kompensiert werden. Es wird Zuflucht im Ansammeln von materiellen, möglichst „ewigkeitstauglichen“ Gütern und Errungenschaften gesucht und das individuelle Ego wird geheilt, gestärkt und mit allen nur erdenklichen „Softskills“ aufgeblasen. Und doch wird schmerzhaft klar, dass so der ersten Wahrheit letztendlich auch nicht entkommen werden kann.
- Also die dritte Wahrheit **„die Beendigung“ oder „Verneinung“**. Und bei dieser tiefer gehenden Erklärung der 4 edlen Wahrheiten bedeutet diese dritte Wahrheit nicht so, wie das üblicherweise getan wird, – weltverneinend, asketisch und der sinnlichen Welt entsagend, – sondern es bedeutet das Beenden und Verneinen der Identifikation mit dem individuellen Ego/Ich. Die Beendigung des Glaubens daran, dass man sein Körper, seine Gedanken und seine Gefühle ist. Mit dieser Wahrheit wird behauptet, dass es jenseits der Ich-Verhaftung einen Zustand des Allgegenwärtigen, des Friedens und der unbedingten Liebe gibt, ein „Nirvana“, das sich ja auch als „Aufhören“ oder „Verlöschen“ übersetzen lässt.
- Die vierte Wahrheit **„die Wahrheit des rechten Weges“** wäre demnach kein Verhaltens- und Rechtschaffenheitskodex, sondern die Erklärung, wie man dieses „Nirvana“, dieses Ich-lose, ewige Sein erreichen kann. Und hier kommen all die Methoden der Achtsamkeit, des Gewahrseins und der Meditation ins Treffen, die es ermöglichen,

die Wahrnehmungsprojektionen zu durchschauen und die Falschheit der Ego-Identifikation zu entlarven.

Eine weitere noch einmal ganz andere interessante Interpretation dieses Themas fand ich in dem Buch: **Das Herz des Zen-Buddhismus** von **G.W.Nishijima** und **Yudo J.Seggelke**, Der **Zen-Meister Nishijima** übersetzte und deutete die Sanskritbegriffe *cat-vary* und *aryasatyani* nicht als „Vier Edle Wahrheiten" sondern als **Theorie der vier Sichtweisen**.

Er versetzte sich hinein in die Herausforderung, der sich Gautama Buddha gegenüber sah, als er seine Wahrheit und Erleuchtung auch anderen Menschen vermitteln wollte und kam zum Schluss, dass er die gängigen, einander wiedersprechenden Erklärungsmodelle des (subjektiven) Idealismus und des (objektiven) Materialismus benutzen könnte, um zu einer Synthese zu gelangen, einer, seiner dritten Sichtweise des Realismus und eines unmittelbaren Erkennens der Wirklichkeit.

Nishijima fand heraus,
... dass „duhkha-satya"

- *die „Wahrheit des Leidens", die altindische Weise war, die idealistische Philosophie darzustellen. Wenn wir erfüllt sind von Idealen und bestrebt, diese Ideale zu verwirklichen, dann werden wir unausweichlich darunter leiden, sie letztlich nicht umsetzen zu können. ...*

  Das von Buddha verwendete „duhkha", üblicherweise mit „Leiden" übersetzt, bedeutet also eher „unbefriedigend" und „unvollkommen".
- Die *„Wahrheit der Anhäufung"* war dann wohl das gegenteilige Erklärungsmodell der Wirklichkeit, die Welt, der materiellen Dinge, welche letztlich in ihrer Sinnleere und Vergänglichkeit genauso unbefriedigend und unvollkommen ist.

- Und die *„Wahrheit der Beendigung und Verneinung“* bezog Nishijima auf die Negation von Idealismus und Materialismus und das Suchen nach der dialektischen Synthese der beiden Sichtweisen.

... Auf der letzten Stufe können Philosophien niemals Wirklichkeit selbst sein. Gautama Buddha erkannte diese Tatsache. Deshalb ist „marga-satya“,

- *die „Wahrheit des rechten Weges“, seine ausdrückliche Empfehlung, Zazen zu praktizieren. ... In der Praxis des Zazen erfahren wir die Wirklichkeit unmittelbar. ...*

So kam Nishijima zu seiner neuen Interpretation der Vier Wahrheiten, als **Vier Sichtweisen**:
... Idealismus, Materialismus, Realismus und die unmittelbare* Erfahrung der *Wirklichkeit. ...

Kursiv gedruckte Zitate aus: G.W.Nishijima und Yudo J.Seggelke; Das Herz des Zen-Buddhismus.

Somit gelangt der Zen-Meister Nishijima zum gleichen Schluss, zu dem auch ich im Diskurs:
Involution/Evolution - Geist/Materie - Idealismus/Materialismus gelangt bin.

Weder nur das eine, noch nur das andere – aber ein „Sowohl-als-auch“, in dem beide Pole im unmittelbaren Jetzt-Erleben zu der dreifachen Einheit des Wahrgenommenen, der Aktion der Wahrnehmung und des Wahrnehmers transzendiert und vereint werden und so sich die Wirklichkeit entfaltet.

So kommen also der Nagual-Schamanismus und der Zen-Buddhismus zur gleichen Ansicht über „die wirkliche Wirklichkeit“. Allerdings besteht ein Auffassungsunterschied darüber, wie mit ihr umgegangen werden sollte.

7.5 Zen-Buddhismus und Nagual-Schamanismus

Beide Ansätze erkennen die Wichtigkeit, den Zustand der Leere, den Zustand des „ohne ...“ zu erreichen, – ein Sein, indem Denken und Wahrnehmung überschritten, nicht unterdrückt, sondern von den üblichen Begrenzungen und Verzerrungen geleert und befreit werden. „Ohne ...“ und „geleert und befreit“ – von der Trance der Konsens-Realität, den Identifikationen mit den Ego-Masken und den Selbstwichtigkeits- und Selbstmitleidsspielchen der Alltagsrealität.

Der Zen-Buddhist geht aus der Leere, aus dem Zustand des „ohne ...“ ins „Handeln im Hier und Jetzt“.

Dazu eine Zen-Geschichte: ... *in der ein Schüler seinen Meister fragt: „Meister, wie setzt Ihr Erleuchtung in die Tat um? Wie praktiziert Ihr sie im Alltag?“ – „ indem ich esse und indem ich schlafe“, antwortete der Meister. – „Aber Meister, jeder ißt, und jeder schläft,“ – „Aber nicht jeder ißt, wenn er ißt, und nicht jeder schläft, wenn er schläft*. . ... Sogyal Rinpoche; Das tibetische Buch vom Leben und vom Sterben.

Das Sein und in Folge das Handeln wird zu einer Art Handeln, in dem nichts anderes von Bedeutung ist, als genau das J/jetzt. Das kann ein sorgfältiges Tee-Zubereitungs-Zeremoniell, oder Kochen, oder ein völliges Aufgehen in Gartengestaltung, dem Verfassen eines Koans oder einer Tusche-Zeichnung, das Liebe machen, das Putzen des Klosetts oder das Sitzen im Zazen sein. – Also eigentlich wird der Hinwendung zur 3. und 4. dimensionalen Wirklichkeit Bedeutung gegeben. Der Zen-Buddhist wertschätzt damit sein Inkarnieren in dieser Realität aus der Grundhaltung heraus, dass Alles gut ist, wie es ist.

Der Nagual-Schamane geht aus dieser Leere, diesem Zustand des „ohne ...“ hinein in Beabsichtigungen, um „höher-dimensionale“ Erkenntnisse und Erfahrungen zu erlangen, die er in Folge anwenden können will (für sich und andere), um die 3. und 4. dimensionale Wirklichkeit zu beeinflussen. Er übernimmt Verantwortung für den Zustand und die Entwicklung dieser Realität aus der Grundhaltung heraus, dass nicht alles gut ist, aber besser gemacht werden kann.

Der Zen-Buddhist würde die Haltung des Nagual-Schamanen wahrscheinlich als selbstwichtig-übergriffige Anmaßung empfinden,

der Nagual-Schamane die Haltung des Zen-Buddhisten möglicherweise als ausweichendes, vielleicht auch bequemes Heraushalten.

Die Weisheit besteht sicherlich im Erkennen, wann das Eine und wann das Andere angesagt ist.

– Ist man im Fall des „Alles ist gut, wie es ist“ in einem Erleuchtungszustand, erfüllt mit Liebe – oder – im bequemen Verdrängen und Konfrontations-vermeidendem Wegschauen. – Bzw.

– Ist man im Fall des „Es-muss-doch-(verdammt-nochmal)-verbessert-werden“, in einem demütigen, mitfühlenden Verantwortung übernehmen – oder – im selbst-überschätzenden, sich wichtig machendem Projizieren.

7.6 Schamanische und östliche „Wirklichkeit“ – Gemeinsames und Unterschiede

Was nun also sind außer und neben den schon Erwähnten die Gemeinsamkeiten und was die wesentlichen Unterschiede zwischen dem nagual-schamanischen Zugang zur „Wirklichkeit“ und dem der östlichen Religions- und Denk-Traditionen?

Gemeinsam ist ihnen beiden eine sympathisch demütige Haltung zur Rolle des Menschen im Gesamtgefüge. Für beide Realitätsauffassungen ist der Mensch eingebundener Teil der Schöpfung und für diese (mit-)verantwortlich.

Beide Herangehensweisen an das Leben betonen die Selbstverantwortlichkeit und bieten die Möglichkeit der höheren Erfahrung, dass man:

- nach dem Durchschauen der Schleier der Wahrnehmung,
- nach dem Überwinden der Masken des Ego,
- nach dem Aufwachen aus der Trance der kollektiven Konsens-Realität,
- nach dem Erfahren des ganzheitlichen „Selbst“,

offen ist für die tiefe Erkenntnis und Erfahrung, dass dieses „Selbst“ zu guter Letzt eins ist mit dem „Selbst“ des Alles – man also letztlich dieses Alles ist.

Der östliche Erkenntnisweg erscheint etwas vergeistigter, meditativer, „solitärer“, als der schamanische Zugang, der sehr Naturbetont, bodenständig und „wesentlich“ (als Wesen unter Mitwesen) wirkt.

Was meine ich mit „solitär“ und was mit „wesentlich“?

- Wenn der buddhistische Mönch vielleicht zwar in der klösterlichen Gemeinschaft lebt und inmitten vieler anderer meditiert, so ist er doch primär mit und für sich alleine.

- Während der (Nagual-)Schamane, der meist alleine unterwegs ist, niemals alleine ist, da ihm das Eingebunden-Sein und Eins-Sein mit den anderen Welten und Wesen (Mineral, Pflanze, Tier, Mensch und Ahnen) stets präsent ist.

Ein persönliches Erfahrungsbeispiel:
Im Laufe einer meiner NLP- und Hypnotherapie-Ausbildungen 1989 und 1990 bei Eli-Jaxon Bear, der in sehr großem Ausmaß Elemente des Buddhismus mit einbezog und bei der es morgens mit Meditation und einem „klösterlichen" Aufwärmtraining begann und abends mit Satsans bei Gangaji endete, verbrachten wir viele viele Tage im Stück in Trance-, Hypnose- und anderen abgehobenen nicht so genau zu definierenden Bewusstseins-Zuständen. Und mitten in diesen Bestrebungen, die eigene Trance und die Trance der Wirklichkeit abzuschneiden, mit all dem feinfühligen Nach-Innen-Spüren, mit all dem tiefen Loslassen von Identifikationen und dem „tranchiert" sein, – fand ich mich eines Tages in einer Mittagspause im Wald weinend einen Baum umarmend – dankbar und glücklich darüber, dass es ihn gab, und dass vieles dieser „Scheinwirklichkeiten" nicht abzuschneiden, sondern unmittelbar und Hier und Jetzig zu erleben und zu erfahren sind. Ich weiß noch heute, wie dieser spezielle Baum aussah und wie sich seine raue Rinde anfühlte, so wirklich war diese Begegnung. – Und es war klar. – Das Leben und diese Wirklichkeit ist ein ungeheures Geschenk – und ja, es mag sein, dass es zugleich Maya, Samsara und sonst was für eine Scheinwirklichkeit ist, – es ist *die* Wirklichkeit, die auf mich wirkt und die da ist für mich in ihr zu wirken.

Natürlich gibt es zwischen den beiden Ansätzen, dem schamanischen und dem östlichen hier und dort Überschneidungen. Aus der vielleicht doch erkennbaren Tendenz, des Fliehens vor der „materiellen, erdigen" Alltagsrealität, des östlichen Zugangs hebt sich der zenbuddhistische Ansatz mit seiner Betonung der Wichtigkeit des

„Ganz-da-Seins und Handelns“ im Hier und Jetzt aus dem beschriebenen Solitären heraus und kommt in Kontakt.

Und dort, wo der Schamane nicht inmitten einer Stammesgemeinschaft wirkt und dabei seinen Schwerpunkt auf die Masken des Heilers und des Lehrers legt, sondern in seinen „Dreamscapes“, seinen Traumlandschaften unterwegs ist, nähert er sich dem östlichen Zugang.

Ich finde es wunderbar, dass es beide diese Zugänge gibt und habe sie beide in mein Leben integriert – wenn auch klar ist, dass der (nagual-)schamanische Zugang mir bisher die wesentlich tieferen/höheren Erkenntnisse und Erfahrungen ermöglicht hat. Das ist aber sicher auch darauf zurückzuführen, dass mein Lernen, meine Praxis und mein Wirken auf dem schamanischen Weg bislang ungleich länger, intensiver und engagierter war.

8.
Das Mysterium von Zeit und Raum

Immer mehr setzt sich die Auffassung durch, dass die bislang übliche Ansicht des Zusammenwirkens von drei Raumdimensionen und einer Zeitdimension nicht ausreichend sein können, um die Welt, wie sie sich unseren Sinnen darbietet und wie wir sie erleben, ausreichend zu beschreiben. Immer mehr Wissenschaftler entwickeln Erklärungsmodelle von fünf, sechs und noch mehrdimensionalen Welten.

Eine sehr interessante Theorie ist meiner Meinung nach die, dass Zeit nur eine – durch unvollkommenes Vorstellungsvermögen – noch nicht verstandene weitere Raumdimension ist.

P.D.Ouspensky, ein Schüler von G. Gurdjieff, erläutert diese Theorie anhand eines fiktiven Wesens, das nur zwei Dimensionen kennt und auf einer Tischplatte lebt. Diesem Wesen wird ein Quadrat, das sich um seinen Mittelpunkt dreht, – also ein sich drehender Würfel, der teilweise unter die Tischplatte und teilweise darüber reicht – ein unerklärbares Phänomen sein. Es wird sich das Erscheinen und verschwinden von Linien auf seiner Ebene nicht anders erklären können, als eine Abfolge von im Jetzt auftauchenden und gleich wieder vergangenen und zukünftigen Ereignissen. Die Raumdimension wird von dem Wesen nicht als Raum erkannt, sondern als etwas was entsteht und vergeht, als Zeitfluss – Vergangenheit, Gegenwart, Zukunft – gedeutet.

Überträgt man diese Gedanken auf unser drei-dimensionales Sein, so würde das bedeuten, dass unser Erleben der Zeit eigentlich ein unvollständiges Erleben einer höheren, uns noch nicht ganz erfassbaren (Raum)-Dimension ist.

Gelingt uns die Erfahrung dieser höheren Dimension, so würde das Phänomen Zeit in dieser höheren Dimension und einem größeren

„Raum“ aufgehen und vielleicht als „Nichtverstehen“ der übernächst höheren Dimension wieder erscheinen. (Letzteres ist zugegebener Maßen etwas spekulativ).

Was für mich das Verständnis von Zeit als unvollkommenem Raum-Sinn noch denkbarer macht, ist die Tatsache, dass in den Berechnungen namhafter Wissenschaftler Zeit immer als ein eindimensionales Phänomen beschrieben wird, also mit einer Koordinate – zum Unterschied aller anderen Mehr-Koordinaten-Dimensionen.

Wenn es stimmt, und vieles deutet darauf hin, dass Tiere und Pflanzen, in wesentlich größerem Ausmaß als wir, primär in der Gegenwart leben und kein so klares Zeit-Orientierungs-Bewusstsein haben, dann könnte das darauf hinweisen, dass unser menschliches Erfahren des Zeitstromes schon das Erahnen und „Durchbrechen“ einer nächst-höheren Erfahrens-Dimension bedeutet. Alle Meditationserfahrung spricht dafür, dass es sich dabei um eine höhere transpersonale Bewusstseins-Dimension handelt, in der sich das sonst übliche „Nacheinander“ der Zeit als ein gleichzeitiges oder besser trans-zeitliches Da-Sein erfahren lässt.

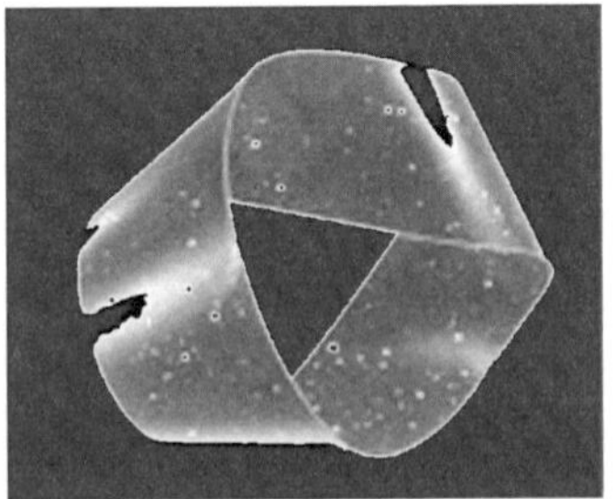

Coverbild Stephen W. Hawking Eine kurze Geschichte der Zeit

Stephen Hawking bedient sich in einer seiner Theorien, in der das Universum keinen Anfang und kein Ende hat – man kann sich da eine Art Endlosschleife vorstellen – eines „Kunstgriffes“, indem er die Zeit in so einem Endlos-Universum als „nicht-gerichtet“ (also nicht als „Vergangenheit, Gegenwart, Zukunft-Pfeil“) beschreibt und somit durch Zuführen von Koordinaten eine Art „mehrdimensionaler“ Zeit einführt, die er „imaginäre Zeit“ nennt:

... Das könnte zu der Vermutung führen, die sogenannte imaginäre Zeit sei in Wirklichkeit die reale und das, was wir die reale Zeit nennen, nur ein Produkt unserer Einbildungskraft. In der realen Zeit hat das Universum einen Anfang und ein Ende an Singularitäten, die für die Raumzeit eine Grenze bilden und an denen die Naturgesetze ihre Gültigkeit verlieren. In der imaginären Zeit dagegen gibt es keine Singularitäten oder Grenzen. So ist möglicherweise das, was wir imaginäre Zeit nennen, von viel grundlegenderer Bedeutung und das, was wir real nennen, lediglich ein Begriff, den wir erfinden, um unsere Vorstellung vom Universum zu beschreiben. ...
Stephen W. Hawking; Eine kurze Geschichte der Zeit.

Das erinnert wieder recht frappant an David Bohms „implizite Ordnung“ sowie an die „Traum-Zeit“ der Aborigines, Fred A. Wolfs „imaginalen Bereich“ – und natürlich an das nagual-schamanische „Nagual“.

Lama A. Govinda, der bedeutende buddhistische Meister, spricht von der Zeit als Bewegung – nicht im Sinne einer mechanischen oder physischen Bewegung – sondern als Ausdruck individuellen Lebens. Dann wäre Zukunft das, was aus der Eigenart individueller Bewegung und Struktur hervorgeht.

... Was wir gewöhnlicher Weise als Zeit empfinden, ist nur eine unvollständige Wahrnehmung einer Bewegung, die erst bei tieferer Erkenntnis das Wesen der vierten Dimension enthüllt ...
... Raum ist die Möglichkeit der Bewegung, Zeit die Wirklichkeit oder der Ablauf der Bewegung. Raum ist die nach außen verlegte, nach außen projizierte, objektivierte Zeit; und Zeit ist der verinnerlichte, subjektivierte Raum – die Erinnerung und Verinnerlichung räumlicher Bewegung. Zeit und Raum entsprechen einander wie das Innen und Außen derselben Sache. Die Wirklichkeit umfasst beide und geht

zu gleicher Zeit über beide hinaus. Diejenigen, die diese Wirklichkeit erleben, leben in einer Dimension jenseits des Raum-Zeit-Kontinuums und erleben das Universum als ihren zeitlosen „Körper". Dies ist die höchste Lehre der Kalacakra-Philosophie. ...
Lama A. Govinda; Buddhistische Wege in die Stille – Schöpferische Meditation und multidimensionales Bewusstsein.

Wenn Raum die *Möglichkeit* und Zeit die *Wirklichkeit* der Bewegung darstellen, dann entspräche Raum der (weiblichen) Energetik eines sogenannten *„She-Thoughts"*, also einer potentiellen Verwirklichungsmöglichkeit und Zeit der (männlichen) Energetik eines *„He-Thoughts"*, einer verwirklichten Form.
- Im Nagual-Schamanismus wird als „She-Thought ein 5.dimensionaler archetypischer Bewusstseins-Raum bezeichnet – z.B. „Liebe", „Freiheit" oder „Individualität" und
- als „He-Thought" die 3.- und 4.-dimensional verwirklichte Form davon, – also die tatsächlich gelebte Liebe, Freiheit und Individualität.

Diese Sicht auf den Raum-Zeit-Zusammenhang – Raum als *Möglichkeit* und Zeit als *Wirklichkeit* – führt zu der Erkenntnis, dass Zeit das „Erleben" der Raum-Dimension ist. Denn erst durch das (bewusste?) „Leben im Raum", durch das (bewusste?) Erleben eines „Jetzt-Momentes" nach dem anderen, eröffnen sich Vergangenheit und Zukunft und entfalten eine der vielen *möglichen* eingefalteten *Wirklichkeiten.*

Und im Entfalten der Wirklichkeiten zeigt sich, dass die entschiedene, ausgewählte Wirklichkeit aus aufeinanderfolgenden Augenblicken besteht, – sich aus aufeinander und auseinander entstehenden Jetztmomenten entfaltet.

Daraus kann man folgern, dass Materie eher dem Raum zuzuordnen ist und Bewusstsein der Zeit.

- **Das Bewusstsein** ist imstande zwischen verschiedenen möglichen Varianten der Zukunft zu wählen und zu entscheiden und **entwickelt** so **eine Kausalität von der Zukunft her zum Jetzt** (und in Folge zur Vergangenheit), – während
- **die Materie und mit ihr der Körper einer Kausalität aus der Vergangenheit ins Jetzt** (und letztlich in die Zukunft) **folgt.**

Das „physische Sein" entfaltet sich aus der Vergangenheit in die Gegenwart und weiter in die Zukunft und **das „Bewusst-Sein" entfaltet sich aus der Zukunft über die Gegenwart hin zur Vergangenheit.**

Dies ist eine wichtige Erkenntnis in Bezug auf das wirkungsvolle Anwenden „Der Kunst des Beabsichtigens" einer erwünschten Zukunft. (siehe Kapitel 13). Und es ist im Weiteren auch wiederum das zur Wirkung kommen des „Sowohl-als-Auch" der Evolution und der Involution.

...

Im Nagual-Schamanismus wird ja bei der Beschreibung und dem Erfassen der Dimensionen strikt von deren „Erlebbarkeit" ausgegangen und da ist klar, dass Zeit und Raum nicht getrennt voneinander, sondern nur in ihrem Zusammenwirken erfahren werden können. Denn Raum und Zeit sind sowohl Grundlage als auch Aspekte der Phänomene Bewegung, Veränderung und Wandel und somit des Lebens. Aus diesem Grund ist Zeit gemeinsam mit Raum schon in der nagual-schamanischen 3. Dimension enthalten.

Sogenannte „Nagual-Erfahrungen", also Erfahrungen in höheren Dimensionen (ab der 5.) erfordern das „Einfalten" – zusammenziehen und gleichzeitige Erleben – des in Raum und Zeit verwirklichten Vergangenheit-, Gegenwart-, Zukunft-Stromes, und bewirken ein „ewiges, zeitloses" Sein. Ewig und zeitlos – nicht im Sinne einer unendlichen Zeitdauer gemeint – sondern abseits des Stromes der Zeit – jenseits und frei von Zeitlichkeit.

Diese Beschreibung eines Erlebens „jenseits und frei von Zeitlichkeit“ findet sich in ähnlicher Art wieder sowohl in buddhistischen Schriften als auch in den Zeit-Interpretationen der modernen Physik.
... In der spirituellen Welt gibt es keine Zeiteinteilungen wie Vergangenheit, Gegenwart und Zukunft, denn diese haben sich zu einem einzigen Augenblick der Gegenwart zusammengezogen, und dort vibriert das Leben in seinem wahren Sinn. ...
D.T.Suzuki; Der westliche und der östliche Weg.

... Für uns gläubige Physiker hat die Trennung zwischen Vergangenheit, Gegenwart und Zukunft den Wert einer bloßen – wenn auch sehr hartnäckigen – Illusion. ...
A.Einstein; zitiert von J.E.Berendt in – Nada Brahma, Die Welt ist Klang.

... Wenn wir vom Raumerlebnis der Meditation sprechen, so haben wir es mit einer gänzlich anderen Dimension zu tun ..., in der das zeitliche Nacheinander zum Nebeneinander, das räumliche Nebeneinander zum Ineinander, das Ineinander zum lebendigen Kontinuum wird, jenseits von Sein und Nicht-Sein in der Einschmelzung von Raum und Zeit. ...
Lama Govinda; Buddhistische Wege in die Stille – Schöpferische Meditation und multidimensionales Bewusstsein.

8.1 Weitere Gedanken über Raum, Zeit und Leben

Wenn also Raum für die *Möglichkeit* und Zeit für die *Wirklichkeit* einer Bewegung (des Lebens und Erlebens) stehen, so folgt daraus wohl, dass Zeit die Summe unseres Lebens, das individuelle verwirklichte Erleben jeden Momentes ist.

Dies ist auch in einer der üblichen Definitionen von „Leben" ersichtlich. *Leben ist Veränderung*. Da Veränderung ein Phänomen der Zeit ist, ergibt sich auch daraus, dass Zeit Leben ist – und beides gemeinsam wird somit das Wertvollste für uns.

In diesem Zusammenhang erscheint es mir problematisch davon zu sprechen, dass Zeit „nur" eine Illusion wäre. Das würde ja bedeuten, dass unser gesamtes Leben nur eine Illusion ist.

Aber selbst wenn man davon ausgeht, dass unser gelebtes Leben bloß eine der vielen in „höheren" Dimensionen eingefalteten potentiellen Möglichkeitsvarianten ist, so finde ich es doch nicht zutreffend, die von mir jetzt – in diesem Raum und zu dieser Zeit – *verwirklichte Möglichkeitsvariante* als „Illusion" zu bezeichnen. Eher im Gegenteil bleiben wohl alle nicht verwirklichten Möglichkeitsvarianten illusorisch, denn was sonst als das gelebte Leben, die erschaffene Wirklichkeit soll „Realität" sein. Es wurde Potential zu Wirklichkeit erhoben. Das gelebte Leben ist die Verwirklichung – genauso wie die erschaffene kollektive Vereinbarung über die Welt die Wirklichkeit wurde.

Wenn also – in vor allem östlichen Traditionen – die (drei- und vier-dimensionale) Wirklichkeit sowie auch das individuelle Leben als Maya, als Schein und Illusion bezeichnet wird und damit irgendwie „abgewertet" wird gegenüber den eingefalteten Möglichkeiten höherer Dimensionen, so erscheint mir das als eine vielleicht aus der Einstellung „Leben ist Leiden" entstandene Entscheidung zu sein. Geht es mir im Leben so gar nicht gut und besteht mein gelebter Alltag aus mühsamer Plackerei, so kann es mir vielleicht Trost geben, zu denken, dass alles ohnehin nur Illusion und gar nicht „wirklich“ ist.

Lebe ich hingegen ein Leben, in dem ich meine Talente und Fähigkeiten einbringen kann, herausfordernde Projekte, spannende Begegnungen und erfüllende Partnerschaften, Liebe, Freude und Glück erfahre, so brauche ich diesen „Trost“ nicht – und vielleicht gelingt es mir auch, die Großartigkeit, die Schönheit und das Wunderbare in unserer – von kollektiver Übereinkunft vieler Generationen erschaffenen – wenn auch vielleicht „illusionären Wirklichkeit“ zu erkennen und zu würdigen.

In so vielen Momenten des Lebens berührt es mich immer wieder zutiefst, wie wunderbar sich unsere Welt präsentiert. Egal ob von einem Berggipfel ins Tal schauend, an einem Palmenstrand den Wellen lauschend, die Millionen von Sternen am Nachthimmel bestaunend, das wunderbare Blau der Wegwarten am Rand eines fast schon goldbraunen, reifen Kornfeldes bewundernd, in einem Wald die friedliche Atmosphäre genießend, unbemerkt ein Wildtier beobachtend oder einem Kind beim Spielen zuschauend – all das erfüllt mich mit tief empfundener Ehrfurcht vor der Schöpferkraft und Kreativität aus der diese mannigfaltige Schönheit entstanden ist. Und wenn es tatsächlich so sein sollte, dass die Welt, wie wir sie wahrnehmen von Generationen von Menschen und ihren Wahrnehmungen so kreiert wurde, wie sie jetzt erscheint, dann ist das eine unglaubliche, gar nicht hoch genug zu schätzende Leistung der Menschheit. Dass das eine und andere dann doch auch noch verbesserungswürdig scheint, gibt uns die Möglichkeit an einem schon recht wunderbaren Traum weiter-zu-träumen, an einer schon ziemlich großartigen Wirklichkeit weiter-zu-wirken.

9.
Das KAUSALE – an der Schwelle des NON-DUALEN

9.1 Die „Battle-Kachinas“

Haben wir uns aus dem großen Bewusstseins-Feld erst mal auf diesem Planeten inkarniert, sind wir bestimmten Einschränkungen und Gesetzmäßigkeiten unterworfen. Eine davon ist, dass wir innerhalb des Raum-Zeit-Gefüges alles, was wir erleben, als abgegrenzt von etwas Anderem und sehr Vieles als Gegensatzpaare erfahren.

In der höchsten Form des Bewusstseins, dem allumfassenden, non-dualen Eins-Sein ist das nicht so. Doch sobald wir dieses „All-Eins-Sein“ verlassen haben – Körperlichkeit angenommen haben, ein eigenständiges Selbst entwickeln und ein Holon sind (ein selbständiges Ganzes und gleichzeitig ein Teil eines größeren Ganzen) – sind wir den Gesetzen der Dualität und der Gegensatzpaare unterworfen. Richtig-falsch, gut-böse, innen-außen, weiblich-männlich, hoch-tief, Lust-Schmerz, Leben-Tod, ..., eine Welt der Dualitäten, Gegensätze und Konflikte.

Dies scheint unumgänglich zu sein. Da stehen diese Paare einander gegenüber, polarisieren und es kommt zum Konflikt – zur Konfrontation – und erst über die Konfrontation (gemeinsam zur Front gehen) – kommt es dann zu einem „engagierten Sich-einlassen“ mit den scheinbar entgegenwirkenden Energien und auf einer höheren Bewusstseinsebene zur ganzheitlichen Erfahrbarkeit der Einheit dieser Zwillinge.

Diese vermeintlichen, – weil so erlebten – Gegensatzpaare werden uns solange begleiten und unsere Erfahrungen prägen, bis wir uns in unserer Bewusstseins-Entwicklung durch die transpersonalen Ebenen hin zum „Kausalen-“ und in die Nähe des „Non-Dualen-

Bewusstseins“ entwickelt haben, – was wohl nur für wenige Menschen als „normaler“ Seins-Zustand erreichbar wird; und ansonsten nur in sporadisch auftretenden „Erleuchtungszuständen“ erfahren wird. Gelingt dies aber, werden alle diese vermeintlichen Gegensatzpaare zu zusammengehörigen untrennbaren Ganzheits-Erfahrungen.

Der Beobachter und das Beobachtete, der Zeuge und die Schöpfung sind in einem untrennbaren Tanz verbunden und bedürfen einander, so wie alle vermeintlichen Gegensatzpaare dies tun. Nur auf einer „niedereren“ Bewusstseinsebene werden diese zusammengehörigen Einheiten als Gegensätze empfunden und es wird jeweils einer der beiden Pole angestrebt und der andere tunlichst vermieden, – wobei vergessen oder verdrängt wird, dass es das Eine ohne das Andere gar nicht geben kann, da es sich ja nur durch den Gegensatz zum Anderen abgrenzt und definiert.

Im besonders krassen Fall vieler Religionen wird dann der „Himmel“ als hehres Ziel und die „Hölle“ als Drohgespenst der ewigen Verdammnis erfunden – und so werden das „Gute“ und das „Böse“ als absolut unvereinbare Gegensätze definiert, und es bleibt dem Gläubigen nicht viel anderes übrig, als seine Schattenseiten abzulehnen, zu verdrängen und in Folge im Außen zu bekämpfen. Durch dieses von C.G.Jung auf den Punkt gebrachte „Persona-Schatten“-Spiel werden Grenzlinien gezogen, Außenfeinde kreiert und auf den verschiedenen Bewusstseinsebenen und in den unterschiedlichsten Arenen des Lebens Kämpfe und Schlachten ausgefochten. Wer bin ich, wer bin ich nicht, wer darf ich sein und wer nicht, welche Aspekte des Lebens sind das „Selbst“ und welche sind das „Nicht-Selbst“ – und bleiben somit fremd, bedrohlich und werden bekämpft.

9.2 Das Konfrontieren der Dualitäten

Im Nagual-Schamanismus gibt es „Teachings“ und zeremonielle Erfahrungen, die darauf abzielen diese Kämpfe des Selbst gegen das (vermeintliche) Nicht-Selbst und all die damit einher gehenden Gefechte zwischen dem „Guten“ und dem „Bösen/Schlechten“ innerhalb der Gegensatzpaare zu integrieren und aufzulösen. Dies geschieht unter anderem durch die Beschäftigung mit den sogenannten **„battle-kachinas“ – Schlacht-Kachinas** oder besser **Konfrontations-Kachinas**, archetypische Gegensatzpaare, mit deren kollektiven und individuellen Aspekten und Inhalten gearbeitet wird und dabei (hoffentlich) erkannt wird, dass alle diese Gegensatzpaare in Wahrheit bloß unteilbare, untrennbare Aspekte einer gemeinsamen zugrundeliegenden Realität sind und als solche auch erfahren werden können.

Nochmal in anderen Worten:

In jedem Moment des Lebens, in jeder Erfahrung wählen wir meist gänzlich unbewusst einen Teil der Erfahrungsmöglichkeiten aus und fokussieren auf diese und machen diese somit zu unserer Erfahrung – diese ist aber dadurch niemals komplett und ganz, sondern nur ein von uns – meist unbewusst – ausgewähltes Segment, das durch das Phänomen, wie unsere Wahrnehmung funktioniert von uns nach „Außen“ projiziert wird. Wir verhalten uns dieser von uns projizierten Wirklichkeit (im Sinn von: das wirkt jetzt) gegenüber so, als wäre sie Realität und noch dazu, die gesamte Realität.

Diese Projektion findet auf der Basis all dessen statt, was wir schon erlebt haben – Ängste, Vorlieben, Einstellungen, Glaubenssätze wirken hier als kräftige Filter, die gemeinsam mit momentanen Jetzt-Stimmungen einen scheinbar gut zusammenpassenden kontinuierlichen Strom an (projizierten) Erfahrungen gestatten, der von uns wegen seiner Plausibilität gerne für „die Wirklichkeit“ gehalten wird.

Vergessen wurde dabei aber, dass diese Wirklichkeit bloß ein „Spiegel der Selbstreflexion“ ist.

Die Teachings der Battle-Kachinas erinnern uns an diese Projektionsvorgänge und helfen uns, das Gewahrsein und die Achtsamkeit auf die Gesamtheit der Erfahrung in jedem Augenblick zu richten und unser Gefühl für diese Gesamtheit einer Erfahrung zu schulen.

Ertappt man sich dabei, eine Erfahrung zu etikettieren – z.B.: *Schönheit* oder *Schwäche* oder *Kontrollverlust* – sollte man sich gewahr werden, dass auch das Gegenteil also das *Unattraktive*, die *Stärke* oder die *Kontrolle* in der jeweiligen Erfahrung – nur bisher halt unentdeckt – vorhanden sein wird.

Gelingt es die Erfahrung durch das Miteinbeziehen des bisher nicht-einbezogenen oder verdrängten oder nicht-wahrgenommenen Gegensatz-Zwillings zu vervollständigen, so hat man seine „Wirklichkeit“ ein schönes Stück erweitert und damit „objektiv wirklicher“ gemacht. Gelingt es in Folge noch eine, beide Pole integrierende „Darüber-hinaus“-, „Jenseits-von“-Erfahrung der Gegensatzpaare zuzulassen, so hat man einen gewaltigen Bewusstseins-Entwicklungsschritt getan.

Obwohl es augenscheinlich dutzende, wahrscheinlich hunderte solcher Gegensatzpaare gibt, beschäftigt man sich in den „battle-kachina“-Teachings und der dazu gehörigen zeremoniellen Arbeit vorerst nur mit elf dieser Paare. Es sind dies Paare wie z. B. *KRAFT* und *SCHWÄCHE*, die sich in allen möglichen Lebenserfahrungen präsentieren. Wir sind erst mal aufgefordert ihnen nicht als sich bekämpfende und widersprechende Gegensätze zu begegnen, sondern uns dessen mehr und mehr gewahr zu werden, dass sie immer beide in der Erfahrung präsent sind.

Findest du dich also in einer Erfahrung in der die Kachina *NO CONTROL (KONTROLLVERLUST)* erscheint, könntest du deine Aufmerksamkeit darauf richten, wo in dieser Erfahrung sich die Kachina *CONTROL* versteckt hat, – also – worüber hast du *KONTROLLE* in der Erfahrung. Wie anhand dieses Beispiels sehr klar erkenntlich ist, wird das viel hilfreicher sein, die Erfahrung bereichern und verändern, als mit der Kachina *KONTROLLVERLUST* in die Schlacht zu ziehen oder gar vor ihr zu kapitulieren. Schon schwieriger vorstellbar ist uns, dass wir das auch im umgekehrten Fall, also einer Erfahrung der Kontrolle tun sollen, – wo in der Erfahrung ist die Nicht-Kontrolle versteckt – und, dass uns das eine wesentliche wichtige Bereicherung unserer Erfahrung bringen soll. Und doch ist es so. (Um bei diesem Beispiel zu bleiben, geht es dabei nicht darum, auch über die Nicht-Kontrolle die Kontrolle zu bekommen, sondern das Bereichernde, Unbekannte, das vielleicht gar nicht zu Kennende in der Erfahrung zuzulassen und miteinzubeziehen. Mögliche ungeahnte Erweiterung kann stattfinden).

Wir dürfen diese Zwillingspaare also keinesfalls bewerten – im Sinne von *SCHÖNHEIT* ja bitte und *DAS UNATTRAKTIVE* nein danke – oder *STÄRKE* na klar und *SCHWÄCHE* nur weg davon. – Wichtig ist gewahr zu sein, dass der eine Zwilling ohne den anderen nicht existiert – und überall dort, wo wir nur einen bemerken, oder nur einen akzeptieren, wir uns in limitierender Projektion befinden.

Im Zentrum, bzw. im Hintergrund, der Battle-Kachina-Paare befindet sich – stetig wirkend – das Zwillingspaar *HUNGER & WORK*. Mit *HUNGER* ist das gemeint, womit wir uns gerne und begeistert beschäftigen, weil es uns Spaß macht, uns Freude, Lust, Lernen und Erweiterung bringt. Mit *WORK* ist alles gemeint, was wir tun müssen, um das Befriedigen unserer *HUNGER* zu ermöglichen – also z.B. „Jobs“, die wir nur ausüben, weil sie Geld bringen, mit dem wir dann unsere Begierden (Hunger) stillen können.

Wer es geschafft hat, seine „Hobbies“ zu seinen Jobs zu machen – (indem er tut, was er zu tun liebt – und liebt, was er tun muss) also im besten Fall gut davon leben kann, was er ohnehin am liebsten tut, der hat dieses scheinbare Gegensatz-Paar und damit sein „Wollen“ und sein „Müssen“ zu einer Gesamterfahrung vereint. Im Falle dieses Paares *HUNGER & WORK* würde man im Nagual-Schamanismus sagen, er lebt seinen „Heiligen Traum“.

Zu diesem Thema der Zwillingspaare noch ein paar Zitate und Gedanken:

... Und als Adam den Unterschied zwischen den Gegensätzen von Gut und Böse erkannte, das heißt, als er eine verhängnisvolle Grenze zog, fiel seine Welt auseinander. Als Adam sündigte, kehrte sich die ganze Welt der Gegensätze, die zu erschaffen er selbst geholfen hatte, wider ihn, um ihn zu quälen. Schmerz gegen Lust, Gut gegen Böse, Leben gegen Tod, Arbeit gegen Spiel – das ganze Aufgebot einander widerstreitenden Gegensätze überschwemmte die Menschheit.

Die erbitternde Tatsache, die Adam erfuhr, war die, dass jede Grenze auch eine potentielle Kampffront ist, so dass allein schon das Ziehen einer Grenze bedeutet, dass man sich auf einen Konflikt vorbereitet, spezifisch auf den Konflikt des Krieges der Gegensätze, den qualvollen Kampf des Lebens gegen den Tod, der Lust gegen den Schmerz, des Guten gegen das Böse. Zu spät lernte Adam, dass die Frage „Wo soll ich die Grenze ziehen?“ in Wirklichkeit bedeutet: „Wo soll die Schlacht stattfinden?“

Ken Wilber; Wege zum Selbst. – Östliche und westliche Ansätze zu persönlichem Wachstum.

Wilber zeigt auf, dass durch das Ziehen einer Grenze zwei voneinander abhängige und einander bedingende Wirklichkeiten geschaffen werden. Wenn man z.B. eine konkave Linie zeichnet, hat man zugleich eine konvexe Linie erschaffen.

konkav) konvex

Das heißt, und das hat schon Lao-Tse festgestellt: Alle Dualität, alle Gegensätzlichkeit entsteht und besteht in gegenseitiger Abhängigkeit.

... Wer da sagt: schön, schafft zugleich: unschön. Wer da sagt: gut, schafft zugleich: ungut. Bestehen bedingt: nicht bestehen, verworren

bedingt: einfach, hoch bedingt: nieder, laut bedingt: leise ...
... Denn Sein und Nichtsein erzeugen einander.
Schwer und Leicht vollenden einander.
Lang und Kurz gestalten einander.
Vorher und Nachher folgen einander. ...
Lao-Tse; 6.Jht.v.Chr.

... wenn wir die Illusionen unserer Grenzen durchschauen, werden wir hier und jetzt das Universum so sehen, wie Adam es vor dem Sündenfall sah: als organische Einheit, als Harmonie der Gegensätze, als Melodie von Positivem und Negativem, als Entzücken am Spiel unserer vibrierenden Existenz. Wenn erkannt wird, dass die Gegensätze eins sind, schmilzt Dissonanz zu Einklang, Schlachten werden zum Tanz, und Feinde werden zu Liebenden. Wir sind dann in der Lage, mit unserem ganzen Universum Freundschaft zu schließen, und nicht nur mit der Hälfte davon. ...
Ken Wilber; Wege zum Selbst.

Ein Erlebnisbericht einer Battle-Kachina-Tanz-Zeremonie findet sich im Teil 2 der Trilogie, Kapitel 6.2.

10.
DIE KUNST DES BEABSICHTIGENS
und das Erwirken von Wirklichkeiten

Anmerkung zu: „**Erwirken der Wirklichkeit**“

Es ist mir bewusst, dass das Wort „Erwirken“ in diesem Zusammenhang ein eher ungewöhnliches, nicht so oft gebrauchtes ist, wie beispielsweise Erschaffen, Erträumen, Erkennen, Erfinden, usw. Aber was alle diese Begriffe gemeinsam haben ist die Vorsilbe „er“, die auf eine Aktion schließen lässt. Die Vorsilbe „er-“ meint meist, dass etwas erarbeitet, erlangt, erfahren, kreiert wird, was es noch nicht oder nicht in der Form gibt. Etwas wird schöpferisch aktiv erzeugt, nicht bezeugt, nicht entdeckt und auch nicht (vor)gefunden. Im Zusammenhang mit „Wirklichkeit“ erscheint mir also der Begriff „Erwirken“ geradezu perfekt zu passen – noch besser als erschaffen, erzeugen, kreieren, usw.

Spannender Weise sagen wir nicht „wir leben die Wirklichkeit“, sondern „wir erleben die Wirklichkeit“. Da hat man also schon vor sehr langer Zeit darüber Bescheid gewusst, dass wir (Mit)-Erschaffer, -Erträumer, der Wirklichkeit sind.

10.1 Das Erwirken der Wirklichkeit

Wie also sollen wir diese Bausteine/Materie und die Baupläne/Bewusstsein verwenden, um die Wirklichkeit(en) zu erwirken/erschaffen, die wir erleben wollen?

Dazu möchte ich noch einmal an die Erkenntnis erinnern, die ich schon ganz am Anfang im Vorwort zu diesem Buch – quasi als Einstieg vorweggenommen und auch an anderen Stellen erwähnt habe. Nämlich den Effekt des „Spiegels der Selbstreflexion“ wonach für das, wie das “Da-Draußen“ von uns erlebt wird, offenbar das „Hier-

Drinnen“ verantwortlich ist; – also unsere Gedanken, Gefühle, Wertvorstellungen, Überzeugungen, die Ebene unserer Bewusstheit – und worauf wir unsere Aufmerksamkeit richten. Die Wirklichkeit – alles was wir erleben und was uns begegnet – ist eine Antwort auf die Frage, die wir sind – eine Spiegelung dessen, was wir in die Welt strahlen.

Die erlebte Wirklichkeit, die Welt, wie sie sich uns präsentiert, **ist also ein Spiegel?** – Das ist doch dieses alte esoterische Konzept, das irgendwie angesichts der permanenten Unzulänglichkeiten der Welt, über die man ständig stolpert, wirklich kein gutes Gefühl aufkommen lässt.

Und doch: Alleine schon durch die Art, wie wir „wahrnehmen“ – also beginnend damit, dass wir aus unglaublich vielen Angeboten ganz bestimmte nur auswählen, dass wir dann diese Reize der Außenwelt durch unsere Filter der Sinnesorgane und unserer Neurologie verarbeiten, prozessieren und das Ergebnis dann nach außen projizieren – und dann so tun, als gebe es „wirklich“ genau das von uns nach außen projizierte da draußen – und nur das, – lässt die in esoterischen Kreisen übliche Ansicht, dass alles da „Draußen“ ein Spiegel für uns ist – gar nicht so absurd erscheinen. In gewisser Weise ist es wirklich so.

Ein, wenn auch im Zusammenhang mit der Abstrahlungsenergie von Himmelskörpern gefallenes Zitat des Astronomen Nikolai Kozyrev erscheint hier von Interesse zu sein: ... *„Ein Stern erhält in dem Maße seine Energie, wie er von seiner Oberfläche her ausstrahlen kann“.* ... . Bezogen auf uns Menschen heißt das wohl: Der Mensch wird vom Licht soweit erleuchtet, wie er selbst das Licht ausstrahlt.

Und in diesem Sinne ist es natürlich völlig absurd vor dem Spiegel (der Welt) zu sitzen und gebannt darauf zu warten, dass man aus diesem angelächelt wird. Es wird uns nichts anderes übrig bleiben, als selbst mit dem Lächeln zu beginnen.

Das klingt logisch, – aber das bedeutet ein grundlegendes Umdenken in unserer Herangehensweise an die Welt; und einen wahren Akt der „kontrollierten Torheit“, – ein bewusst, willentlich, gesteuertes Paradoxon.

In Kapitel 8; (Das Mysterium von Zeit und Raum), bin ich zu der Erkenntnis gelangt, dass sich das materielle, physische Sein gemäß einer Kausalität aus der Vergangenheit über die Gegenwart zur Zukunft hin evolvierend aufbaut, – und sich Bewusst-Sein, das ja imstande ist, zwischen verschiedenen Varianten der Zukunft zu wählen, somit einer Kausalität von der Zukunft her ins Jetzt folgt – und sich und sie (die Zukunft) also involvierend entfaltet.

Eine weitere in diesem Zusammenhang wichtige Erkenntnis (aus Kapitel 4), nämlich, – ... dass Wirklichkeit und Bewusstsein einander bedingen, gemeinsam entstehen und auf verschiedenen Entwicklungsstufen unterschiedlich sind. ... – macht folgerichtig klar, dass, will man eine „Wirklichkeit“ verändern, so muss man wohl das Bewusstsein verändern, dass dieser Wirklichkeit entspricht und das diese Wirklichkeit ko-kreiert hat.

Und das „andere“, das neue Bewusstsein, das der „erwünschten“ Wirklichkeit entspricht, zeigt sich vordergründig natürlich als Gefühle und Denkweisen, die der erwünschten (beabsichtigten/zukünftigen) Wirklichkeit entsprechen.

So kommt auch Fred Hoyle, ein bekannter Astronom, zum Schluss, dass die Zukunft bestimmt, welche Entscheidung in der Gegenwart getroffen wird. ... *Irgendwo da draußen in einer Zukunft, die sich erst gestalten wird, liegen der Grund und die Ursache für die Ereignisse, die jetzt stattfinden. ...* Fred Hoyle.

Das angestrebte (zukünftige) **Ergebnis bestimmt also was und wie man** (jetzt) **fühlen und denken muss, damit „es“ zum** (zukünftigen) **Ergebnis passt und dieses von einer Möglichkeit** (einer Welle) **zu einer Wirklichkeit** (einem Teilchen) **werden lässt**.

Und dieses „Sich-so-fühlen“ und „So-denken“, dass es zum beabsichtigten Ergebnis passt, ist ein „In-Resonanz-kommen“, – man erwirkt ein gemeinsames Schwingungsfeld, indem man mehr und mehr Aufmerksamkeit auf das Beabsichtigte richtet. „Attention is power“ – Aufmerksamkeit ist Kraft/Macht.

Wirklichkeit ist das Produkt der Aufmerksamkeit.

Unsere Aufmerksamkeit erschafft unsere Realität, – erwirkt unsere Wirklichkeit. Denn das worauf der Fokus unserer Aufmerksamkeit gerichtet ist, das ist die Wirklichkeit, die wir erleben. – Und daraus folgt:

Je mehr Aufmerksamkeit man einer Sache widmet, desto wirklicher, bedeutungsvoller und wichtiger wird diese Sache. Man fühlt sie mehr, man denkt mehr an sie und sie wird immer mehr zum Teil des persönlichen Lebens, man handelt nach ihr. – Und mit der Zeit wird diese, – eine alte oder auch eine neue – Ausrichtung der Aufmerksamkeit zu einer Gewohnheit, zu einer vertrauten Wirklichkeit. Man kommt also mit dem, worauf man seine Aufmerksamkeit richtet und womit man sich beschäftigt in eine Schwingungsübereinstimmung.

Das Erwirken von Wirklichkeit hat also zu tun mit „Vertraut-werden-mit“.

- Wirklichkeit ist etwas dann, wenn es „wirkt“.
- Wirken kann etwas dann, wenn es erlebt werden kann.
- Erlebt wird es, wenn es gefühlt wird, gedacht wird, getan wird.
- Wenn etwas gefühlt, gedacht und getan wird – wird man damit „vertraut“ und es ist (die neue) Wirklichkeit geworden.

Das bewusste Erwirken einer Wirklichkeit geschieht also – indem eine 5. dimensional „erträumte“, imaginierte Beabsichtigung 4-dimensional gefühlt und gedacht und 3-dimensional getan und somit verwirklicht wird.

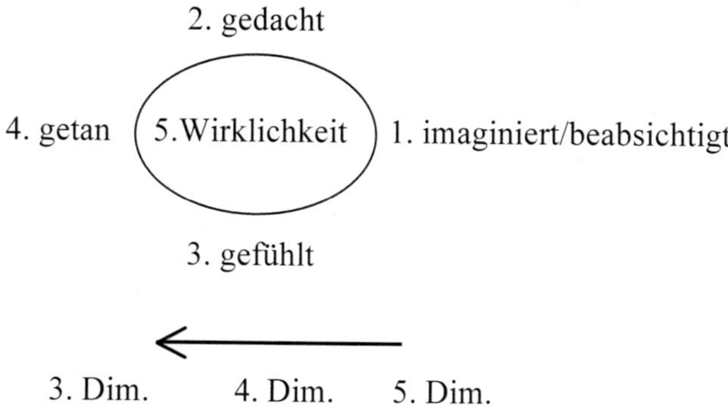

Bei der Kunst des Beabsichtigens gibt es einen ganz wesentlichen Unterschied zu anderen Methoden der „Wunscherfüllung“ – wo meist etwas „manifestiert“ werden soll, indem es durch eine Art „Magnetismus“ zu sich her-gezogen, her-gewünscht, her-geträumt, visualisiert wird, und dies aus einer Energie und einem Bewusstsein des Nicht-Habens, des Nicht-Seins, des Mangels und des (noch) Getrennt-Seins-Davon geschieht.

Dementsprechend sitzt man vor dem „Spiegel“ und erhofft darin das zu erblicken, was man irgendwann einmal sein will, falls alles gut funktioniert und, und, und, ... aber was gespiegelt wird, ist, dass man es eben nicht ist und hat – und davon getrennt ist.

Zum Unterschied davon wird beim *BEABSICHTIGEN* vom schon erfüllten beabsichtigten Ergebnis her gedacht, gefühlt und so weit schon möglich auch getan. Es wird davon ausgegangen, dass wir mit der beabsichtigten Manifestation bzw. der Veränderung zum „Neuen Selbst“ in der nagual-schamanischen 5. und 6. Dimension der Tänzer, bzw. Bohms’ impliziter Ordnung schon (in eingefalteter Form) vereint sind.

... Weil das Bewusstsein die einzige Realität ist – muss ich annehmen schon der zu sein, der ich sein will. Glaube ich nicht, schon der zu sein, der ich sein will, so bleibe ich der, der ich bin, (der wer anderer sein will) – und werde in dieser Begrenzung sterben. ... Neville – (Übersetzung des Autors)

Die Herausforderung besteht nicht darin, etwas zu uns her zu ziehen, sondern die potentielle Möglichkeit des in einer höheren Dimension eingefalteten gewünschten Ergebnisses aufzufalten. Und das (das Auffalten) **bedeutet es im Jetzt zu fühlen und zu denken und zu tun.** So strecken wir uns nicht nach dem, was wir begehren – wir werden/sind es.

Die Aufgabe besteht also **darin**, das „neue Muster", – also **das neue Selbst** mit der schon erreichten Beabsichtigung – zu „bewohnen", **zu leben, zu sein**. Die beabsichtigte Manifestation ist also eine Angelegenheit des Neu-Organisierens, – des Belebens, gemäß dem neuen Muster. Es geht darum, dieses neue Sein in das Alltags-Feld einzubringen und es damit als neues Selbst zu etablieren.

So hat man nicht das Neue angezogen, – sondern man hat sich das Neue angezogen.

Und dieses Neue Sein wirkt als „Magnet" für alle Energien, die dazu passen. (Auf sehr subtile Art haben wir in einem unserer Gemeinsam-Beabsichtigenden-Traum-Erfahrungen in der Spirale auch diese Antwort bekommen. – Siehe: „Gecko/Chamäleon und Schlange" im Praxis-Teil 2, Kapitel 13.6)

Übersicht:

Die Kunst des Beabsichtigens – the art of intending

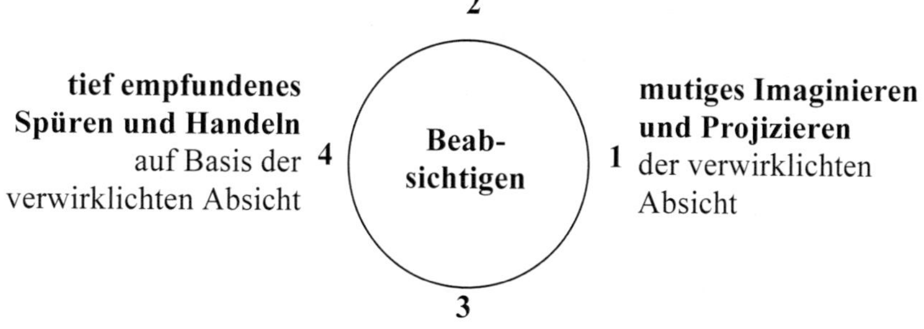

Eine wichtige Klarstellung:

Selbstverständlich bedeutet diese Methode nicht, dass man sich selbst und anderen (auf einer anderen Ebene) etwas vorlügt. Es gibt wahrlich schon genug Homepages im Internet, auf denen sich Menschen als etwas präsentieren, was man keinesfalls wiedererkennen könnte, so man sie im wirklichen Leben kennenlernt – mit „Schein" statt „Sein" hätte man diese Methode gänzlich missverstanden. Ganz im Gegenteil hat die „Kunst des Beabsichtigen" nichts zu tun mit selbst-zentriertem Erfüllen von Begehrlichkeiten, Willens-Durchsetzung oder Ego-Aufblähung. Dies wäre gänzlich falsch verstanden.

Beabsichtigt man beispielsweise Pilot zu werden, genügt es ganz offensichtlich nicht „so zu tun“ als wäre man schon Pilot, dies würde höchstwahrscheinlich zu einem raschen, spektakulären und hoffentlich „einsamen“ Tod führen. Hier kommt das schon des Öfteren erwähnte „Sowohl-als-Auch“ zur Wirkung. Will man Pilot sein, wird es unumgänglich sein, die dafür nötigen Ausbildungsschritte zu erledigen. Und doch macht es einen Unterschied, ob man diese schon in der „Psyche“ (der Gefühls- und Gedankenwelt) des Piloten tut oder ob man sich als Lernender, Probierender, vielleicht sogar Zweifelnder an das Piloten-Sein herantastet.

Ein anderes Beispiel:

Es ist ein wesentlicher Unterschied, ob ich ein Buch einfach so lese, oder ob ich es als Seminar-Leiter lese, mit der Absicht darin für meine Seminare Brauchbares und Anregendes zu finden – oder als Schriftsteller, um Themen, Aufbau oder Stil für meine eigene Arbeit zu erforschen.

Ganz offensichtlich ist hier wieder dieses untrennbare Zusammenspiel, des „Sowohl-als-Auch“ von „Evolution“ und „Involution“, von „äußerem Tun“ und „innerem Sein“ am Wirken.

Und nicht zu vergessen, die Kunst des Beabsichtigens ist im Zentrum des Rades der Nagual-Fähigkeiten und ist eine spirituelle Disziplin, die gar nicht funktionieren kann, ohne dem Bewusstsein der Verbundenheit des Alles mit Allem.

Es braucht das Gewahrsein, dass die jeweilige spezielle Beabsichtigung bloß ein Teilaspekt, ein kleiner Traum im Gefüge des großen Traums darstellt und innerhalb der Absicht des Größeren eingebettet sein muss, und diese dabei unterstützt, heller und leuchtender zu werden.

BEABSICHTIGEN führt also nicht über das erwünschte HABEN in einer Zukunft, sondern über das Einfühlen und Eindenken in das neue, zukünftige Selbst, das man durch die Beabsichtigung SEIN wird. Und geleitet von der Inspiration des (zukünftigen) SEINs, entwickelt und verinnerlicht man die dazu passenden Gedanken- und Gefühlswelten.

Das WOLLEN des EGO wird ersetzt durch das BEABSICHTIGEN des SELBST.

Im Kontakt mit dem (höheren) Selbst, am Besten im Zustand des „Doppels" zu *BEABSICHTIGEN* bedeutet, einem neuen Selbst von Innen heraus zur Geburt zu verhelfen. Und dieses „Von-Innen-Heraus" lässt uns die kaum betretenen Pfade unserer Bewusstseins- und Gewahrseins-Potentiale erfahren und in Kontakt mit diesen und aus diesen heraus geboren, kreiert das Selbst das beabsichtigte Ergebnis und erfährt als Folge die dazu passende „Außenwelt".

Dies entspricht – aus der Erfahrung der Zazen-Meditation heraus – dem „Handeln" des Zen-Buddhisten, der im „Da-Sein" des Hier- und Jetzt-Augenblicks seinem Handeln Wichtigkeit gibt, da dies die einzige „Wirklichkeit" bedeutet. (Siehe auch schon im Kapitel 7.4 Beschriebenes).

Oft wird im Zusammenhang mit Buddhismus der Begriff **„Hingabe"** genannt – und oberflächlich betrachtet könnte man meinen, dies würde einem **„Beabsichtigen"** widersprechen. Doch da Beabsichtigen in Verbindung mit – oder aus einem trans-personalen Selbst heraus geschieht und nichts mit dem „Wollen" eines Ego gemein hat, steht es in keinem Widerspruch zu Hingabe. Ganz im Gegenteil geschieht Beabsichtigen mit dem Gewahrsein, im Dienste des Größeren zu stehen (als Evolutions-Agent) und wird ohne Haltung der Demut und Hingabe nicht wirkungsvoll sein, da es dann wiederum bloß ein Wollen eines Egos sein wird.

10.2 Aufmerksamkeit erwirkt Wirklichkeit

Wenn also das, worauf wir unsere Aufmerksamkeit richten, unsere Wirklichkeit kreiert, indem sich eine Schwingungs-Frequenz-Beziehung etabliert, dann bedeutet das wohl, dass wir besser aus der Vielzahl von Sinneseindrücken, die stetig auf uns einwirken, viel sorgfältiger diejenigen auswählen sollten, die wir auch wirklich in unser Leben einladen wollen. Das spricht nicht gerade dafür, jeden Morgen mit dem Lesen von Schreckens-Nachrichten in einer Boulevardzeitung zu beginnen – oder sich mit blutrünstigen Computer-Kampfspielen aufzuregen – oder sich spätabends zum Einschlafen noch Drama-, Horror- oder Katastrophenfilme im Fernsehen zu Gemüte zu ziehen.

Die schlechte Nachricht ist ganz einfach, dass all das, was unsere Aufmerksamkeit fesselt und durch Emotionen verstärkt und „unterfüttert" wird, zu unserer Wirklichkeit wird. – Und das sowohl individuell als auch kollektiv. So betrachtet ist Hollywood ein nicht zu unterschätzender Zukunfts- und Wirklichkeitsgestalter. Ich denke nicht, dass man sich in der Film- und Unterhaltungsindustrie dieser Verantwortung bewusst ist. Schade – man könnte hier, anstatt uns mit Aliens, Vampiren, Monstern, Zombies und Zukunftsvisionen von Kriegen und Katastrophen jeglicher Ausmaße zu „unterhalten", auch die Chance wahrnehmen und verantwortungsvoll und visionär an einer lebenswerten, sinnvollen, menschengerechten Zukunft mitgestalten.

... Könnten wir uns über unsere Ziele und Ideen genauso emotional aufregen, wie wir das über unsere Abneigungen können, würden wir so schnell und einfach auf die Ebene unserer Ziele und Wünsche hochsteigen, wie wir jetzt auf die Ebene der Verurteilungen und des Hasses absteigen. ... Neville – (Übersetzung des Autors)

Diese Aussage, so gebe ich gerne zu, muss ich mir des Öfteren in Erinnerung rufen, da mich die täglichen Nachrichten und Aufgeregtheiten oftmals auf dem unerleuchteten und somit falschen Fuß erwischen.

Ganz klarerweise liegt es in unserer Hand und in unserer Entscheidung, was wir letztlich in unser Leben einladen und was wir zu unserer Wirklichkeit machen wollen.

Tröstlich finde ich in diesem Zusammenhang ein tibetisches Sprichwort, das aus einem Raum tiefster Weisheit zu kommen scheint:

... Ein Baum, der fällt, macht mehr Krach als ein Wald, der wächst. ...

Das gibt mir die Hoffnung, dass die, in jeder Zeitung an jedem Morgen nachzulesenden unzähligen negativen Nachrichten und prophezeiten Katastrophenmeldungen und Prognosen unausweichlicher Zusammenbrüche – des Wirtschaftssystems, des Kapitalsystems, des Ausbildungssystems, des politischen Gleichgewichts der Mächte, des sozialen Gefüges, des Generationenvertrags, der gesellschaftlichen und kulturellen Werte, ..., – vielleicht doch nur „krachmachende fallende Bäume“ sind – zugegebener Weise, gerade jetzt recht viele und große zugleich – aber vielleicht doch hoffentlich nicht zu viele, im Vergleich des zwar langsam aber unaufhaltsam und beständig „wachsenden Waldes“ eines Umdenkens, eines Neu-Besinnens, des Erwachens eines neuen Gewahrseins und Bewusstseins.

Was anderes bleibt uns denn übrig, als an diese Hoffnung zu glauben? Und sie durch die Kunst des Beabsichtigens in die Wirklichkeit zu entfalten!

10.3 Die Kunst des „Sowohl-als-Auch“ The Great Work – eine tägliche Achtsamkeits-Übung

Wenn wir an Persönlichkeitsentwicklung denken, so meinen wir damit zumeist eine „Arbeit“ an sich selbst, die von „Innen nach Außen“ getan wird. Wir arbeiten daran unsere Schwächen zu heilen und unsere dunklen Stellen zu erhellen, dann unsere Stärken aufzupolieren und zum Scheinen zu bringen. Irgendwann so hoffen wir, werden wir dann aus-therapiert und vielleicht sogar erleuchtet sein.

Auf jemandes Frage in einer Ausbildungsgruppe, ob es das gibt, dass man jemals endlich austherapiert und alle seine Probleme gelöst haben wird, antwortete Eli Jaxon-Bear, einer meiner weisen Lehrer einmal,
„Nein, Probleme wird man immer haben – aber was sich ändert, ist die Qualität der Probleme“. -

Wahrscheinlich ist das wahr, wenn auch nicht wirklich sehr tröstlich.

Angesichts der in diesem Buch ausführlich beschriebenen Tatsache, dass es neben der Evolution zumindest gleichbedeutend auch die Involution gibt, stellt sich die Frage, ob so eine Arbeit von Innen nach Außen wirklich die einzige Möglichkeit ist, – ja, – ob sie (für sich alleine) überhaupt eine sinnvolle ist.

Gemäß dem immer wieder aufgedeckten Phänomens des „Sowohl-als-Auch“, müsste einem gänzlich anderen Ansatz zumindest gleichviel Aufmerksamkeit, Energie und Verwirklichungs-Potential zugestanden werden.

... Welches größere Geschenk könnte dir gegeben werden, als dir die Wahrheit zu sagen, die dich befreit? Die Wahrheit, die dich befreit, ist, dass du in deiner Imagination das erfahren kannst, was du in der Realität erfahren willst – und indem du diese Erfahrung in deiner

Imagination aufrechterhältst, wird dein Begehren zu einer Verwirklichung. ... Neville; The Power of Awareness; (Übersetzung des Autors)

Die gewünschte Erfahrung *in der Imagination aufrechtzuerhalten* ist zumindest ein guter Anfang, – so wird sie in der 5. und 6. Dimension verankert. Aber erst dadurch, dass diese Erfahrung „gefühlt", „gedacht" und „gehandelt" wird, wird sie vier- und dreidimensional verwirklicht.

Das Geheimnis der „Kunst des Beabsichtigens" liegt also in einer „gesteuerten Imagination". Gesteuert insofern, dass die Imagination gedacht und gefühlt werden muss. Das bedeutet, eine starke, möglichst lange und gut aufrechterhaltene Fokussierung der Aufmerksamkeit auf die schon erfüllte Beabsichtigung. Die Zielvorstellung muss in der mentalen und in der emotionalen Sphäre (in der 4. Dimension) fest verankert werden. – Das bedeutet, man muss annehmen das Ziel schon erreicht zu haben, das Idealbild schon zu sein und vom Ziel her denken und fühlen.

Indem man VON dem Ziel her denkt und nicht AN das Ziel identifiziert man sich hinein in das Ziel. Solange wir AN etwas denken bleibt es eine bloße Möglichkeit, aber wenn wir VOM Ziel her denken und vor allem auch fühlen, wird/ist es Wirklichkeit. – Es wird förmlich in die Wirklichkeit gezwungen. (Siehe auch die Grafik auf Seite 265).

In einem anderen Bild, in anderen Worten:

Die Kunst des Beabsichtigens ist das Etablieren der Brücke zwischen Tonal und Nagual, zwischen dem 3. und 4. dimensionalen Selbst des Alltags und dem SELBST der höheren Dimensionen durch den „Spiegeltänzer", den „Traumkörper". Und diese Brücke ist das schon so oft erwähnte und auf vielerlei Art beschriebene „Doppel".

Wäre es also nicht viel klüger und effizienter uns bei „The Great Work“, bei dieser Arbeit am Vervollständigen, „dem Weg zur Erleuchtung“ von unseren höher-dimensionalen Möglichkeiten helfen zu lassen? Diesen Weg quasi auch von Außen nach Innen, bzw. Oben nach Unten zu beschreiten?

... Im Zustand der Erfüllung muss jeder Wunsch notwendigerweise sofort erfüllt werden. ... Maharishi Mahesh Yogi

Anmerkung:

Es ist mir schon klar, dass „Erleuchtung“ als Beispiel für *die Kunst des Beabsichtigens* ein nur bedingt geeignetes ist, da man die Erleuchtung nicht „erlangen“ kann – sondern sie nur hinter den Konditionierungen des „Ego“ versteckt als schon da-seiender Zustand des wahren „Selbst“ in sich erfahren kann. Und somit gibt es wohl auch keinen „Weg zur Erleuchtung“, außer man versteht darunter eben dieses Auflösen der Konditionierungen, den Prozess des Aufwachens. (siehe „Die Nagual-Fähigkeiten“ und die „5 Schritte des Erwachens“).

Aber weil es als Beispiel sehr anschaulich ist, und Erleuchtung ein so großes symbolisches Meta-Ziel für viele Menschen ist, verwende ich es hier weiter – doch könnte es durch jede andere Beabsichtigung, die ins Leben entfaltet werden soll, ersetzt werden. Insbesondere, da ja auch jede andere Beabsichtigung in höheren Dimensionen in eingefalteter Form auch schon mit uns vereint besteht.

Also: – Warum nicht einfach so tun als ob ..., warum sich nicht einfach so verhalten als wäre man erleuchtet, so denken, so fühlen, ... Wird einem dieses Denken, Fühlen und Handeln zur Gewohnheit, so wird es vertraut. Wenn man sich also im Alltag so verhält, so fühlt und so denkt, als wäre man erleuchtet, was soll dann noch der Unterschied sein zur „richtigen“ Erleuchtung. Mehr als erleuchtet zu denken, zu fühlen und zu handeln kann auch ein „echter“ Erleuchteter nicht.

Aber ist das nicht Selbstbetrug? Nicht Verstellung? Man weiß es doch besser, man weiß doch, dass man nur so tut als ob. Man glaubt es selbst nicht, da man zu wissen denkt, dass man es ja nur vortäuscht. Man glaubt nicht, dass man erleuchtet ist – aber ehrlich, – nur zu glauben, dass man erleuchtet ist, macht einem auch noch nicht erleuchtet; – genauso wie jemandes Leuchten nicht deswegen erlischt, weil er nicht glaubt erleuchtet zu sein.

Wie schon in der Anmerkung auf der vorherigen Seite gesagt, ist die Erleuchtung ja schon als Da-Seiendes des wahren „Selbst“ bloß hinter den Konditionierungen des „Ego“ versteckt. Und so gilt es dieses (wahre, höhere) Selbst in die 3. und 4. dimensionale Realität zu entfalten.

Hier trifft sich die hohe **Kunst des Beabsichtigens des Nagual-Schamanen** mit dem höchsten **Yoga Tantra** und dem **„Geheimen Mantra“ des Vajrayana-Pfades** des Buddhismus, bei dem man auf ähnliche „Selbst-Erzeugungs“-Weise in ein Gott- und Göttinnen-Sein schlüpft und aus dieser, der gewöhnlichen Identität entwachsenen, erhabenen Position heraus, ein zukünftiges Ergebnis (die Erleuchtung) bezeugt und erzeugt.

In beiden Zugängen ist klar:
Jemand ist dann erleuchtet, wenn er das LICHT seines wahren Selbst LEBT – und das heißt, er DENKT, FÜHLT und HANDELT erleuchtet.

Niemand hindert uns daran, das von jetzt ab sofort zu tun!

Und das Beste daran ist, dass “die Erleuchtung“ ja auch für einen „echten“ Erleuchteten keine Einbahnstraße, kein Dauerzustand ist, sondern in jedem Moment neu belebt und gelebt werden muss. So können also auch wir ungeniert üben. Gelingt es einmal weniger gut, so ergibt sich mit Sicherheit ehe baldigst der nächste Moment zum Üben. Und je mehr wir üben, umso vertrauter, um so gewohnter, um so mehr Resonanz, um so (nach außen und innen) wirkender, um so wirklicher, usw., usw., ...

Und in diesem „So-tun-Als-ob“ bringt man neben einer gehörigen Portion „kontrollierter Torheit“ – alle „Nagual-Fähigkeiten“ – das *SEHEN*, das *PIRSCHEN*, das *TRÄUMEN* – und vor allem das *GESTALT-WECHSELN* und das *BEABSICHTIGEN* – zur kunstvollen Anwendung.

Zu einer 6-dimensional imaginierten – 5-dimensional erträumten – 4-dimensional bestimmten und 3-dimensional verwirklichten Realität.

Viel Spaß!
– beim Üben

10.4 Nachwort

Nun zum Abschluss dieses ersten Teiles noch eine Bemerkung dazu, warum ich der „Kunst des Beabsichtigens“ hier zum Schluss so viel Raum gegeben habe.

Angesichts der momentanen katastrophalen Situation der Menschheit auf praktisch jedem Gebiet ihres Seins und Wirkens auf diesem Planeten, halte ich neben der Praxis der Meditation, das Anwenden der **„Kunst des Beabsichtigens zum Erwirken von Wirklichkeiten“** für schlichtweg unentbehrlich.

Deshalb nun zu guter Letzt noch die Anregung, wie und wozu man diese „Technik“ benutzen kann und sollte.

Ich appelliere an Einzelne und auch an – sich hoffentlich zu Gruppen zusammenfindende Menschen, die vorgestellten Techniken der „Kunst des Beabsichtigens“ und des „Erwirkens von Wirklichkeit“ einzusetzen, um für alle Wesen dieser Erde bessere, sinnvolle und glücklich-machende Möglichkeiten in die Wirklichkeit zu entfalten.

Es beginnt mit der Vorstellung, wie unser Leben auf Erden im Idealfall sein könnte und sollte. Und man sollte hier wirklich möglichst viele Arenen des Lebens, eine nach der anderen, möglichst intensiv und kreativ berühren: Beziehungen, Ausbildung, Erziehung, Berufsleben, Wohnen, Kunst, Wirtschaft, Politik, Natur, ... Und jede dieser vorgestellten Möglichkeiten sollte eine möglichst gut ausgeschmückte, möglichst lange aufrechterhaltene, unzensierte, durchaus auch unverschämt positive Imagination werden, und mit den dazu passenden entsprechend guten Gefühlen und Gedanken unterfüttert und unterstützt werden. Als Nächstes sollten mit diesen hellen Gedanken und Bildern im Kopf und den guten Gefühlen im Bauch, Taten und Handlungen gesetzt werden, die getan werden würden, wäre die Beabsichtigung schon erfüllt – in Begegnungen, Gesprächen, Verhalten.

Wenn dies von möglichst vielen Menschen getan wird, so werden Samen in die Welt ausgesät, die den nächsten Generationen (und wer weiß vielleicht sogar uns selbst) in einer hoffentlich nicht mehr fernen Zukunft als wunderschöne Blüten und als reife saftige Früchte in einer – von Liebe und sinnerfüllten Leben vollen, – wunderschönen Welt wiederbegegnen werden.

Ende – Teil 1

Literatur, aus der ich zitiert habe –

(alphabetisch gereiht)

Volker J. Becker: Gottes geheime Gedanken

Joachim-Ernst Berendt: Nada Brahma – Die Welt ist Klang.

Joachim-Ernst Berendt: Das Dritte Ohr

David Bohm: Wholeness and the Implicate Order

David Bohm: zitiert von J.E.Berendt in: Das Dritte Ohr

Niels Bohr: Atomphysik und menschliche Erkenntnis

Dieter Broers: Gedanken erschaffen Realität

Giordano Bruno: Über die Ursache, das Prinzip und das Eine

Giordano Bruno: Das Unermessliche und Unzählbare

Giordano Bruno: Über das Unendliche, das Universum und die Welten

Lewis Carroll: Alice hinter den Spiegeln

Carlos Castaneda: Reise nach Ixtlan

Jean Emile Charon: Tod, wo ist dein Stachel

Jean Emile Charon: Der Sündenfall der Evolution

Hans-Peter Dürr: Geist, Kosmos und Physik

Hans-Peter Dürr: Physik & Transzendenz; (als HRSG.)

Freeman Dyson: Innenansichten: Erinnerungen an die Zukunft

Eknath Easwaran: Die Upanischaden.

Sir Arthur Eddington: Commins & Linscott; Man and the Universe

Johann Gottlieb Fichte: Die Bestimmung des Menschen

Heinz von Förster: Das Konstruieren einer Wirklichkeit

Joachim Galuska (Hrsg.): Pioniere für einen neuen Geist in Beruf und Business

Gangaji & Eli Jaxon-Bear: Die Flamme der Wahrheit

Amit Goswami: Das bewusste Universum

Amit Goswami: zitiert in: What the Bleep do we (k)now

Lama A. Govinda: Grundlagen tibetischer Mystik

Lama A. Govinda: Buddhistische Wege in die Stille

Walter Häge: Der Quantenphysiker Jean Emile Charon

Stephen W. Hawking: Eine kurze Geschichte der Zeit

Burkhard Heim: Strukturen der physikalischen Welt und ihrer nicht-materiellen Seite.

Werner Heisenberg: Das Naturbild der heutigen Physik

Fred Hoyle & N.C.Wickramasinghe: Lifecloud – the Origin of life in the universe

Aldous Huxley: Die Pforten der Wahrnehmung – Himmel und Hölle

Toshihiko Izutsu: Toward a Philosophy of Zen Buddhism

C. G. Jung: Gesammelte Werke

Alfred Korzybski: Science and Sanity

Ronald D. Laing: The politics of Experience; zitiert von Ken Wilber in: Das Spektrum des Bewusstseins.

Bin-Yän-Lu: Meister Yüan-wu's Niederschrift von der Smaragdenen Felswand.

Illobrand von Ludwiger: Unsere 6 dimensionale Welt

Neville: The power of awareness

G. W. Nishijima und Yudo J. Seggelke: Das Herz des Zen- Buddhismus.

P. D. Ouspensky: Tertium Organum

Roger Penrose: Schatten des Geistes. Wege zu einer neuen Physik des Bewusstseins

Daniel Pinchbeck: Den Kopf aufbrechen: Eine psychedelische Reise ins Herz des Schamanismus

Karl Popper und John Eccles: Das Ich und sein Gehirn.

Sogyal Rinpoche: Das Tibetische Buch vom Leben und vom Sterben

Peter Russel: Die erwachende Erde

Friedrich W.J. Schelling: zitiert von Michaela Boenke; in Philosophie jetzt!

Rupert Sheldrake: Das schöpferische Universum

Rupert Sheldrake: A New Science of Life

Rupert Sheldrake: Der Wissenschaftswahn

Arthur Schopenhauer: Die Welt als Wille und Vorstellung

Erwin Schrödinger: Mein Leben, meine Weltansicht

Erwin Schrödinger: Das arithmetische Paradoxon – Die Einheit des Bewusstseins; in Physik & Transzendenz, (HRSG.) H.P.Dürr

Henry Stapp: Mind, Matter and Quantum Theory

Jörg Starkmuth: Die Entstehung der Realität

D. T. Suzuki: Der westliche und der östliche Weg.

William A. Tiller: Science and Human Transformation

Armando Torres: zitiert C.Castaneda in Begegnungen mit dem Nagual

Charles F. Thompson: The Forbidden Book of Knowledge

Jakob v. Uexküll: Projekte der Hoffnung; in Joachim Galuska (Hrsg.): Pioniere für einen neuen Geist in Beruf und Business.

J. A. Wheeler und R. P. Feynman: Interaction with the absorber as the mechanism of radiation, in: Rev.Mod.Phys.

Ken Wilber: Das Spektrum des Bewusstseins

Ken Wilber: Eine kurze Geschichte des Kosmos.

Ken Wilber: Wege zum Selbst – Östliche und westliche Ansätze zu persönlichem Wachstum

Fred Alan Wolf: the dreaming universe

Fred Alan Wolf: Mind into Matter; The new Alchemy of Science and Spirit

Kuang-Ming Wu: *Chuang Tzu: World Philosopher at Play.* Studies in Religion

Maharishi Mahesh Yogi: Die Wissenschaft vom Sein und die Kunst des Lebens

Hardcover:
ISBN 978-3-96240-008-8

Paperback:
ISBN 978-3-96051-933-1

e-Book:
ISBN 978-3-96240-007-1

Es ist eine Sache theoretisch zu verstehen, wie wir unsere Wirklichkeit zusammensetzen (Teil 1 der Trilogie), aber es ist eine völlig andere Sache, aus der „Konsens-Realität" auszusteigen, die Welt anzuhalten und eine ganz andere zu betreten. Das Auge einer Eidechse sieht für uns Unvorstellbares – und doch kann man es erlernen und erfahren. – Es werden uns die „Nagual-Fähigkeiten": Sehen, Pirschen, Träumen, Gestalt-wechseln und Beabsichtigen anhand persönlicher Erlebnisberichte nähergebracht und der Autor enthüllt als Nagual einer Träumer-Linie des toltekischen Schamanismus die Kunst des Gemeinsam-Beabsichtigenden-Träumens – und offenbart sehr intime, persönliche Erfahrungen in anderen Wirklichkeiten – in ganz anderen.

Hardcover:
ISBN 978-3-96240-017-0

Paperback:
ISBN 978-3-96051-930-0

e-Book:
ISBN 978-3-96240-018-7

Im 3. Teil der Trilogie „Dimensionen der Wirklichkeit" gibt der Autor Einblick in das dem Nagual-Schamanismus zugrunde liegende Weltbild und erklärt ein multidimensionales Modell des Menschen und seiner feinstofflich-energetischen Anatomie. Es eröffnet sich ein neues, uraltes Verständnis unseres Platzes und unseres Potentials im Gefüge der Schöpfung. Zum Abschluss folgen ein erhellender Überblick über die Evolution menschlichen Bewusstseins und ein inspirierender Ausblick, wie es von Hier und Jetzt weitergehen könnte.

www.nagual-schamanismus.com

www.advanced-trainings.eu

g-gold@aon.at

Zeitfracht Medien GmbH
Ferdinand-Jühlke-Straße 7
99095 Erfurt, Deutschland
produktsicherheit@kolibri360.de